李镇西与新教育丛书

成长比成功更可贵

李镇西 编著

四川人民出版社

图书在版编目（CIP）数据

成长比成功更可贵/李镇西编著.—成都：四川人民出版社，2022.4
ISBN 978-7-220-12373-3

Ⅰ.①成… Ⅱ.①李… Ⅲ.①教育-文集 Ⅳ.①G4-53

中国版本图书馆CIP数据核字（2021）第280586号

CHENGZHANG BI CHENGGONG GENG KEGUI
成长比成功更可贵
李镇西　编著

出 版 人	黄立新
策划统筹	蔡林君
责任编辑	汤　梅
封面设计	张　科
版式设计	戴雨虹
责任印制	周　奇
出版发行	四川人民出版社（成都槐树街2号）
网　　址	http://www.scpph.com
E-mail	scrmcbs@sina.com
新浪微博	@四川人民出版社
微信公众号	四川人民出版社
发行部业务电话	（028）86259624　86259453
防盗版举报电话	（028）86259624
照　　排	四川胜翔数码印务设计有限公司
印　　刷	成都勤德印务有限公司
成品尺寸	170mm×240mm
印　　张	24.5
字　　数	314千
版　　次	2022年4月第1版
印　　次	2022年4月第1次印刷
书　　号	ISBN 978-7-220-12373-3
定　　价	69.80元

■版权所有·侵权必究

本书若出现印装质量问题，请与我社发行部联系调换
电话：（028）86259453

目 录

序：我为什么要成立"李镇西博士工作站" …………………… (001)

领跑者说

李镇西　我们和他们不一样
　　　　——第三期学员的面试谈话提纲 ……………………… (003)
李镇西　教育要有儿童视角 ………………………………………… (007)
李镇西　教育的常识有哪些 ………………………………………… (012)
李镇西　自己培养自己 ……………………………………………… (017)
李镇西　怎样才能把故事讲得精彩 ………………………………… (022)
李镇西　用一支粉笔让语文课回归单纯 …………………………… (033)
李镇西　追求教育的真境界 ………………………………………… (040)
李镇西　做干净的教育 ……………………………………………… (044)
李镇西　用米开朗基罗的智慧和双手，把自己雕琢成"大卫" …… (051)

拔节时刻

罗　莉　火种与希望
　　　　——李镇西博士工作站揭牌及首次研修纪实 ………… (057)
胡　艳　他和一般的专家不一样 …………………………………… (060)

池红梅	向着幸福的方向	
	——写于2016年1月李镇西博士工作站第一期成立之日	(065)
王 兮	在杜甫草堂与杨东平教授共享书香	(068)
陈秋菊	听于漪老师谈教育	(073)
刘明全	返璞归真办教育	
	——记范家小学之旅	(079)
邓茜媛	北京考察学习记	(084)
李星星	上海研修印象	(096)
赵涵宇	温暖继续伴我前行	(102)
范艳丽	幸福一课，幸福人生	
	——记李老师退休前"最后一课"	(107)
卢 玥	领略人生别样的风景	(111)
李 杰（记录整理）	该不该给作弊学生发奖	
	——一次深度思考与讨论	(117)

新教育记

陈秋月	从哪吒班到蜗牛班	(133)
黄雪萍	我的茶文化课程	(138)
张 兰	与我共赴一场书事	(143)
卢晓燕	我们的小古文晨诵	(147)
胡 艳	我就是课程	(153)
刘 静	在绘本的世界里找寻秋天的童话	(161)
康丽娟	星星雨班阅读二三事	(164)
杨 芳	记忆里那一抹抹绚丽的色彩	(169)
陈 华	诗意的生日课程	(175)

张晓姝　我和我那"别样的花儿" ………………………………（180）

优雅舞步

邓茜媛　语文作业你可以不做 …………………………………（189）
邝　欣　爱有边界，方能持久 …………………………………（193）
郑　燕　孩子，你慢慢来 ………………………………………（199）
苟雪梅　不做应试教育的奴隶 …………………………………（204）
虞　娟　戴着镣铐优雅地舞蹈 …………………………………（209）
蒋佳川　"萌"娃改造记 …………………………………………（213）
蒋敏怀　理解孩子 ………………………………………………（218）
沈　略　见机行事 ………………………………………………（223）
陈　霖　给孩子恰如其分的自尊 ………………………………（228）

青春身影

李镇西　心灵随新教育而飞翔 …………………………………（237）
李镇西　幸福比优秀更重要 ……………………………………（247）
李镇西　怒放的生命 ……………………………………………（260）
李镇西　生命被新教育改写 ……………………………………（267）
李镇西　风景总在转角处 ………………………………………（277）
李镇西　不怪你们，是我没教好 ………………………………（286）
李镇西　她颠覆了我们对乡村教师形象的印象 ………………（294）

点评成长

周　强　一路有您，一起努力 …………………………………（309）
陶雪梅　这一年，谢谢自己 ……………………………………（314）

马　莉	走在朝阳的那一面	(317)
张梦玉	开启一种不同的人生	(323)
王　川	我自盛开，管他蝴蝶来不来	(331)
鲁正群	成长，未完待续	(336)
吴懿瞳	知不足然后自省	(342)
周屈舟	做有底线的教师	(350)
李雅蕾	用一生去创作我的教育童话	(356)

附　录

李镇西	我呼唤年轻的教育理想主义实践者同行	
	——招收李镇西博士工作站研修员启事	(361)
李镇西	李镇西博士工作站推荐书目	(366)
李镇西	李镇西博士工作站成员名录（排名随机）	(369)
李镇西	警惕名师工作室的行政化和烦琐化	(375)

后记：与青春同行 ……… (382)

序：我为什么要成立"李镇西博士工作站"

何为李镇西博士工作站？

李镇西博士工作站是在成都市教育局和武侯区教育局支持下成立的一个教育研修团队，由我和一群年轻的教育理想主义实践者组成。

为什么要成立这么一个团队？

2015年8月，我不再担任校长，退居二线。我想到自己成长过程中得到过许多贵人的帮助，深感青年人的成长有时候是需要长者扶持的；再加上我看到我周围有许多真正热爱教育（而不仅仅是将教育当作谋生的饭碗）的年轻老师那么渴望成长，渴望提升专业素养。于是，我决定组建这么个团队，用我几十年的经验教训来帮帮他们，同时也用我的特有资源扩大他们的视野，让他们少走弯路，尽快成长。

现在的武侯区委常委、宣传部部长潘虹当时是武侯区教育局局长，她特别鼓励我做这件事，并在经费上给我支持，还尽可能给我宽松自由的研修空间。后来甚至为工作站出版著作亲自和长江文艺出版社社长商谈，帮助这些著作都得以顺利出版。

有的老师会问："为什么不叫工作室，而叫工作站呢？"呵呵，之所以叫工作站而不是工作室，是因为我们这个团队不是全国各地那种规范的工作室，我们没有行政管理色彩，研修方式自觉、自主而自由。我们得到了教育局的经费支持，但不受任何行政约束。我们不要求写规划、总结，也没有培养目标，更没有任何达标、验收、评估等等。有的只是专家引领、同伴互助、思想交流、观点碰撞、课堂观摩、读书分享、共同成长！

取名博士工作站，并非意味着团队成员都必须是博士，或者将获得博士学位。不是的，"博士"二字只意味着——参加者都有着做博学之士的追求！

李镇西博士工作站没有任何世俗的名利和名分，没有结业证书，也没有"相当于硕士学位"的证明，更不会因为参加了这个团队便可以在评优选先或职称晋升方面获得加分或优先考虑……

发自内心的学习愿望，和出于对职业热爱的上进心，是李镇西博士工作站最纯真的本色。

就这么简单。

李镇西

2021年3月31日

领跑者说

  作为李镇西博士工作站的导师，或者说领衔人，我更愿意把自己看作领跑者。我的年龄比他们的大，我的教龄比他们的长，我的人生阅历比他们的丰富……因此，在教育理念、教学智慧乃至人生感悟方面对他们做一些引领，是我的职责。这里，我罗列了部分我给他们的谈话提纲、讲座实录和指导文章。这些观点不一定都正确，但每一个字都是从我心里流淌出来的，我相信，也流进了他们的心里。

——李镇西

◎ 李镇西

我们和他们不一样
——第三期学员的面试谈话提纲

当我们加入这个团队，就把自己和一般的老师区别开来了。

"我们和他们不一样"——

"我们"就是在座每一位有理想有追求的老师，"他们"就是胸无大志、不求上进、不读不写、被动应付、动辄抱怨、怨天尤人的某些老师。

工作站的由来——

时任成都市武侯区教育局潘虹局长的提议，成都市教育局的支持……

领导只给我经费和场地，其他不管了，都交给我。

为什么叫"李镇西博士工作站"而不叫"李镇西工作室"？

更自主，更自由，更宽松……

没有培养目标，没有过程监督，没有达标验收，没有成果指标，没有计划总结……

博士在这里的含义不是博士学位，而是我们都追求用一生的时间让自己成为博学之士。

我们的情怀——

不抱怨，不苟且，不盲从。

带着情感实践，带着问题思考，带着使命阅读，带着生命写作。

视名利为额外的奖赏、意外的收获，不争不推，从容坦然，一切顺其自然。

李镇西博士工作站不是什么？

不是技能训练班，虽然我们也会分享智慧；不是学业授课点，虽然我们也会阅读经典；不是思想销售店，虽然我们也会对话大师；不是世俗名利场，虽然我们也会追求卓越……

与文凭无关，与利益无关，与物质无关，与名分无关。

李镇西博士工作站是什么？

是一个学习共同体，是一个成长加油站，是拓展视野的窗口，是充实精神的平台，是一群理想主义行动者的联盟，是一群纯粹知识分子的集结……

我们的宗旨：不是解决具体问题，而是提升岗位认同，增强教育情感，扩大人文视野，丰富专业智慧，收获生命幸福。

我企图影响和改变你们什么呢？

有一颗独立思考的大脑，有一腔热爱教育的热血，有一双纵览天下的眼睛，有一副宽广从容的胸襟，有一个自觉读写的习惯，有一种职业幸福的感觉。

我们不求"创新"，我们只做教育本来的样子。

我们远离功利,我们只追求内心幸福的感觉。

李镇西博士工作站并没有系统的课程,但我们践行"两学一做"——

学陶行知教育思想,学苏霍姆林斯基教育思想,做仁爱而智慧的教师。

没有一个抱怨的教师会真正获得幸福,哪怕他收入再高。一个都没有!

没有一个卓越的教师会始终陷于贫困,哪怕他地位再低。一个都没有!

我们首先是一个大写的人,其次是知识分子,再次是教育者,最后才是学科教师。

一定要有知识分子的自觉意识,要从传递人类文明的高度看待我们的教育,要站在人类精神文明的高地俯瞰我们的每一堂课。

每一个研修员都应该是新教育实验的种子教师,在自己的班级和课堂上深耕新教育。

每一位研修员都应该是所在学校最优秀的老师,带的班最优,教的课最好,学生的考分最高。孩子喜欢,家长满意,领导称心,同行佩服,自我认同。

团队的自我约束:力争全勤,自觉读写。

实行自我淘汰机制:每年可以有两次请假,但两次请假之后如果再有缺席，无论什么原因和理由，都自动退出；如果中途不能坚持，也可以自动退出。

2019 年 6 月 29 日

◎ 李镇西

教育要有儿童视角

"儿童视角"本来是文学创作领域的一个概念,指的是小说作者借助于儿童的眼光或口吻来讲述故事,故事的呈现过程具有鲜明的儿童思维的特征,小说的叙述调子、姿态、结构及心理意识因素都受制于作者所选定的儿童的叙事角度。相对于成人视角,儿童视角在观察、描摹事物,讲述和理解事件时表露出儿童所特有的思维习惯、认知方式和价值取向。因此,儿童视角是一种叙事策略,一种独特的话语表述方式。

我想到了教育。最近我们常常听到"学生立场"这个概念,其含义大致和儿童视角类似——通俗地说,就是要善于站在孩子的角度看问题。但学生立场这个短语比较容易让人想到教师立场,并可能在潜意识里将二者对立起来——而事实上,学生立场和教师立场并非完全对立。因此,我还是更喜欢用儿童视角这个概念。

什么是教育学意义上的儿童视角呢?我不是理论工作者,没有能力从理论的高度下定义。但我可以这样来表述我对儿童视角的教育学理解:用儿童的眼睛去观察,用儿童的耳朵去倾听,用儿童的大脑去思考,用儿童的兴趣去探寻,用儿童的情感去热爱……这个理解,不是我的原创,而是读我十分尊敬的两位教育家的著作所受到的启发。

苏霍姆林斯基在其不朽著作《帕夫雷什中学》中这样深情地写道："一个好教师首先意味着他热爱孩子，感到跟孩子交往是一种乐趣，相信每个孩子都能成为一个好人，善于跟他们交朋友，关心孩子的快乐和悲伤，了解孩子的心灵，时刻都不忘记自己也曾是个孩子。"记得当我读到"时刻都不忘记自己也曾是个孩子"时，怦然心动，想了很久很久。教师应该多想想自己曾是孩子时的欢欣、恐惧、喜好、憎恶，想想小时候自己喜欢怎样的老师，以及老师怎样上课，这不就是儿童视角吗？

陶行知在《师范生的第二变——变个小孩子》中，这样告诫未来的教师："您不可轻视小孩子的情感！他给您一块糖吃，是有汽车大王捐助一万元的慷慨。做了一个纸鸢飞不上去，是有齐白林飞船造不成功一样的踌躇。他失手打破了一个泥娃娃，是有一个寡妇死了独生子那么悲哀。他没有打着讨厌的人，便好像是罗斯福讨不着机会带兵去打德国一般的怄气。他受了您盛怒之下的鞭挞，连在梦里也觉得有法国革命模样的恐怖。他写字想得而没有得到'优'，仿佛是候选总统落了选一样的失意。他想您抱他，一会儿您偏去抱了别的孩子，好比是一个爱人被夺去一般的伤心。"读到这里，我无比感动：陶行知之所以成为不朽的教育家，与其说因为他首先有一颗伟大的爱心，不如说他首先有一颗纯真的童心——变个小孩子。从某种意义上说，童心就是儿童视角，没有这样的视角，绝对当不好老师。

几年前，我在20世纪80年代教过的一个叫赵刚的学生来看我。我俩在城外的一条绿道上散步聊天，谈社会，谈国家，谈人生……他对我说："李老师，刚进入初三时，有一件事我对你很有意见，但当时没说，现在可以说了。"我说："好呀，你说。"他说："那是进入初三的开学第一天，你在班上表扬很多男同学经过一个暑假，都长高了，你还说谁谁谁长高了多少厘米。我当时好想你表扬我啊，因为我一个暑假长了7厘米，可是，你表扬这个表扬那个，就是没表扬我！我当时气了很久！"

我听了哈哈大笑，心想，这都值得你生气？我当时是随便点了几个同学表扬，我怎么知道你也长高了呢？这事都要生气，也太小气了嘛！这哪值得生气呢？但我转念一想，觉得赵刚"小气"，这是成人的想法，而当时，赵刚是一个小男孩，一个暑假长了那么高，多么希望老师能够知道并表示欣赏啊！可我却没有如他所愿表扬他。这事仔细一想，至少说明：第一，我没有关注他，如果报名那天我仔细观察他，长了7厘米我应该能够看出来的；第二，在我表扬其他男生的时候，我没有觉察到坐在下面的赵刚脸上那渴望的表情。于是我对赵刚说："是我的不对。虽然30多年后的今天你才对我说，你也早就不为此事感到委屈了，但你说出来是有意义的，因为我还在当老师，这对我以后更加细心地对待学生，特别要以儿童的心理去理解儿童，是有帮助的。"

正是我的学生赵刚告诉我，什么叫儿童视角。

加拿大学者马克斯·范梅南在其《教学机智——教育智慧的意蕴》中，写了这样一个教学现场——

在其他同学面前演示一个十年级的科学实验的结果时，考瑞完全失去了他的潇洒和信心。现在他感到十分尴尬，简直希望能钻到地底下去，这样他就永远也不用见到他的同学们了。孩子们注意到了他内心的斗争，有的开始窃笑，而其他的同学则为考瑞感到尴尬，于是假装不去注意，这使情形变得更糟。考瑞僵立在那儿，脸上抽搐着，那种安静变得让人无法忍受。就在这个时候，老师打破了这种尴尬，递给考瑞一支粉笔，并问他能否用两三个要点将主要的结果总结出来。考瑞这时有了一个机会转过身去，镇静一下自己，不面对其他孩子。同时老师向班上做了一些评论，以帮助考瑞回忆和梳理结果。结果，考瑞的实验结果陈述做得还不错，老师最后说："谢谢你，考瑞。你刚才经历了一个很艰难的时刻，我们都经历过类似这样的时刻，你做得很好。"

在这里，考瑞的老师是机智的，更是善解人意的，她巧妙地将考瑞从尴尬中解救了出来。而这样做，源于她有一颗能够细腻感受儿童内心世界的心，即我今天所说的儿童视角。站在成人的角度，老师也许关心的只是答案的对与错，以及为什么对或错，眼睛里只有冷冰冰的知识，而没有活生生的人。但考瑞的老师不是的，她理解考瑞的脸红、心跳、不好意思、觉得丢人、无地自容……她觉得当务之急不是帮助学生弄清知识，而是给孩子以尊严，让孩子恢复自信。所以她才找了一个理由，让孩子转过身去，镇静一下自己，不面对其他孩子，最后获得了"陈述做得还不错"的结果。设想一下，如果不是这样，即使教师不批评、指责，而是请考瑞"坐下再想想吧"，那也会让考瑞多么难受。考瑞老师的高明和充满尊重的办法，是给考瑞创造一个机会，让他自己去面对，去处理，并获得成功。

北京十一学校的李希贵校长曾谈到"当学生提出不上课、不做作业、不考试的时候，怎么办"的问题。这个问题，在许多教育者看来简直就是"乱弹琴"。是的，如果从成人视角看，学生不上课、不做作业、不考试，那还叫什么学生？但李希贵的回答是："在十一学校，我现在面对最多的挑战就是，这些学生会找到我，说他找老师商量，希望这两个月不上课了，但是老师看上去不太同意。还有学生找到我，希望这个学期不做某学科的作业了，跟老师商量，老师担心他。这样的学生为什么会出现？当一个学生出现的时候，自习时间不一样，尤其是今天互联网的影响，当他不仅仅靠一个渠道学习的时候，当他变得不一样的时候，我们有什么理由让他在课堂上做一样的作业、考一样的卷子？为什么？没有理由，就是习惯，就是制度，就是掌控。但是，要打破这个是很困难的一件事，我们如果真的要研究每一个学生的成长链条的时候，你就会发现我们必须打破。"

想一想吧，我们的教育中，我们的课堂上，是不是缺少了一些儿童视角呢？我们制定过那么多的校规，有哪一条跟孩子商量过呢？我们有太多整齐划一的要求，不就是为了方便教育者便于管理，甚至"看起来舒服"吗？我们空洞乏味地给孩子灌输那么多超越他们年龄特点因而他们根本听不懂的这个"思想"那个"价值观"，想过孩子的感受没有？

  在今天这个背景下，提出教育要有儿童视角是有特定针对性的。但这绝不意味着我主张绝对的"儿童中心主义"，即一味地迁就儿童，放任儿童……绝不是的！如果那样，等于是取消了教育。从另一个角度看，教育的成人视角依然重要，这意味着我们的教育使命、教育目标、教育内容、教育方法，教育的过程、智慧和艺术，等等。但任何一个时代所强调的，总是该时代所缺乏的。今天，我们时代的教育缺乏的不是教师的大脑，而是孩子的心灵，因此，我呼吁——

  教育要有儿童视角！

2016 年 10 月 7 日

◎ 李镇西

教育的常识有哪些

在这个喧嚣的时代,越来越多清醒的教育者呼吁,教育要回到原点,遵循常识。

所谓"常识",简单地说,就是人所共知的真理。有人对"常识"的解释:普通的知识,众所周知的知识,一般的知识,与生俱来、无须特别学习的判断能力,或是众人皆知、无须解释或加以论证的知识。当然,认真推敲,这个解释也不绝对严密,因为任何"无须解释或加以论证的"可能会随着时代的发展而需要解释或加以论证甚至成为非常识。比如,过去"太阳围绕地球转"是常识,而现在"地球围绕太阳转"才是常识。但我这里说的"常识",当然是指相对正确而且得到公认的真理性教育命题。

那么,教育有哪些常识呢?

"没有爱,就没有教育。"这是老得不能再老的常识了,但往往被人遗忘。教育是师生双方心灵交融的过程,充满着浓浓的人情味。但现在许多人越来越把教育仅仅当作技巧的操作或艺术的施展。我们不是否认智慧和专业能力的重要性,但是,爱是必不可少的前提,没有了爱,水平再高,没用。

"只有爱,也没有教育。"缺乏爱的教育是伪教育,但用爱取代一切,也不可能有真正的教育。教师还要有职业精神，要有民主与平等的现代意识，要有扎实的学科素养和厚重的文化底蕴——一句话，要有不可替代的专业能力。虽然对学生的爱能促使教师不断提升自己的专业水平，但爱本身不是专业水平。对孩子的爱，教师超不过家长，但家长不一定都能搞好教育。

"一分耕耘，一分收获。"这话的意思就是做什么都得付出艰辛劳动，只有勤奋，才有成功。但我们现在不少教育者恰恰喜欢"发明"捷径。一些校长或专家时不时会宣称自己创立了什么"模式"或什么"几步法"之类的"科研成果"，从而"迅速提升了教学质量""创造了教育的奇迹"云云，对此我嗤之以鼻。方法无论多么科学，都需要刻苦精神。"梅花香自苦寒来"永远都不会过时。

"最好的教，就是让学生学会学；最好的学，就是让学生给别人讲。"现在各种名目的自主学习课堂，被冠以这样名称那样名称，并都以改革创新的面目出现在媒体。但在我看来，其实这些都是常识的胜利。从孔子与弟子的对话，到陶行知的"教学做合一""小先生制"，再到20世纪80年代上海育才中学段力佩校长的"茶馆式教学"，一直到今天山东杜郎口中学的"小组合作"……贯穿其中的都是对学生的尊重，只要学生动起来了，教学自然"高效"；否则无论表面上多么热闹，都是搞笑。

"一把钥匙开一把锁。"这句话的意思就是教育没有万能钥匙。任何一个孩子都是独一无二的世界，任何班级都是一个与众不同充满个性的集体，任何学校也都有属于自己的地域文化、社区环境、办学传统、生源特点，因而成为一个具有鲜明独特性的精神共同体。所以，无论一个人，还是一个班，或是一个学校，都不可能用什么放之四海而皆准的技巧、方法、模式去搞定。教育当然有着普遍的原则，但所有的"绝招"都具有针对性、现场性、临时性甚至一次性。

"任何一个孩子首先是其家庭的产物。"我们常常不切实际地夸大学校教育的作用，夸大教师对学生的影响。其实，一个孩子能否成才，和其父母有直接的关联。最起码孩子的智力就取决于其父母的遗传基因，这点我们始终不愿意公开承认。我们不要总是认为优生都是教师教育出来的。以品行而言，孩子做人的高下，最重要的依然是取决于其父母的家庭教育。一个孩子举止粗俗、言行不一、满口脏话、不讲卫生、懈怠懒惰……不能说和学校一点关系都没有，但关系实在不太大，而和他的家庭教养太糟糕有关。对这样的孩子，做教师的只能出于职业良知而尽量引导和教育。希望把所有的责任都担在肩上，企图单凭学校力量而彻底改变一个孩子，这就违背了常识。

"班级的魅力就是班主任的魅力。"就课堂教学而言，一堂课的所有吸引力都源于教师对学生的吸引力，许多孩子因为喜欢某个老师而喜欢上了相应的学科，所谓"亲其师信其道"。同样的道理，一个孩子是否喜欢他的班级，主要还是取决于他是否喜欢班主任。因此，班主任要明白，让自己的班级充满魅力的主要途径，就是让自己富有魅力。有爱、平易近人、博学、多才、幽默、敏锐、点子多、有感染力、会讲故事、善于走进孩子的心……这些都是班主任让孩子佩服的魅力所在，也是班级的魅力所在。

"学生的成长不能仅仅看分数，少年的生活应该丰富多彩。"我想没有谁会反对这个常识。但现实情况是，不少学校的校园生活只剩下考试和分数。什么"德智体美全面发展"，什么"以人为本"，什么"为了学生的一切"，什么"为了学生的未来"云云，大多是写在墙上的标语，而实际上音体美课被挤压，课外活动被取消，春游秋游更是以安全的名义被禁止。教育所应有的浪漫、情趣、感动、开心统统让位于考试，因为"分数才是硬道理"。如此畸形的教育，只能造就孩子畸形的人生。到了高三，他自然而然地便接受了"只要学不死，就往死里学""提高一分，干掉千人"

等不合适的励志口号。这样的教育多可怕!

"教育科研是做出来的,而不是写出来的。"这本来是不言而喻的,可现在不得不作为常识来强调。因为在现在一些校长和老师眼中,教育科研似乎就是写论文,所以谁写得多谁的教育科研就搞得好。一些学校搞教育科研实际上是这样操作的:先找一个比较时尚的课题(比如最近就可以选"关于中国梦教育与学科教学互相渗透的实践研究"),再写开题报告,然后请教育专家来进行课题论证,一旦通过,便束之高阁,平时无人问津,也不会有人真搞研究;两三年之后,待结题时间快到的时候,赶紧集中精力写结题报告,参研人员也抓时间写课题论文;最后再请专家来进行课题验收,一旦验收合格,万事大吉,把课题证书陈列于校史馆,将有关论文汇集成煌煌大作屹立于学校图书馆的书架上……这样的"科研"和学校发展一点关系都没有,因为真正有效的科研必须是源于本校实际的"做",这是常识。没有做只有写的科研,是不折不扣的假科研。

"名师名校无法速成。"不知从什么时候起,我们渐渐习惯了这样的说法:"三年打造名校!""五年培养名师!"……我不知道这"三年""五年"的期限有什么科学依据,我知道名师名校无法速成,这是常识。很简单,名校也好名师也好,都是学校发展和教师成长自然而然水到渠成的结果,揠苗助长就违背了规律,而违背规律却偏要去做,而且还做得声势浩大,这就成了笑话。和这个笑话相关的还有一个笑话,就是名校和名师都可以由教育行政部门来任命!其实,名校名师之"名"就是影响,而影响或大或小都是一种客观的社会现象,而不应该由教育局教育厅来认定。所以我一直认为,所谓评选名校、名师是很可笑的,因为这样做违背了常识。真正的名校名师都是有口皆碑的结果,请问当年的晓庄师范是否被授予过"名校"的荣誉称号?钱梦龙是否又当选过"国家级名师"?

……

教育常识还有很多，当然不止上面列举的这些。其实，常识就存在于我们的日常教育生活中，存在于我们的课堂上和我们的班级里。但是，越显而易见的道理，却越容易视而不见；或者即使见了也觉得"过时""老一套"而抛在一边。于是，在我们追逐"新理念""新模式"的时候，教育却失落了。

我的观点了无新意，因为常识本身就没有新意，相反它往往朴素得让你看过就忘。但如果我们紧紧抓住这些朴素的常识，并在每一天的教育生活中体现出这些常识，那么真正的教育便回到我们身边了。

2019 年 3 月 1 日

◎ 李镇西

自己培养自己

名师是打造出来的吗

把"打造"一词用于名师是近几年的事。

我第一次听到这个说法,就觉得挺别扭。"打造"是一个工业车间流水线作业的概念,是和模具化操作相联系的。

独具个性的人,怎么可以像生产什么机械部件一样被"打造"呢?想象一下——活生生的教师,被输送到流水线上,规范于某种模具,然后"哐当"一声,所谓"名师"就被打造而且是成批量地打造出来了。这不荒唐吗?

也许有人会对这种质疑不以为然:不就是一个比喻吗?犯得着那么"抠字眼"(甚至是"钻牛角尖")吗?曾经就有校长对我说:"打造嘛,不过就是强调学校对教师培养的力度而已。"

但我还是要继续质疑:名师是打造出来的吗?

教师要自己培养自己

人才是"生长"出来的,而不是"培养"出来的,更别说什么"打造"了——如果一定要说"培养"的话,那这个培养者更多的是自己。

生长的过程的确需要空气、阳光和水,而且这些条件都是普惠于每一个人的。那为什么并不是人人都能生长(成长)呢?

因为生长是生长者自己的事。

既然如此,那么作为年轻教师,就不要寄希望于别人的打造,而应该有自己培养自己的信念、行动和毅力。

陶行知是谁培养的?晏阳初是谁打造的?还有斯霞、钱梦龙、于漪、孙维刚……不都是自己生长起来的吗?

作为校长、局长,如果一定要说培养,那么这"培养"的含义应该是尽可能给苗子以自由宽容的人文环境——形象地说,就是尽可能提供生长所需要的土壤、空气、阳光和水,然后就让年轻人自由自在地生长吧!

走一步,再走一步

作为中国77级大学生,我是1982年春天毕业参加工作的。

由于我的单纯和热情,当然加上有一点"小聪明",所带的第一个班就让我小有名气:由谷建芬老师谱写班歌的"未来班"的事迹上了1984年7月的《中国青年报》,一些报纸跟我约稿,还有杂志给我开专栏,有学校开始找我去做报告……

总之,在一些人眼中,我俨然是一名教坛新秀了。当时二十几岁的我,如果止步不前,再学会点"处世智慧",也会过得不错的。但我问自己：我还能不能再往前走一步？

于是，我大胆地审视自己的教育，甚至以批判的眼光审视整个中国教育，结合自己的教育实践，写下了包括后来发表在《中国青年报》的《沉重的思考》等一些有分量的教育文章……与此同时，我在语文教育和班级管理两个方面同时进行民主教育的探索。

这样又过了10来年，我的教育获得了新的突破，不但在应试成绩方面达到了一个高峰——我的高95届一班创造了"高考神话"，而且在语文教育方面，我成了国内小有名气的优秀青年语文教师，在班主任管理方面也独树一帜……

这一切的标志，便是拙著《爱心与教育》《走进心灵》《从批判走向建设——语文教育手记》《教育是心灵的艺术》等的出版，并获得多项国家级大奖。

如果我到此止步，只要在工作中没有大的失误，仅仅凭《爱心与教育》这本不断重印的畅销书的版税，我都可以生活得很有滋味。但我问自己：我还能再往前走一步吗？

于是，我在42岁那年报考了博士，重新开始了由早读、上课、晚自习构成的大学校园生活。三年后，在付出了每天早晨都能在寝室里看到满地落发的代价之后，我以"优秀"等级的毕业论文获得了博士学位。

回到成都，市教育局安排我进了成都市教科所，并专门为我设立了成都市教育发展研究室，由我担任主任。而且我还很顺利地评上了特级教师。

如果我就此止步，我会成为一个经常"下基层"到学校去"视察""指导"的"专家"，没有了课堂教学，没有了班级管理，没有了应试任务，没有了升学压力，我可以很清闲同时也很体面并受人尊敬地度过我余下的15年教育生涯。但我再次问自己：我还能再往前走一步吗？

于是，我多次给时任成都市教育局长的杨伟写信、打电话，要求"回学校去"，上语文课，当班主任。我坚信，虽然还是上语文课和当班主任，但经过博士学习和深度思考研究的我，不可能重复自己，一定能够超越自己。

果然，重返学校后我以更加自觉的民主情怀和人文眼光带班上课，我的教育、我的课堂完全刷新了我的过去。

《与青春同行》《心灵写诗》《听李镇西老师讲课》《做最好的老师》等新一批教育畅销书，便是我重返校园后实践与思考的结晶。如果我继续留在教科所，是不可能有这些成果的。

2006年，我48岁，无论我如何谦虚，在别人的眼中，我都是所谓"全国著名"的这个那个。不再年轻的我，完全可以"退居二线"，当当这个"顾问"，那个"参谋"，总之完全没必要那么拼了。

如果我真的从一线退下来，没人会说我什么。但我自己依然不满足，我问自己：我还能再往前走一步吗？

于是，我接受了武侯区教育局的任命，在一天中层干部都没有当过的情况下，出任成都市武侯实验中学校长。这是一所地处城郊的涉农学校，88%的学生来自当地失地农民家庭和进城务工人员家庭。

在这里搞教育，以世俗的应试标准看，简直就是难上加难。有人甚至认为我在砸自己的牌子。但我觉得这正是挑战我、更是激发我教育智慧的机会！

这一干就是9年。9年过去了，虽然还有不少遗憾，但这所学校发生了翻天覆地的变化，这是事实；一大批教师成长起来并享受着职业幸福，这是事实；我们的平民教育获得了社会的普遍认可，并得到国务院总理的高度评价，这是事实。

2015年7月4日，在学校的阶梯教室向老师们发表了告别演说之后，我卸下了校长职务。我也可以像有些退居二线的老同志一样，很轻松地当个挂名的巡视员。但我问自己：我还能不能再往前走一步？

于是，我主动承担起了武侯区的新教育实验推广使命，将武侯区的新教育搞得红红火火。再后来我又出任全国新教育研究院院长，为中国的新教育实验继续效力……

35年就这么过去了。并非一直都顺风顺水，其间的艰辛、困苦、挫折、打击，还有种种所谓的"不公"，有时候甚至山穷水尽、濒临绝境……

一言难尽，但我从来没有停止过前进的脚步，因为我所做的一切都不是为了别人，而是为了自己。

当然不能说我今天就如何功成名就，但和30多年前的那个大学毕业生相比，现在的"我"的确远远超越了当初的那个"我"。

其他不说，就凭80多本记录着我教育实践、教育思考、教育智慧与教育情感的著作，就足以让1982年春天那个青涩而纯真的小伙子目瞪口呆了。

从某种意义上说，所谓"自己培养自己"，就是用一生的时间去寻找那个让自己惊讶的"我"，而这个寻找的过程是没有止境的。

2017年8月3日

◎ 李镇西

怎样才能把故事讲得精彩

班主任有许多基本技能，善于讲故事是其中之一。

孩子喜欢听故事而不愿听说教，这是每个班主任都明白的常识。所以善于讲故事对于班主任工作的意义不言而喻。问题在于，许多班主任也愿意多给孩子讲故事而不是空洞地讲道理，却不会讲故事。所谓"不会"并非是不明白讲故事要主题鲜明、针对性强、语言生动等等道理，而是不知道具体该怎么讲。这里，我想根据自己多年班主任工作的实践，给大家谈谈我的体会。

第一，把自己放进故事里。

讲自己的故事肯定就"把自己放进故事里"了。所以，我一直主张班主任要善于给学生讲自己的故事。老师给孩子们讲自己当孩子时的故事，最能引起孩子们的兴趣和共鸣——每次我给孩子讲我学生时代的故事，孩子们总是很兴奋。我们的成长经历、学习经验、兴趣爱好、学生时代的成功和教训……都是丰富的教育资源。

多次给不同年级的学生讲"在错误中成长"的话题时，我总是撩起袖子亮出胳臂，给学生们看胳臂一块伤疤，那是我初中时打架留下的"纪念"。学生感到很惊讶："李老师小时候也打过架啊！"我说，其实我从小学到大学，都是老师眼中的乖孩子、好学生，但也打过架，然而我后来战胜了自己，懂得了文明与教养。我还给学生讲过一个我不尊重同学的故事。那是我读高中时，班上有一位来自农村的同学，长得比较老相，我便恶作剧地用毛笔在他的课桌上写了一行字："××同学，祝你安度晚年!"结果被班主任老师公开严厉批评，让我羞愧了很久。我通过这些故事，告诉学生们："没有人不犯错误，人总是在犯错中成长起来的。"孩子们听我小时候的故事觉得特别有趣，因而我自然而然的教育也特别有效。

但班主任所讲的故事并不都是自己的，很多时候我们讲的是别人的故事。因此所谓"把自己放进故事里"，意思是说要把自己的情感、思想融汇在故事之中。永远不给学生讲自己不相信的话，这是我的教育信念之一。因此我给学生所讲故事的意蕴，一定要是我真心信服的，否则我不会给学生讲。或者说，这故事首先是把我自己感动了，让我情不自禁地产生要给学生讲的欲望。故事也许是别人的——是我读来的或听来的，但故事的精神内涵是我自己认同的。因此我在讲的时候，每一个字都是从我心里流淌出来的。比如，我曾经给学生讲傅雷父子的故事，傅雷父子和我显然隔着一个时代，但他们身上的纯真、气节、风骨、坚韧……却是我由衷敬佩的，也是我自己的精神追求。因此我给学生讲的时候，许多学生都热泪盈盈，他们被傅雷傅聪感动了，也被我感动了。这就是我说的"把自己放进故事里"。唯有这样，我们给学生讲故事，才能体现出教育的真诚。

第二，要自然切入。

苏霍姆林斯基曾建议教师们要把教育意图尽可能隐蔽起来，不要让孩子每时每刻都感觉被大人教育。给孩子讲故事，就是追求一种不露痕迹的教育。因此我们在给学生讲故事时，最忌讳这样说："为了让同学们明白这个道理，我给大家讲个故事吧!"这样一本正经的开头，一下就让故事的效果打了折扣。所以，给学生讲故事，一定要自然切入，让孩子不知不觉地进入故事之中，进而不知不觉受到感染和启迪。

《一碗清汤荞麦面》是一个家喻户晓的感人故事，主题是爱与坚强。因此每年9月开学第一天的第一节课，我总会走进我校初一年级的课堂，给孩子们讲这个故事，作为爱与坚强的启蒙教育。但怎么开头呢？"同学们，为了让大家学会爱心，学会坚强，我今天给大家讲一个故事……"这样开头显然是最笨的。根据不同的情况，我一般有这样几种开头——

其一："刚才在开学典礼上，全校同学都齐呼了校训——"同学们往往情不自禁地齐声回答："让人们因我的存在而感到幸福！""怎么理解这句话呢？"我问。刚小学毕业的小家伙们往往争先恐后，叽叽喳喳地回答。"嗯，不错。我这里再给大家提供一个例证，请大家吃一碗'面'，等大家吃完这碗面之后，对我们的校训一定会有更深刻的理解。这碗面来自日本北海亭面馆……"

其二："今天是9月1日，我问大家一个问题，后天，也就是9月3日是什么日子呢？"很少有人回答。我说出答案："9月3日，是中国人民抗日战争胜利纪念日。"接着我会说说这个日子的来历，然后我自然会说到现在许多"爱国愤青"对日本（而不仅仅是日本右翼军国主义者）的仇恨，这个话题最能引起大家的共鸣。我说："日本侵华的历史的确不能忘记，我爷爷就曾经是一名抗日军人。但是今天，我要说，作为中国人，你可以不喜欢日本这个国家这个民族，但你一定要知道我们和他们的差距有多大！二战之后，日本能够在一片废墟上迅速崛起，原因当然有很多，但日本民族的凝聚力是重要原因，'一碗清汤荞麦面'这个故事可以告诉大家一些答案。一个民族之所以能够走向强大，就在于这个民族能够向对手学习！"

其三："刚才我进教室前，听你们的班主任老师告诉我……（这里我举该班的例子。只要班主任善于观察与捕捉，这样的例子绝对是有的，而且不少）我非常感动。开学第一天，班上就有这么好的同学，未来三年咱们班一定会非常温馨。其实，有时候给人以温馨让人感动并不需要惊天动地的壮举，更不必大张旗鼓地宣扬，而往往只是一句话、一个动作、一个眼神、一个笑容，而且不露痕迹、自然而然。比如，我现在要给大家讲的《一碗清汤荞麦面》……"

……

只要了解学生，熟悉他们的生活，并能够随时敏锐地感受他们的精神世界，我们就一定能够找到讲故事的自然切入点。

第三，要善于展开。

一些老师讲故事总讲得干巴巴的，不能感染学生，这自然达不到讲故事的效果。故事讲得生动有许多决定要素，比如语言的绘声绘色，比如声调的抑扬顿挫，比如表情的眉飞色舞，比如肢体的手舞足蹈，等等。其中还有一个重要点，就是要学会展开。

有的老师讲故事往往只说"发生了什么"，于是，再生动有趣的故事，讲出来也就那么三言两语。比如，我曾经给学生讲我初一时学习英语的经历，如果让不会讲故事的老师来讲，可能就是这么几句话："我最初的英语成绩不好，后来发奋努力，一学期便取得了惊人的进步。"这样"简洁精炼"，当然不能感染学生。

我给学生讲这段经历显然不是这样三言两语只说"发生了什么"，我还着重讲了"怎么发生的"。我讲了我初一时语文、数学等各科成绩如何优秀——有我保存至今的初中成绩单为证，但就是英语成绩不好，讲到这里，我还讲了当时班主任老师对着我"38 分"的英语考试成绩叹息："李镇西，你其他科的成绩都那么好，为什么英语学不好呢？"我又讲了当时我受到刺激，决定奋起直追的心理活动。我还详细讲了我努力的行动，包括一些细节：放学路上、上学路上、晚上躺在床上入睡之前，等等，我随时都见缝插针地利用时间记英语单词；连学校开大会，我坐在下面，脑子里都在默记单词；我还把常用单词的卡片贴在家里的墙上、饭桌桌面上、蚊帐上方等处，还有我的手背上也常常写着英语单词，这样我目光所及都是英语单词……最后我讲了期末我83分的英语成绩，让我和老师都有点不相信。讲到这里，全班同学都惊叹了。"从此以后，英语成了我的强项学科。一直到后来考上大学，我的英语成绩在班上也是名列前茅。包括40多岁读博士，我也在学英语。博士毕业后，其他学习资料都扔了，但上千张手写的英语卡片我至今保留。"讲到这里，孩子们再次惊叹不已。

我还给学生讲过这么一个故事——

那是1975年，我在离家几百里的一所乡村中学读高一。有一次，老师要求我们为学校养猪场割猪草，还规定了任务，每个学生上交10斤猪草。那是严冬时节，我的手长满了冻疮，肿得像个馒头，而且从小在城里长大的我，也不认识猪草。所以，尽管对其他农村同学来说，割10斤猪草是很容易完成的任务，但对我来说，却比登天还难。

但我还是不得不拿着竹篼和镰刀走出学校来到田野上，四处游逛。我听说猪要吃油菜叶，于是只好在油菜地里摘一些发黄的油菜叶往竹兜里扔，但离10斤的任务还远得很！手越来越痛，我实在受不了了，便灵机一动，捡了两块砖头，放在竹兜下面，再将油菜叶覆盖在砖头上，这样，我的任务便"完成"了！回到学校，把我割的猪草拿去过秤，居然蒙混过了关！

可只高兴了几个小时我的作弊便败露了。养猪的大伯在切猪草时发现了我的砖头。一时间，我的行为被作为笑话传遍了全校："那个城里来的娃儿居然连猪草都不认识！""他以为猪要吃砖头呀！"……不仅仅是被人取笑，更让我难受的是，我遭到了班主任严厉批评："看上去你很听话，原来你会搞欺骗！"……校长专门找到我，同样给我严厉的批评。校长是我父亲的同学，也是我父亲的入党介绍人，记得他当时说了一句在我看来很重的话："李镇西，做人第一！我不指望你将来长大后成为多么有出息的人，只希望你成为一个正直的人！"几十年过去了，校长这句话到现在都还一直在我耳边响着，时时激励着我。

讲故事就要这样展开。写作中有叙述和描写两种手法。"叙述"是简单的交代，"描写"是形象的刻画。比如"太阳出来了"，这是叙述；而"一轮红日从东方冉冉升起"，则是描写。我说的"要善于展开"，就是指讲故事要善于描写。

第四，要有曲折波澜。

文似看山不喜平。讲故事其实就是口头作文，同样不喜平。如果故事平铺直叙，自然味同嚼蜡；或者老师说了第一句，学生就知道接下来的第二句，这故事同样索然无味。对于会讲故事的老师来说，情节平凡的故事也能讲得摇曳多姿；而对于不会讲故事的老师来说，故事本身的跌宕起伏也会被讲得一马平川。

说到曲折波澜，总会想到扣人心弦的悬念和出人意料的包袱。问题是，有的故事并没有什么悬念，也没有什么包袱，怎么办呢？

倒叙是产生悬念的方式之一。因此有时候我们将故事的顺序变一变，曲折波澜便出现了。对此我就不举例了。关于包袱，其实有时候只需叙事角度变换一下，故事就会产生令人捧腹的包袱。

有一年，我在给我校班主任做技能培训时，说到讲故事的技巧时举了这样一个例子："古代有一个眼睛近视得厉害的读书人，一天他去买东西，到了店铺却发现大门紧闭，一个人也没有。他模模糊糊地看见门板上方贴着一张告示，却看不清写的什么。于是他吃力地爬上柜台欠起身，几乎全身都贴着门板了，终于看清告示上面的一行字：店铺装修，注意油漆未干。"讲到最后一句，全场爆笑。我说，其实这故事本身并没有包袱，最后抖出来的包袱是由我的叙事角度产生的,这个角度就是读书人的角度。如果我们换一个角度,换成掌柜的角度,再讲这个故事,什么包袱都没有了:"古代一个掌柜装修了铺面,暂时停业。他怕顾客弄脏衣服,便在门板上写了一则告示:店铺装修,注意油漆未干。但第二天第一个读书人来买东西,见店门没开,又看不清告示,便吃力地爬上柜台看告示,结果把油漆弄了他一身。"我当时给老师们说:"同样一件事,你给学生讲的时候,可以从老师的视角讲,可以从学生的视角讲,也可以从家长的视角讲,还可以从其他的视角讲……讲之前,你可以比较一下,从哪种视角讲更能让故事吸引学生。"

当然,有时候遵循故事本身的自然逻辑也可以让叙述引人入胜。我曾经给学生讲过一个《故事会》的故事——

那是 20 世纪 80 年代我班上发生的事。开学之初,由 50 多位同学组成了一个崭新的班级——初 84 届一班,新当选的学习委员王红川建议在教室里放一个小书柜,号召同学们捐献书籍,同学们立即响应。第二天,韩军同学从家里搬来了一个小木箱算是书柜,不少同学纷纷捐献了《外国童话选》《少年文艺》《十万个为什么》等书籍,近 200 本。

但是,怎么管理这些书呢?我建议学生们凭借条借阅。可大家不同意,说:"李老师,让我们自由取看吧——想看时自己拿,看完后放回书柜。这多方便啊!"

我担心地问:"万一书丢了怎么办?"

学生们纷纷说:"不会的!不会的!"个子矮矮的陈建同学满脸不高兴地说:"哼,李老师一点都不相信我们!"

"是啊,李老师,您就相信我们吧!"学生们这么恳切,我终于同意了。不过,我还是指定王红川每天在放学前负责清点书柜里的书。两天、一周、两周甚至一学期都过去了,书果然一本不少,反而多了起来——因为同学还在不停地捐书。

我抓住学生们良好的道德风貌,不断表扬鼓励他们:"看来李老师以前真没想到我们初一(1)班的同学这么纯洁。希望大家保持这颗童心,永远不要给班级抹黑!"外班的同学老师知道后,也赞叹道:"初一(1)班真是一个诚实的集体!"而且渐渐地,外班一些同学也在利用午休时间来我班看书。

但是,有一天一本《故事会》却丢失了。同学们都不愿相信,这事会发生在我们班。

放学了,大家都不愿走:"再清点一遍!""清点仔细些!"他们自信而又担心地催促图书管理员王红川同学再将小书柜清点一遍。

我尽量耐心地对大家说:"同学们知道,我们班一直是个诚实的集体啊!可今天,一本《故事会》的丢失,可能将使她染上污点。外班同学知道了会怎么说呢?又还有谁愿意捐书呢?我希望这位同学能够勇敢地退还这本书,同学们会原谅你的!"

学生们你看我,我看你,却没有一个人承认。我忍不住叹息起来:"唉,还让我相信你们!"

教室里静默得让人难以忍受,每个人的心都很难过。

突然,坐在前排的陈建同学站了起来,说:"李老师,《故事会》……是我……拿了。"

学生们不禁惊叫起来,连我也不太相信,一向关心班集体的陈建同学会做这样的事。

我诧异地问他:"你怎么会拿呢?"陈建红着脸说:"我……中午拿回家去看,忘了带来。"

学生们议论起来,我却立即表扬了他:"很好,陈建能主动承认错误,便没有给集体抹黑。他的诚实还是值得大家学习!"

第二天，陈建果然从家里拿来了一本《故事会》，交给王红川。

几天后的一个下午，初一（2）班的一位女同学给我一本书："李老师，这是您班的《故事会》。"我非常惊讶："我班的？"我心里想，怎么会多出一本《故事会》呢？

她说："是您班的。那天中午，我到您班教室借来看的，可忘了还，今天整理书包才发现。真对不起。"

我一下子明白了，立即找来陈建问："那天你带来的《故事会》究竟是谁的？"

"班上的啊！"他还在撒谎。

当我一拿出刚找到的《故事会》时，他什么也不说了。

我当时真想问他："你为什么要这样做呢？"可终于没问。因为答案很清楚：他撒谎"欺骗"了老师和同学，恰恰是因为他有一颗非常纯洁的心！

我讲述的顺序，就是故事本身的顺序。但是，在讲的时候，有几个地方我还是刻意"讲究"了一下的：比如，我先突出了我最初对同学们不放心和后来图书一本不少的欣慰，这是一个对比；我还突出了我的信任与后来书却少了一本的痛心，这又是一个对比。这双重的对比，让故事有了一些涟漪。又如，在说同学们希望我相信他们时，特意讲了陈建的请求，这既是伏笔——为他后来的"犯错"埋下伏笔，又是对比——他言与行的对比。再如，陈建的"认错"，让我和同学们大吃一惊，这是一次跌宕；事态平息之后，邻班女生还书，让我意识到陈建的撒谎，又是一次无风起浪……我在讲的时候，都不动声色地突出了这两次转折，故事便显得生动起来。

第五，让学生走进故事。

所谓"让学生走进故事"，就是在讲故事的过程中，让学生参与——

引导他们思考，组织他们讨论，或者让他们推测故事的发展以及结局，等等。注意，不是讲故事之前的问题思考，也不是讲完之后的讨论，而是一边讲一边结合故事让学生很自然地参与。

我曾经给学生讲过一个故事。有一年我在课堂上读雨果的《悲惨世界》，讲主人公冉·阿让如何战胜自己。我就问同学们"战胜自己"的意思是什么。同学们七嘴八舌，发表看法："就是和今天的自己和昨天的自己告别。""就是克服自己的弱点。""就是两个'我'打架！"我抓住最后一个答案追问："哪两个'我'打架？"同学们又纷纷发言："高尚的我和卑下的我""坚强的我和懦弱的我""勤奋的我和懒惰的我""诚实的我和撒谎的我"……同学们在回答的时候，其实心里也在思考："我"如何战胜自己？

我接着给学生们讲，我读了《悲惨世界》之后，没想到第二天会发生一件让我意想不到的事，什么事呢？同学们能猜一猜吗？教室里又是一片热闹，一个一个答案从学生嘴里说出来，但最后我说："一个都没猜对！"同学们大失所望的同时，听故事的欲望更强烈了。我说："第二天，我的办公桌上放了一封匿名信，信里有220元钱！"同学们情不自禁地张大了嘴。他们目瞪口呆的表情让我看到了他们内心的震惊，同时他们又用眼神急切地催我快快讲下去。"这是一封匿名信，写信人开头便说：'过去，我是一个非常卑鄙的人，但是我在老师和同学的眼里却是一个品德高尚的人。是的，同学们都认为我是好同学，老师也认为我是好学生，可是，他们哪里知道我这个公认的可爱的人，竟是一个小偷！'"这个同学以前偷了班上同学的钱，一直没人发现，但昨天他听了《悲惨世界》，听了"两个我打架"的讨论，经过激烈的思想斗争，决定"战胜自己"给李老师写信主动承认错误。

这个学生在信中这样写道——

昨天，您给我们念《悲惨世界》时，教育我们要向冉·阿让学习，向过去的罪恶告别，做一个人格高尚的人。您在说这些的时候，并没有具体地批评谁，但我听了却总觉得是在敲打我可耻的心灵！

如果我不承认，别人也许不知道，但我就彻底堕落了。终于我决定鼓起勇气，承认我过去的偷盗行为；并且开了一张清单，写明我曾偷过的同学和所偷的金额，连同赔偿的220元钱，悄悄地放在了您的办公桌上。请您代我退给这些同学。

我非常感谢李老师在危急的关头，把我从罪恶的深渊拯救了出来，为我以后的人生点燃了一盏明亮的灯！

我一边讲，一边问聚精会神听故事的同学们："能否推测一下这个同学决定写信认错时的思想斗争？""如果是你，你会这样做吗？""他希望李老师为他保密，但李老师该不该在班上读这封信？""他的同学们会怎么看他呢？""这个同学能够战胜自己，最根本的原因是什么？"等等。这个故事很长，也很感人，限于文章篇幅，我这里不便细写，但当时我在讲故事的时候，每一个同学都被震撼了。

作为班主任，一定要有强烈的教育意识，否则是失职；但"教育意识"的体现却一定要润物无声，讲故事最能自然而然地走进孩子的心灵。愿每一位班主任都成为讲故事的高手。

2018年10月14日

◎ 李镇西

用一支粉笔让语文课回归单纯

一

自从 2002 年我在《人民教育》对"借班上课"提出质疑后，就很少接受上公开课的邀请。2009 年，我在给程红兵的信中这样写道——

我们一起来抵制"公开课"，怎样？这里说的"抵制"，不是说我们要去做什么，而是我们可以不做什么——这里的"什么"，就是指到处借班上课。10 年前，我们讨论过公开课的弊端，可是你我一样到处"献课"。相信你和我一样，有着许多无奈。但是，凭着一堂上得极为熟练的课走遍天下，所谓"一招鲜，吃遍天"，我越来越觉得不好意思了。这种做法，也不符合语文教学常态。所以，现在别人请我讲学，我说做报告可以，但课坚决不上，我不想演戏。

自从写了这封信之后，除了有一年应母校四川师范大学之邀，为校庆 70 周年献过一堂课之外，我基本没借班上过公开课。

必须说明，的确有一些名师能够借班上出既自然又精彩的课，对此我不否认，而且非常敬佩，但"为臣做不到"啊！

我总是对想听我课的老师说："您到我班上来听吧，我随时欢迎您！"

然而这次，退休两年的我主动对李镇西博士工作站的老师说："我为你们上一堂课吧！就借邓茜媛老师班上的初一学生。"

所谓"李镇西博士工作站"，是在教育局的支持下，由我组织的一个青年教师研修团队。每两年招募一批真正热爱教育而又特别有上进心的年轻人，和我一起研究教育，共同成长。之所以叫"工作站"而不叫"工作室"，是因为我们这个团队没有任何教育局的行政指令，教育局领导除了给我经费和场地，其他一律不再过问；之所以要加"博士"二字，是为了激励年轻人努力向上，追求成为博学之士。我们每月聚一次，主要的活动形式有：读书交流、参观名校、听专家报告、听我的讲座……

二

这次，我之所以提出给工作站的年轻人上公开课，就是想通过一堂朴素的课，告诉老师们，好的课一定是朴实无华的，是对准学生心灵的。尤其是语文课，不应该有那么多五光十色、花里胡哨的现代信息技术手段，而应该让学生回到文字本身，通过想象将文字化为形象。另外，我还想用我这堂课让各类公开课回到常识与常态。所谓"常识"，就是遵守语文学习的特点，让阅读回到它本来的样子，我们平时怎么读一篇文章，在课堂上就让学生那样读。所谓"常态"，就是教师和学生都正常地上课，不有意设计亮点，不刻意追求高潮，更不故意制造活跃的气氛，不拿腔捏调，不矫揉造作，教师自然而然，学生自由自在。

我特别希望我这堂课能够给年轻教师一个警醒：那些打磨了又打磨、演练了又演练的"语文课"，无论多么"精彩"，都不是语文课。那些教师暗中当导演、学生配合做演员的"语文课"，无论表面上多么和谐、热烈、生动，都不是语文课！语文课不是那样的！

现在的许多公开课实在是太假了！最根本的假，就在于课不是为学生上的，而是为听课老师特别是专家评委上的。这样的课，充斥着假讨论、假互动、假平等、假民主甚至假生成，表面上学生踊跃参与、积极发言，甚至还可与老师争论，但这一切的背后，都有着教师精心而又精致的暗中操控——一切都是演给评委看的。

比如，常常有这样的公开课。一上课，教师便打出"教学目标"或"教学重点"的PPT，然后让学生齐读上面所列的一、二、三条目标或重点。这就很滑稽了，教学目标和重点关孩子们什么事儿？这是教师自己装在心中以推进课堂教学的内容。学生读它有何用？有用的！因为这是读给评委听的，以这种方式告诉评委：我这堂课目标明确，重点突出。

这不很假吗？

不过，这不能怪上课教师，因为评分标准的表格上就有目标明确、重点突出的分值。

我决不上那样的假课。

三

我特意选了一篇教材外的文章，台湾作家张晓风的《春之怀古》。之所以选这篇文章，是为了让我和学生处于同一平等的阅读起点：都没有任何教参资料，全凭自己的阅读与理解走进作者、走进作品。当然，我和学生也不可能绝对平等，我的人生阅历远胜于学生，我的"前理解"自然就比学生更丰富。但学生作为十一二岁的孩子，他们的心灵更加单纯，理解作品更不受干扰；他们的思维更加活跃，更能理解成人可能忽略的地方；他们的想象力更强大，阅读的再创造会比我更精彩，甚至他们的思想束缚相对较少，阅读时更富有批判精神……所以两相比较，我和学生也算是扯平了。

曾经想提前一周把文章发给学生，让他们做一些预习，至少熟悉一下课文。但想了想，算了，不增加他们的负担了，还是当堂阅读理解吧，在课堂上展现一个完整的阅读过程，这样也更真实。

原本只想在大邑中学邓茜媛老师的班上悄悄上一节随堂课，听课者只是我工作站的30来位老师。谁知当地语文老师听说后，一下来了150多人，学校不得不将课安排在一个相对大一些的会议室。说实话，我不太高兴。我知道他们是冲着通常意义上的公开课来的，他们会以一般的公开课的评分标准来打量我这堂课。我知道注定会让他们失望的。一个他们眼中的著名语文特级教师，居然上了一堂平淡无奇也无味的课，他们也会对我"另眼相看"，我的形象必然受损。

但来都来了，我不可能把老师们撵出教室。来了就听吧！反正我还是按我的想法上。就算上砸了，难道你把我的语文特级教师的称号取消了不成？这样一想，我就坦然了，也就豁出去了。

所以，面对满屋子的学生和比学生多得多的老师，我指着听课的老师，开门见山地对孩子们说："我们今天一起来上一堂让他们失望的语文课吧！"

四

我这话自然引来哄堂大笑。我说："他们带着听公开课的想法来听课，我们就上一堂自然的随堂课，让他们看不到'精彩纷呈''高潮迭起'。"

我问学生们："上过公开课吗？"

大家都说"上过"。

我问："上公开课和平时的课有什么不一样？"

一个孩子说:"老师比平时要和蔼可亲一些。"

一个孩子说:"公开课比平时的课要生动一些。"

一个孩子说:"公开课举手的同学要多一些。"

还有孩子七嘴八舌地说着公开课与平时课的种种不同。

我笑起来了,听课的老师们也忍不住大笑。

我说:"不管那么多了,反正我没那么多的招数,你们平时怎么上今天就怎么上。比如,你平时不爱举手发言,你今天也可以不举手发言。"

就这样聊着聊着,我们开始共同学习了——连常规的"起立"都没叫,师生也没互致问候,反正就开始上课了……

坦率地说,这堂课我没写教案,不是不想写,而是确实太忙了。不但没写教案,我连教学提纲都没写。拿着和发给学生一样的印着课文的一页纸,就开始上课了。

这里,我没有炫耀自己多么牛的意思。没写教案,不等于我没备课。我在家里,一有空就一遍遍朗读课文,几乎能够背下来了。另外,我连早晨锻炼时都在琢磨这堂课怎么上,最后才有比较成熟的想法装在我脑子里了——

不用任何现代信息技术,就用一支粉笔。

一切围绕学生,不考虑我教给他们多少,而是着眼于我引导他们自己悟出多少。

让学生明白并在课堂上践行:"读出自己,读出问题"是读懂一篇文章的重要标志。读出自己,是共鸣,是联想,是欣赏;读出问题,是研究,是质疑,是批判。

让学生明白并在课堂中体验:阅读一篇文章的过程,无非就是"读一读"(朗读或默读)、"查一查"(不认识的字通过工具书解决)、"画一画"(在文中勾画出自己最欣赏的句子,或自己的疑问)、"想一想"(自己琢磨）；而这个过程，在课堂上和同学老师一起阅读，就是"读一读""查一查"（如没有工具书，便彼此请教）、"聊一聊"（分享各自的感动）、"问一问"（研讨疑难问题）。

尊重学生，绝不勉强学生发言，更不抽没有举手的孩子。不刻意地"夸奖"发言的学生："你真棒！"也不说："让我们给他点掌声！"让掌声发自内心地自然响起，没有掌声也不要紧。

尽可能将自己的教学意图隐蔽起来，把教的思路变成学的思路，或者说，让教的思路服从于学的思路，二者融为一体。

作为平等中的"首席"，我应该而且也必须参与学生的讨论分享，或质疑解惑，但尽量避免多说。特别要警惕忍不住地在学生面前卖弄自己"渊博的学识"或"深刻的解读"。一定要憋住！

细心观察、敏锐感受、及时捕捉，将可能邂逅的不期而遇的精彩放大，将其变成大家的分享，将个别孩子的偶然出彩变成大家共同的必然精彩。

不追求课堂教学的完整性，不为了展示教师的主导作用而掐灭学生思想的火花。如果学生正在为某个问题或话题热烈讨论或争论，哪怕这堂课没上完也不要紧。就具体的知识而言，我不预设目标。

设想一下，一篇写春天的文字，如果我要做PPT、图片、音乐、视频，该是多么五彩缤纷、鲜艳夺目！但那些色彩和景物，会剥夺了孩子的想象，那不是语文课。

我决不上那样的语文课！

五

因为没有预习，我这篇文章上了两节课。坦率地说，我自己很满意，所有的设想都在课堂上自然而然地实现了，而且还有额外的收获——

第一，学生的思维特别活跃。无论是"读出自己"的分享，还是"读出问题"的讨论，发言的踊跃超出了我的预想。当然，他们的优秀不是我培养的，但我充满尊重地引导，激发出了他们的潜力。换句话说，孩子们的聪明与我无关，但他们能够展现出自己的聪明则与我有关。据上这个班语文课的邓茜媛老师说："平时不怎么举手发言的几个学生，今天都很积极。"

第二，在课堂上，我即兴发挥，把所有听课老师纳入我的学生行列，让他们和学生一起朗读、思考、提问、发言……于是这堂课的学生数量临时由48个扩大为200个。有趣的是，这在无形中形成了比赛——或暗中较劲，在这比赛或较劲中，我又时不时推波助澜、煽风点火。学生更来劲了，他们的表现更精彩了。而教师也通过再次当了回学生，进一步理解了平时上课的学生。

第三，出现了太多源于"生成"的惊喜。当一个男生由文章中的句子联想到自己童年赶鸭子的生活时，当一个女生仿造文中的句子仿写她心目中的春天时，当一个女生站起来解答某位老师的疑惑而且回答得非常完美时……全场响起雷鸣般的掌声。那一刻，我感到了孩子们心灵的舒展和思绪的飞扬。

这的确是一次没有涂脂抹粉的语文教学。

当然，也有明显的败笔。比如，有一个地方本来我是问学生："怀什么古？"并想引导学生在文章中去探寻，可我并没有让学生这样做，也没让他们回答，而是直接用我的感慨取代了学生的寻找。

尽管有明显失误，可我依然很满意这堂课，因为它虽然不完美，但很真实，很自然。

2020年11月6日

◎ 李镇西

追求教育的真境界

我曾写过一篇微博——

有句话流传很广:"我们走了很远,却忘记了为何出发。"这话同样适用于教育。常有人说我有"很前沿的理念",我总是解释:"我没有任何前沿的理念。我所做的一切,都是回到教育朴素的起点,遵循教育常识,面对我们眼前的一个又一个孩子,坚守良知。"仅此而已。

这里,我提到"朴素""常识"和"良知"。这也是近年来不断出现在我脑海中的三个关键词。我越来越认为,保持朴素,遵循常识,坚守良知,就是在追求教育的真境界。

所谓"保持朴素",就是不夸张,不华丽,不喧嚣,质朴,本色,素净。记不清是叶圣陶还是谁,对教育说过这样朴素的话:"教育是农业。"那么,"农业"是什么意思呢?就是春风化雨、顺其自然、不急不躁、从容不迫。种庄稼,无非就是年复一年做着同样的事,该播种就播种,该施肥就施肥,该除草就除草。教育,不也是日复一日做着平凡琐碎的事吗——认认真真地备课,认认真真地上课,认认真真地批改作业,认认真真地找孩子谈心……除了这些,还有什么呢?一个个日子,一个个孩子,不就是教育吗?善待每一个日子,呵护每一个孩子,不就是教育的全部吗？再说直白一些，守着孩子过日子，教育就这么朴素。

所谓"遵循常识"，就是以清醒的大脑守住基本的理性，用众所周知无须证明的知识去辨别和判断真伪。以前"水变油"的骗术蒙了很多人，其实凭常识就可以识破。现在教育领域也有许多"水变油"。戳破这些骗术，并不需要什么高深的理论或过人的智慧，只需要常识。比如，有一所初中创办不过三年，第一届毕业班就夺得了许多"第一"，于是校方大吹大擂其如何"严格遵循教育规律""创造了教育的奇迹"。但我就不信这个所谓奇迹。后来私下从该校内部人士了解到，原来他们做了许多手脚，比如拼命挖别人的优生，同时不择手段地强迫拖后腿的差生一个个"自愿转学"……这样一来，当然一炮打响，当然一鸣惊人。我之所以一开始就看破了其谎言，依据的就是"一分耕耘，一分收获"的常识。但遗憾的是，现在还有不少人热衷于这种骗术，用各种新潮理论包装其假货；更不可思议的是，居然还有不少人相信。我认为，常识是抵御所有骗术的利器。

所谓"坚守良知"，就是永远守住自己的童心，守住做人最起码的善良与诚实。我们都曾经是孩子，想想我们当初做孩子的时候，希望遇到怎样的老师，现在我们就做那样的老师好了；或者说，我们现在也有孩子，我们希望自己的孩子遇到怎样的老师，我们就做那样的老师，这就是良知。己所不欲，勿施于人，这就是良知。言行一致，率先垂范，这就是良知。不说假话，不做假事，这就是良知。不偏心，不势利，保持师生关系的纯洁，这就是良知。

一说到教育，我们一些教育者容易想到一些宏大的词语："理念""品牌""模式""国际化""人类价值""终极关怀"……唯独很少想到具体的人。我这里说的"具体的人"，指的就是每天在校园里向我们迎面问好的一个又一个天真无邪的孩子。别忘了，素质教育也好，课程改革也好，这样"创新"，那样"超越"，最终都是为了每天在校园里雀跃奔跑或在教室里凝神谛听的孩子。这就是良知。

教育的良知，更多的时候是体现在一些细节上。面对高扬着小手臂说"老师好"的孩子，我们也真诚地回一声"小朋友好"；弯腰拾起从远处滚过来的乒乓球，然后笑眯眯地还给奔跑过来气喘吁吁的孩子，或者干脆就和他们一起打乒乓球；课堂上随时关注坐在后排边上那个成绩不好因而自卑的小男孩，设计一个他能够回答的问题，然后有意抽他起来回答，最后让全班同学给他以掌声；发试卷时，把写有分数的一角卷起来再交给学生；学生走进办公室，先对他说"请坐"，然后递上一杯水；认真仔细地批改每一本作业而不是敷衍地写个日期；预备铃响了之后就走进教室，而不是等到正式上课铃响了之后才匆匆赶到课堂；备课时，为了弄清一个字的古音或一个词不同语境下的含义，而翻阅比较不同的辞书字典，琢磨推敲……这些都是良知。

很多年前的一个早晨，台湾作家张晓风曾在阳台上看着自己儿子上学的背影，感慨万千，然后回到书房写下一篇短文《我交给你们一个孩子》。其中有这样的句子——

学校啊，当我把我的孩子交给你，你保证给他怎样的教育？今天清晨，我交给你一个欢欣诚实又颖悟的小男孩，多年以后，你将还我一个怎样的青年？

他开始识字，开始读书，当然，他也要读报纸、听音乐或看电视、电影，古往今来的撰述者啊，各种方式的知识传递者啊，我的孩子会因你们得到什么呢？你们将饮之以琼浆，灌之以醍醐，还是哺之以糟粕？他会因而变得正直、忠信，还是学会奸猾、诡诈？当我把我的孩子交出来，当他向这世界求知若渴，世界啊，你给他的会是什么呢？

世界啊，今天早晨，我，一个母亲，向你交出她可爱的小男孩，而你们将还我一个怎样的呢？

这位母亲对教育的理解略有偏差，她把孩子的成长全归于学校教育，但我理解她对老师的期盼。她的发问，敲击着每一位教育者的心。人心都是肉长的，将心比心。我们所有的工作，不都是为了对得起千千万万母亲的信任与托付吗？

于是今天，我怀着神圣的心情写下这篇文字，算是对自己庄严的提醒：追求教育真境界——保持朴素、遵循常识、坚守良知，这就是对天下所有母亲最好的回答。

2016 年 1 月 7 日

◎ 李镇西

做干净的教育

（这是李镇西工作站第二期学员最后一次活动结束时，我的即兴谈话。事后学员们协助我追忆整理的。）

虽然刚才老师们谈的主题和内容都是两年来的收获和成长，但大家的讲述毫不雷同。每一个老师都带着感情在讲述两年来走过的路，有的老师还流了泪，我也很感动。

我想到一个朴素的问题：我们大家究竟为什么聚到了一块儿？不同学科、不同学段、不同年龄，彼此以前素不相识，但我们却一起走过了两年。这是为什么？听了刚才老师们的讲述，我想说，说到底还是我们有一个最根本的共同点，那就是我们都发自内心地热爱教育，而且想做纯粹的教育！

现在的教育已经越来越畸形，让很多人不满意。上个月在外地出差，和几个老朋友吃饭，说到教育，大家都在叹息。读小学二年级的孩子，作业负担就很重了，不得不让家长帮着完成作业，不然孩子睡眠不足啊！还有一些老师势利，明里暗里索要礼物，还有老师公然劝说家长以物质的方式"和老师搞好关系"……我的朋友说起这些都感到很无奈，当然他们也理解现在的教师待遇太低，这是一个社会问题。还有的学校向刚进校的一年级孩子家长发调查表，询问家长有哪些亲戚朋友在重要部门，有哪些人脉关系可以为学校提供支持，而这些调查结果都会影响孩子的编班——当然这不会明说。我甚至听说在一个地级市有家长为了读当地最牛的公办名校，居然要花上万元钱去"打通关节"！我听了这些，感到震惊，也理解了为什么社会上那么多人一方面拼命给孩子选择名校，一方面又拼命骂所择的名校。不要动辄说媒体妖魔化教育，这样的令人恶心的教育，我都要骂！

作为一个教育者，我感到耻辱，我们都应该感到耻辱！今天早晨我接专家走进教科院大门，卢晓燕听我在给专家说："我没有想过改变这个世界，我哪有这个能力啊，但我希望我不要被这个世界改变。"这是我以前多次说过的话。不过，我有时也想，也许我能够改变身边的一个两个人，哪怕能改变一个人，我也觉得自己了不起了。何况，我们在座的是20多个人。至少我们是干净的教师，我们追求做干净的教育。

刚才听周屈舟老师的发言，我很感动。她说在现在的教育制度下，孩子的负担重她也没办法，但她提醒自己在工作中尽量不要再给孩子加压，自己能够为孩子减轻多少压力就尽量减轻多少压力。我特别感动，特别感动，这就是有良知的教师，这就是有人性的教师。相反，有的老师不这样想，他会说："对不起，我也没办法，上面要给我下任务、下指标，我只能这样做。"于是层层压力全压在可怜的孩子身上！周屈舟只是一个普通的小学老师，但她做到了我经常给你们说的"枪口抬高一厘米"！她没有把责任推给校长、推给社会而对学生变本加厉，没有成为应试教育的助纣为虐者，这就是有良知的教育者。

还有，周屈舟老师说，她从没有收过来自家长的贵重礼物，当然，教师节一张卡片一束花她说她是收过的，但她非常自豪地说，她和家长保持着很纯净的关系。其实，在我看来，教师和学生家长之间的这种纯净关系过去是一种常态，没有什么高尚可言，但放在今天的大背景下，这就是了不起，这就是干净的教育。

为什么要办这个工作站？很多人问过我，其实我也问过我自己。从世俗的眼光看，确实这个工作站毫无用处，不能给你们带来任何名利——这不过是一个在教育局支持下的民间甚至私人学习团队，没有文凭，没有证书。而且对我来说，除了耗费我的时间和精力，没有一分钱的报酬，我就是一个退休老师在无偿地为你们的成长提供帮助。有时候真的很辛苦。比如昨天我从安徽回来，明天又要去新疆，本来我可以直接从安徽去新疆的，但我为什么要特意回成都？就是因为今天有你们的这个活动。坐飞机真的很累，但我为什么要这样做？为什么要不辞辛苦搞这么一个工作站？不是说我有多么无私，我的想法很简单，就是利用我的一些优势和资源，为真正有理想有追求的年轻老师提供一些平台和机会，让你们在成长过程中少走弯路，不也挺好吗？我的初衷就这么简单。

一个人的成长，最根本的还是自己培养自己，而前提是必须要有成长的强烈欲望。根据著名的达克效应，一个人的自信程度和工作时间呈现这样四个阶段：刚工作时自信满满，觉得所有困难"不过就那么回事儿"，没有什么搞不定，完全不知道自己还有许多需要学习的地方，这叫"不知道自己不知道"，这是处于愚昧山峰的最高处；过了几年，开始清醒了，觉得工作不是那么简单，许多问题自己完全搞不定，要学的太多了，于是开始紧张恐慌，这叫"知道自己不知道"，于是开始大量地学习，向同事学习，向名家学习，向书本学习；过了几年或十几年，越来越成熟，智慧也越来越多，自信回来了，这叫"知道自己知道"，这种自信不是盲目自信，它基于一种专业智慧的底气；最后一个境界，叫"不知道自己知道"，这是大师级别的境界，什么意思呢？就是各种智慧完全已经变成潜意识，有时候遇到难题根本不用思考，一出手便迎刃而解，十分圆满，过后才意识到：原来我这么厉害啊！你们现在正处在"知道自己不知道"和"知道自己知道"阶段，我相信你们也会到达"不知道自己知道"的境界。

我们这个工作站很特殊，它不是关于具体学科教学的研修团队，比如吴正宪工作室就是专门研究小学数学教学的，王崧舟的团队就是专门研究小学语文教学的。其实我当初也想过，根据我的专业，可以搞一个专门研究中学语文教学的。但后来我想了想，还是跨学科、跨学段比较好，我们要解决的是最根本的教育问题：人生情怀、教育理想、职业认同、专业素养、精神世界、人文视野、工作智慧、课堂艺术……有老师刚才说，以前以为这个工作站是每个月由李老师主讲，结果两年下来，李老师讲得很少，相反请了许多以前在书里才看到的名师大家来开讲座。是的，我没有想过要给大家讲多少，我要讲的，都在我的书里，在我的微信公众号"镇西茶馆"里，你们去看就是了。我要做的，并不是给你们讲多少理论，也不是要教给你们多少技巧，读理论和学技巧都不是我们工作站的主要任务。昨天我收到一个老师的申请，她希望加入第三期工作站，她的申请理由居然是因为无法解决学生不做作业的问题，于是想参加工作站学习一些智慧。我笑了，这还需要到我这里来"学习"吗？这是你自己要研究的问题啊！老师们，两年来我从不教给你们具体的教育技巧，但我给你们说了一句话，就解决了你们的所有教育难题，这句话是什么呢？对，就是"把每一个教育难题都当作科研课题！"所以你遇到难题找我没用，但你用我这句话去面对每一个难题，管用的。

那工作站做什么？我要做的，就是让你们读书，让你们面对面地亲耳聆听于漪老师、杨东平老师、吴正宪老师、王崧舟老师、华应龙老师等杰出教育者的教诲，打开你们的视野，给你们的精神世界投进一抹光亮！

平时我从不给你们布置计划、总结之类的任务，也从不规定你们要写多少文章之类的，第一次见面我给你们推荐了40本著作，也没有规定你们必须在什么时间内读完，然后写文章，刚才有的老师说还没读完，不要紧，继续读就是了。虽然我这么宽松，但刚才老师们都说，你们自己却感到了压力，尤其是团队老师之间形成一种彼此的激励。结果许多老师都说，最近两年读的书，比工作以来阅读量的总和还要多。我没有逼大家写文章，但许多老师已经养成教育写作的习惯。这不就是你们的成长吗？而你们的成长，就是我的成果。

所以我们这个工作站衡量你是否成长的标准，不是看你这两年是不是发表了文章、出版了著作，不是看你是不是被评为这个"先进"那个"优秀"，也不是看你这两年中是不是被发展入党了，被提拔当教务处副主任了——当然，这些都是成长的标志之一，但在我这里，不是主要的标志。在我这里，是否成长的主要标志是——你是否养成了读书的习惯？你是否养成了写作的习惯？你是否养成了反思的习惯？遇到教育难题你是不是比过去更有办法了？遇到调皮学生或不讲理的家长你是不是比过去更从容了？你的抱怨是不是减少了？你的心态是不是更平和了？你的每一天是不是更充实了？你的职业幸福感是不是增强了？等等。

从刚才20多位老师的成长分享看，你们的确比两年前更爱阅读、写作和反思了，更平和、更从容、更幸福了。这不就是成长吗？对此我非常欣慰。我的所有辛苦，都值啦！

在网上，有不少老师动不动就唉声叹气，自己目光短浅，还嘲笑有理想的教师，以自己是"一线教师""农村教师"而大抒悲情。你们不也是一线教师吗？你们当中有的也是农村小学，而且相当偏僻的农村小学的教师啊！他们遇到的一切，你们都遇到了，但你们没有抱怨，依然保持理想和追求，这就是一种纯净的情怀。因为你们从教是自己的选择，你们是为自己做教育，不是为别人。你们一定会走得更远，而且更幸福！教育对我来说，当然也对你们来说，不只是一种职业，而是一种爱好——我现在不说"事业"，而更喜欢说"爱好"，既然是"爱好"，就完全是自己的事，而且没有"退休"一说。女教师们喜欢逛商店，难道会因为满了55岁就不逛商店了，说是因为"退休"了吗？

我想到我的年轻时代。现在我经常在网上被一些老师误解："您是名师专家，当然对教育可以理想化了，站着说话不腰疼！"因为种种原因，我年轻时代用现在的话来说，也"很不顺利"，甚至可以说"遭受不公"，评优没我，入党没我，提干没我……而且这种状况持续了20多年。但我从来没有因此而挫伤过积极性，因为教育是我自己的事，我怎么可能因为领导给我的不公——其实现在想来起来，未必都是领导不公，有时候我的确也有问题——而放弃自己喜欢的事呢？你会因为挨了别人的骂，就不吃饭了吗？所以，一个人的心态和胸襟很重要。我过去也不行，虽然没有影响我的教育激情，但也有过郁闷。到后来我心态越来越平和，胸襟越来越开阔。基本上做到了任何外在的荣辱都不能影响我的情绪，我自专注于我的教育，其他都微不足道。并不是说后来就没有遇到过不舒心的事，当然有，工作中的困难，同事的不理解，领导的误解，等等，包括网上——现在经常都有人在网上骂我，但我从来不放在心上。我向朱永新老师学习，向魏书生、李希贵、程红兵、崔其升等人学习，站在人生的高度乃至宇宙的高度俯瞰每一天，有那么多有意义也有意思的事需要做，哪有精力去郁闷去计较啊？所以，你们今后一定要随时调节自己的心态，开阔自己的胸襟，做一个精神世界无比敞亮通透的人！

我还是要强调读书。你们已经养成了阅读的习惯，这非常好，这也算是我的成果，而且是最让我开心的成果。要不断扩大自己的信息源，你知道的信息越多越全面，对这个世界就越有比较思考判断的依据，就越不容易被蒙被骗，就越不容易被表面五光十色、喧嚣热闹的东西所迷惑，所左右。教师首先是知识分子，知识分子的本色是独立人格和自由思想，而永远保持自己的独立人格和自由思想，不迷信、不盲从，比什么都重要。因为我们是教师呀，教师的使命，就是为国家的未来培养公民。

我这个工作站也有遗憾。比如请名家大师当然很好，但让你们之间"同伴互助"少了一些，应该多搞几次让老师们互相分享各自成长经验的活动。比如第一期我还给学员们上课，很遗憾这第二期还没给你们上过课。还有许多不足，只有在第三期改进了。

你们老说感谢我，说向我学了很多东西，其实我也从你们身上学到了不少，真的，这不是客气话。你们的青春气息感染着我，让我也年轻起来。尤其是你们的教育情怀，让我感动，让我觉得中国教育，或者说我身边的教育还不至于那么悲观，至少你们的学生会因遇到了你们，而感到了教育的温馨，也让他们的父母感到了并不是所有教师都是势利的，都是粗暴的，也有干净的老师，也有让人发自内心尊敬的老师。所以，每一个老师做好自己，就是在为挽回中国教师的尊严尽自己的努力。

李镇西博士工作站第二期虽然结束了，但我们的共同学习并没有结束。我将会记住你们每一个人，并永远注视着你们的成长，愿意继续提供我力所能及的帮助，以后有什么需要尽管找我。让我们一起继续以纯净的情怀，做干净的教育！

我爱你们！

2019 年 5 月 17 日

◎ 李镇西

用米开朗基罗的智慧和双手，把自己雕琢成"大卫"

尽管对米开朗基罗的《大卫》雕塑很熟悉了，但去年暑假，我在佛罗伦萨看到原作时，还是被深深地震撼了。

虽然是冰冷的大理石雕塑，但大卫青春勃发，坚毅的眼神、富有爆发力的双手、胸部的肋骨、饱满肌肉所形成的波纹、皮肤下凸起的关节和血管……都让人感到生命力的蓬勃与鲜活。

据说这是米开朗基罗根据一块废弃的石材创作的。大卫像的原石最初是交给一位雕塑家，但因为石料坚硬，还很薄，而被放弃了；后又辗转到另一位雕塑家手中，还是没法创作，又被放弃了。最后这块屡遭废弃的大理石，终于等来了米开朗基罗。

一位记者问米开朗基罗："您是如何创造出《大卫》这样的巨作的?"他回答："很简单，我去采石场便发现了大卫——我看见一块巨大的大理石里面的大卫。我要做的只是凿去多余的石头，去掉那些不该有的大理石，大卫就诞生了。"

这段介绍让我心里一震，想到了教育，一下子豁然开朗：所谓"教育"，就是凿去限制人和束缚人的那些外壳，凿去那些多余的部分，而挖掘出本来就蕴含着的作品。

也就是说，教育者——教师和家长，应该具备一双米开朗基罗的慧眼，将每一个孩子都视作尚未完成的作品《大卫》，坚信他们都能够成为"大卫"；然后不断地精心雕琢，最后让孩子内心深处本来就有的"大卫"呈现出来。

注意，这里的"大卫"只是一个比喻，比喻杰出者。但所谓"杰出"并非意味着是统一模式的人才，更不仅仅是栋梁、精英，而更是不同个性、不同领域的幸福而优秀的劳动者。只要孩子最后成了最好的自己，他就是那个"大卫"。

我还想到了教师的专业成长。所谓"成长"不也是不断凿去那些限制自己的多余的外壳和多余的部分吗？

每一个人的内心深处，都潜藏着一个卓越的自己。我们所有人最初都是沉睡的大理石，但石头里面潜藏着"大卫"。所谓"潜藏"，意味着最初这个卓越的自己被各种外壳和多余的部分掩盖着。我们要做的，就是不断地挖掘和雕琢，一点点地剥除外壳，剔除冗赘。当我们内心深处那个"大卫"渐渐显露出来的时候，我们便获得了成长，走向了卓越。

而这取决于两点——

第一，要相信自己就是"大卫"，要善于发现自己内心的"大卫"。李白说："天生我材必有用。"爱因斯坦说："自信是成功迈出的第一步。"培根说："深窥自己的心，而后发觉一切的奇迹是在你自己。"自信，是成长的前提；如果自己都不相信自己，最后也只能是一块普通的石料。

第二，不要等待别人来发现和培养自己，而应该自己雕琢自己、完善自己。这里的雕琢和完善，就是通过每一天的备课、上课、批改作业、和学生谈心、不断反思、不停阅读、坚持写作……把自己"多余的部分"，即缺点和不足，一点一点地剔除，不断地剔除，再剔除……最后将自己雕塑成一个精美典雅而富有光泽的"大卫"。

其实，不仅仅是教师，无论什么从业者，无论是孩子还是成人，我们每一个人都是潜在的"大卫"，同时也是潜在的"米开朗基罗"。所以，任何人都可以用米开朗基罗的智慧和双手，把自己雕琢成"大卫"。

2019 年 12 月 31 日晚

拔节时刻

拔节即成长。两年时间700多天,一月一聚,每一个日子都散发着思想的芬芳:读书讨论、经验分享、观点碰撞、情感交流、观摩课堂、与大师面对面,和同伴心连心……思考的翅膀从一间教室跃向整个世界;翱翔的心灵从浩瀚宇宙飞回三尺讲台。我们并不能改变人类历史,但我们能够改变自己;我们也不能影响中国教育,但我们能够影响每天面对的一个个孩子。对于有理想的人来说,诗不在远方,就在眼前。

——李镇西

◎ 罗　莉

火种与希望

——李镇西博士工作站揭牌及首次研修纪实

2016年1月7日上午，李镇西博士工作站在成都市武侯区教科院学术厅正式揭牌成立。该工作站由李镇西博士在大成都范围内通过层层选拔挑选出的20名一线教师组成，其中武侯区内10人、武侯区外10人。我有幸成了其中的一名研修员。我们分别来自不同的学校，不同的学科，不同的教学年段，但却为了同一个理想走到一起，那就是——做一群纯粹的、执着的教育理想主义行动者。能参加今天的揭牌仪式，我的心情异常激动！

揭牌仪式上，武侯区教育局潘虹局长和成都市教育局郭越中处长分别对李镇西博士工作站的成立表示祝贺，并向我们提出了殷切的希望和祝愿。李镇西老师向在场的所有人宣布了该工作站的13位特聘导师：新教育发起人、著名博士生导师朱永新，杭州师范大学教授张华，北京十一学校校长李希贵，著名学者杨东平，著名特级教师钱梦龙、吴正宪、华应龙、王崧舟……一个个名字，如雷贯耳。他们均是当今全国知名的教育专家，将在未来的一年对这20名老师进行面对面授课。

然后，李镇西老师为到场的导师代表颁发了聘书。工作站学员代表唐燕老师发表感言：表示一定会倍加珍惜这样一个机会，在这一年努力让自己和整个团队得到进一步提升。李镇西老师在揭牌仪式后做了总结性发言。他再次表明，这样一个民间研究团队，和评优选先无关，和职称绩效无关，只和教育情怀有关。因为这是一群纯粹的、执着的教育理想主义行动者，唯有不改变教育的初心，才能获得教育的真谛。

揭牌仪式后，特聘导师杭州师范大学教育科学研究院院长、博士生导师张华教授为我们做了一个"让教师成为课堂领导者"的专题讲座。张华教授对当下教师如何发展做出了指导。他认为教师发展分为专业发展和自由发展，一个研究型的教师必须是一个反思型的实践者，同时又必须拥有批判性思维，让自己的心灵保持独立。一个真正意义上的教师应该在课堂上上自己开发的课程，而非只是做一个邮递员的角色，照本宣科。对待教科书应该从传统地"信"转向批判地"用"。张华教授还从中西方的角度分别向我们介绍了新课程改革的性质，当前在倡导"课程领导"的实践过程中存在的误区，何谓"校本课程"，怎样开发课程，以及教师如何开发课程……其中不时出现自由、专制、民主、权利等关键词。张华教授幽默睿智的演讲，让整个会场充满了满满的正能量。整整两个小时，所有领导和工作站的学员无一例外专注地聆听着。他们时而微笑，时而点头，张教授的话题带着大家对当今的教育进行了深刻的反思。

讲座结束后，大家都还意犹未尽。正当大家都在感叹张华教授那超凡的演讲口才以及异常流利的英语表达时，李镇西老师上台为大家补充介绍了张教授的学习历程。一个普通的中师生，因不断地努力，不断地提升最后成了博导，走向了世界，这其中的辛苦让人唏嘘不已。支撑张华教授的就是他对教育的不懈追求。我们作为教育理想主义的行动者，还有什么理由不努力呢？

当天下午一点半，李镇西博士工作站的所有研修员在武侯区教科院的

301会议室开展了第一次研修。李镇西老师以"新教育常识"为主题,给20名学员做了一个聊天式的讲座。从什么是新教育、新教育实验的十大行动是什么、新教育"新"在何处、学校新教育实验如何起步、新教育实验是怎样促进教师成长的……多个方面将理论与实践结合,向学员们进行了详细的讲解。李老师认为,每个人的心灵深处都有一个没被发现的卓越的自己。不停地阅读是思想的源泉,教师成长需要得到职业认同和专业发展。他提醒大家:幸福比优秀更重要。专业引领包括专业阅读、专业写作、专业共同体……亲切的话语,动人的故事,无不让每一个学员的心灵受到深深的触动。

席间,李老师还就自己写的一篇文章向学员们解读了好老师需要具备的"五有":有学问、有思想、有情趣、有才气、有胸襟。他鼓励大家多看书,多写作。只有多看多写,才能让我们的思维更加敏捷、思路更加清晰,才可以让我们看清前方的路。最后,他向大家推荐了诸如《要相信孩子》《教学机智——教育智慧的意蕴》《自由在高处》在内的20多本书,还自费为每个学员赠送了10多本教育专著。他语重心长地告诉大家:"这两年的研修,我可能给不了大家什么,但是大家聚在一起做什么呢?我希望我能给大家一种人生态度、一种教育情怀……"可以毫不夸张地说,李老师朴实的语言,让到场的每一个学员都收获满满。

会后,学员们纷纷表示感谢,感谢李老师温暖的故事,感谢李老师无私的分享,感谢李老师为大家播下了希望的火种,带着大家朝着明亮那方前行!也许前路迷茫,但只要心有火种,脚下就会有光亮!

◎ 胡 艳

他和一般的专家不一样

一提起李镇西老师，大家第一反应就是——著名教育专家，中国的苏霍姆林斯基。

可在我眼里，用"专家"一词来形容李老师并不足够，他绝对是最不像专家的专业教育人士。我对"专家"一词向来有偏见，我对所谓"领导""专家"天然过敏，越是标榜专家越是生出质疑。

可咱们李老师是个不一样的专家，或者说，他就不像是个专家。

第一次见到李老师本人，是在2016年。那时，我做了人生中最重要也是最艰难的一次选择——逃离了前学校的"魔窟"，来到武侯区一所学校。入职培训又是两天大会，我早就被前学校各种花样的会议培训磨炼成钢筋铁骨，水火不侵了。那是我来成都的第三年，三年里什么好的没学到，倒把遇到开会、培训就认为是洗脑而产生出抵触情绪的"恶习"培养出来了。好好好，刚来，给个面子，以后还要在单位"混"的。

就是在这次培训中，我见到了来自武侯区的全国知名教育家李镇西老师。听李老师讲他从教几十年来的种种蜕变，我惯常地在半打瞌睡半玩手机之间切换着模式，一点也不为之所动。这一套，我以前见过太多了，早就产生"抗体"，油盐不进了。

孤陋寡闻如我，之前也是听过李老师的名字的。

早几年，有一个"小学生给老师撑伞"的新闻闹得沸沸扬扬，各路媒体对教育行业的妖魔化达到了顶点。各色争论中，我注意到了李老师的一篇文章，他站出来为教师群体说话，说自己不仅让学生撑过伞，还让学生帮自己干过很多别的活。这些事情拎出来，比"撑伞"更加让局外人咬牙切齿。

具体事例我不记得了，但我记得他的观点：不能只看到学生帮老师做了什么，也要看到老师也为学生做了很多事，师生之间的接触不能断章取义割裂开看。

我舒了一口气：可算有人能代替教师群体如此合情合理地进行辩驳了。那时候还没有微博微信，个人媒介还是博客，我留意了一下作者名字，关于李老师的介绍是成都一个学校的校长。

不过，经历过之前的种种教坛怪状，我早就不屑所谓的"专家"头衔了，所以一听说李老师是武侯区的首席专家时，我自然也把他打入了这一行列。

我跟李老师的第一次见面是如此的平常，连"在人群中多看一眼"的情绪都没有。不怪李老师，怪就怪历经前学校"红尘劫难"之后，任凭怎样的春风化雨，都已无法拯救一个心灰意冷的我。

第二次见到李老师，是他来到我的新学校指导新教育工作。我当时对新教育的理解很肤浅，但学校很重视我，校长鼓励我将自己的兴趣爱好戏曲与课程相结合。这样的抬举器重跟在前学校遭受的打压冷遇相比，简直有天壤之别。

我这打算再混个二十来年就退休养老、安度晚年的"老油条"，第一次感受到了教育平台的支撑与领导的眼光、魄力给教师带来的心态转变。已经快要"黑化"的我，又被慢慢地暖化过来了。

在学校的新教育展示上，我作为学校新教师代表上台发了言，讲了我在新教育理念支撑下开展的戏曲课程。展示后，是李老师的点评时间，我正好不在场，当时在门口组织学生等待合影。但就从门缝中，我听到了一句："刚才那位胡老师，你就是不让她唱戏都不行。"哟，这位专家很有眼光，挺一针见血的嘛！

2017年暑假，李老师组建的研修站招收第二期学员，我发送了申请，很顺利地进入了研修站。两年的接触中，我对"专家"这个词有了不一样的看法，或者说，李老师跟我之前认为的"专家"真不一样。

"专家"都比较理性，但李老师绝对是个感性的人，从他每一次讲座的一个个故事就可以看出。有的专家善于总结条目，而李老师绝对是个甩包袱的段子手。他讲得眉飞色舞、手舞足蹈，情之所至眼泪花儿都包起，一片赤诚肺腑之情，恨不能当即把故事里的人请下来给你认识。事实上，他也无数次将他书中提到过的人物请到讲座现场，那些李老师曾经的学生们，即使毕业多年了也依然被李老师记得，他们的故事被学弟学妹们传诵，这是一件多么幸福的事啊。正应了李老师常说的那句话："让人们因我的存在而感到幸福。"

"专家"应该比较喜欢参加饭局，乐意在饭桌上结交，但李老师不是。出去讲座时，大家伙去聚餐，可他一个人在饭店吃一盘饺子，然后出门溜达、闲逛，带着他随时不离身的相机拍摄陌生城市的各色风景。

"专家"开会喜欢正襟危坐，一副拒凡人于千里外的气势。李老师可坐不住，他一旦讲完了就满会议室跑圈圈，从左到右，从前到后，给人拍照，尤其擅长抓人物表情特写。他任职校长的武侯实验中学，很多老师拿出去"撑门面"的照片就出自李老师这"坐不住"的爱好。这哪是什么教育专家，整个就是被教育事业耽误了的摄影师！

"专家"的情商一般比较高，说话滴水不漏却也无甚人情味。而李老师说话直来直去，偶尔还会发"糟了又得罪人了"这样的朋友圈，令人忍俊不禁，真乃一老顽童也。所谓"童言无忌"，说的便是李老师这样的有童心者。正因如此，李老师干出了不少别人干不出的事，比如，他会在即将退休之时，极具浪漫精神地把以前的学生组织起来上"最后一课"；他会很有仪式感地为研修站学员设计专门的入学与结业证书；他会把生活中的烟火气巧妙地与教学观点相结合，阐发你意想不到的精彩见解。陶行知说"生活即教育"，在李老师这里，此言不假。

"专家"的时间很紧张、很宝贵，李老师的时间也不比别人富余。这两年，李老师每个月都会组织大家学习、交流。请专家，动用的是他自己的人脉资源；一言不合就签名赠书，赠的是他自己的私货。并且他从不让我们花钱聚餐，上午学习完，中午就赶走。这两年，我们拢共就聚了一次餐，还是打的"年底了，大家好歹要坐一坐"的旗号。

李老师还有一点过人之处，便是笔耕不辍。写作，是他保持教育激情与洞察力的一大动力，他的微信公众号"镇西茶馆"每天发布一篇原创文章。于是，我也效仿着开了一个公众号，用来发布自己的教学叙事，逐渐向专业化的写作靠近。

一次次的近距离接触，耳濡目染，让我确定，李老师跟外面那些"专家"真的不一样。

李老师说，他退休了，没有学校里的学生了，我们这些研修站的老师们就是他的学生。对于学生，李老师从来都是鼓励和帮助。

李老师知道我喜欢戏曲，也给我提供了极大的施展平台。2019年10月，苏州市"艺术修养"课程中心校邀请李老师做报告，李老师特地推荐我去上了一堂昆曲教学的公开课，并将我们班的"娃娃有戏"课程的开发做了交流报告。

能够到昆曲的发源地去讲昆曲教学，这简直是我想都不敢想的事。当李老师介绍："这位是成都来的胡老师，来给大家讲昆曲教学。"大家脸上露出了蒙娜丽莎一般的神秘微笑。这相当于苏州人跑到成都来教大家涮火锅，或者成都的建筑开发商去苏州修园林一般，怎么听怎么不靠谱。可凡事压不住热爱，我把自己班上的课程原原本本地搬到了昆曲发源地的讲台上，总算没给李老师丢人。他对我的信任，让我对自己的课程更加有信心了，也更领会了"我就是课程"的深层含义——将自己作为资源去成就学生，这也是李老师对我们所做的事。

你擅长什么、热爱什么，李老师就会尽可能地给予你机会。

很快，第二期研修班结业了。我准备了一份礼物送给李老师——一把昆曲扇子。一般来说，扇子是不能轻易送人的，因为寓意"散"，但研修结业本来就是要分别，并且我在扇子外面还装了个盒子，寓意"散"了也还要"合"。

李老师送给我们的毕业礼物，是他的一本新书——《成长是最好的奖励》。促其成长，是老师对学生最好的奖励；而作为老师，学生的成长也是最好的报答。

李老师说过，他不可能影响所有的教师，但能够影响一个就是一个，就像这本由研修站同学们一起撰写出来的书。正是在他的影响下，我们一天天地蜕变，这里面记录着李老师对学生的关爱，也凝结着我们对李老师这位非一般专家的感恩与敬意。

2021 年 2 月 10 日

◎ 池红梅

向着幸福的方向

——写于2016年1月李镇西博士工作站第一期成立之日

"李镇西"这个名字,我是从阅读中知道的。那本书,我永远记得——《与青春同行》。2010年暑假的某一天,从晚上10点到凌晨2点,一气呵成!思想的闪电一下击中了我。

转眼,5年过去了。

上学期突然接到董校长电话,说李镇西老师到我们学校来做讲座,让我负责联系接洽。这个消息让我感觉那么不真实!直到讲座来临的那一天,我的电话响了,屏幕上赫然显示3个字:李镇西。我知道这是真的了。

因为早就从书上的照片里见到过李老师,所以见到真人,还是颇有几分亲切。李老师为全校老师做了题为"幸福比优秀更重要"的讲座,那是我见过的老师们听得最认真最投入的讲座。

就这样我与李老师搭上了线,成了微信好友。我开始天天关注"镇西茶馆"了。我知道李老师坚持走路运动,每天点个赞、偶尔留个言,算作是交流。知道李老师一定很忙,虽然还有很多心得想和他交流,可都不敢那么冒失,直到我的书出版,冒昧地寄了一本给他。

扉页上写道：李老，读您的《与青春同行》，让我感叹自己迟了很多年，于是奋起直追。从 2009 年到 2015 年，我用文字记录了自己的岁月，坚守了对教育的情怀。我还将继续努力，虽未正式加入新教育，却深深地感激新教育。

李老师将书的封面和扉页上的话拍下来，传到了微信朋友圈，并寄语我继续努力；紧接着还向我抛出了橄榄枝，让我加入他的"李镇西博士工作站第一期"。

我受宠若惊，不敢相信。递交申请、面试考核、层层选拔……终于迎来了我们开班的日子。到了现场我才知道，这个机会多么来之不易，整个大成都才选拔了 20 个人，武侯区内 10 个名额、区外 10 个名额。

头天晚上，李老师就在微信群里说了，让大家开班时背个大包，因为他要送书。所以，当下午活动结束，我背着重重的书籍行走在回家的路上时，虽肩上负重却脚下轻盈，为什么呢？因为我再一次找到了幸福的方向。

与我同期的学员，以叠罗汉报名字的方式，让我记住了他们的名字：唐燕、李青霞、陶雪梅、罗莉、余怡荨、陈霖、黄雪萍、池红梅、蒲翩翩、韩小波、何晓宇、周强、陈宇霞、马莉、刘静、王雯婷、曹璐、张兰、王兮。

我很期待与他们的交流，特别是在天府新区的开局之初，我渴望了解到更多其他区县的教学教研信息。有一句话深深地激励着我：可怕的不是有人比你聪明，而是比你聪明的人还比你努力。

那天下午，李老师比起上次在我们学校，更加诙谐幽默，也更加亲切和蔼。他说："我们就是一个新成立的大家庭。"他用太多的故事和案例，向大家介绍了新教育的点点滴滴。太多的东西冲击着我，最后融成了一句坚定的话：向着幸福的方向。

其实，那段时间我正处于一种疲惫懈怠的状态，很多无趣的事占用了我太多的精力与时间，让我对自己一以贯之的人生观、世界观产生了怀疑。还好，在这个纯民间的研究团队里，没有名利场，李老师只和我们这一批纯粹的执着的教育理想主义者同行。

我不断追问自己：纯粹的执着的教育理想主义，我有吗？

想想，应该还是有的吧！因为我能从课堂上、从孩子那里，找到属于自己的幸福感与存在感，我真心想为每个孩子的成长尽上自己的最大力量。从李老师的话语中，我知道自己所看重的方向是正确的，我所在意的力量是正向的。

有了这样的感悟，回家的路，脚步更加轻盈、内心更加满足。因为我知道，我其实一直在朝着幸福的方向行走着，虽然路途中会有不少意外的插曲，但我的方向是正确的。

◎ 王 兮

在杜甫草堂与杨东平教授共享书香

2016年1月27日下午，李镇西博士工作站的研修员们与杨东平教授夫妇一起走进杜甫草堂开展读书交流活动。这是诗圣杜甫曾经居住的地方，虽正值寒冬时节，但成都的冬天不似北方寒意料峭、草木凋零，草堂里仍留有几分绿意。小桃红打着花骨朵，曲径通幽处，我们走进了仰止堂。

落座后，李镇西老师首先介绍了今天的特邀嘉宾——杨东平教授。杨东平是北京理工大学教授、博导、21世纪教育研究院院长、《实话实说》等栏目的总策划人，并著有《城市季风》等书。杨教授身穿一件黑色的大衣，精神饱满，说话语调不疾不徐，给人一种平易近人之感。

到场的来宾还有先锋学校的刘校长和李镇西老师过去的学生崔涛老师——他现在是先锋学校副校长。先锋学校位于成都的新都区，老师们鲜有知晓，因为它从来不通过任何媒体进行宣传。尽管如此，当李老师称先锋学校为"中国的夏山学校"时，老师们便会心一笑，很快理解了它人性化、因材施教的办学理念和办学模式，这为中国的教育提供了另一种可能。

随后，大家你一言我一语开始读书交流。

黄雪萍老师第一个发言，她就《教学机智》谈到了自己的阅读体会。她说，在阅读这本书之前，她不喜欢读此类教育理论的书籍，初次拿到书之后也仅仅翻阅了30页左右便再也读不下去了。但随着阅读的深入，她自己有了更多的收获。她明白了，老师要鼓励学生，有爱心，有丰富的学识。无论是多么调皮的孩子，也要把眼光落到闪光的地方，保持一颗爱心就能快乐地与孩子相处。

余怡荨老师就书中"教师替代父母的职责"的观点提出质疑："教育者能否替代父母职责？"她也谈到了自己的解读："目前中国社会家庭教育缺失，所以老师也承担着教家长如何教育孩子的职责。"李镇西老师说："毫无疑问，学校教育是家庭教育的重要补充，由于父母的不称职，所以教师做了很多本该父母做的事情。面对这种无奈的情况，学校教育不得不承担许多家庭教育的任务。作者是在这个意义上说那番话的。实际上，作者在序言中明确指出，父母是最重要的教育者。"

唐燕老师举了一个案例，最近她的班级里一位优秀的女孩子特别叛逆，因为家庭发生了一些变故，父亲生病，母亲生下了二胎，在这样的家庭变化中女孩子觉得家里气氛特别压抑，因此惧怕回家。她谈到了自己在与女孩交流时只站在成年人的角度来处理问题，而没有站在孩子的角度去倾听、判断、共情。所以，在唐老师看来，《教学机智》应该是一本常识性的书，它促人反思。

唐燕老师的话犹如一石激起千层浪，杨教授询问了女孩的情况，他提出了女孩的叛逆是不是因为母亲生二胎的原因。大家也纷纷谈到了处理类似问题时应该怎样在教育中体现我们的教育机智。

陈宇霞老师对《教育机智》这本书的提问指向了另一方面："现在的课程与教材是否具有教育学功能？"李镇西老师回答颇为精彩，他引用雅斯贝尔斯的观点说："教育是灵魂的教育，不是知识和理性的堆积。教师的任何活动，包括言谈举止，都包含着丰富的教育性。包括和孩子相处，都是一种教育。好的师生关系就是好的教育。"

"没有一本书可以让你成为你自己，但在不间断的阅读中，你将成为独一无二的自己。"池红梅老师引用了这样一句话来表述自己听了蓝继红校长的讲座的体会。随后，池老师介绍了自己阅读苏霍姆林斯基《和青年校长的谈话》一书的心得。她强调了书中"第一次谈话"中的几个重要观点："第一，小学的主要任务就是教会儿童使用一个人终生都靠它来掌握知识的那种工具。这种工具包括五种技能：观察、思考、表达、阅读和书写。第二，惊奇感是推动儿童智力发展的重要因素。第三，我们要把孩子带到大自然中去学习。"

王兮老师也谈到了她对"到大自然中学习"的观点的认同。她说："我们要让'词和思维达到统一'，最好的做法就是去大自然中学习。否则我们所学习过的美好的辞藻就只是一个词语而已，它并没有给孩子带来思想的共鸣。"她以自己正在班级实践的"笔记大自然"课程为例，讲述了当学生走进自然中感受到自然变化的微妙，学生细致的观察、细腻的描绘，孩子语言的生机勃勃，这样的课程真正实现了词与思维的统一。她还介绍自己阅读过的一本书籍——《学生是如何学习的》，并以此为证，阐释苏霍姆林斯基对"思考、理解与死记硬背"之间的观点的正确性，"学生的理解是建立在现有理解和经验的基础上的，必须具有深厚的事实性知识基础，才能在此基础上形成概念性理解。"

陈宇霞老师就苏霍姆林斯基的一些带着政治色彩的表述方式提出了困惑。李镇西老师随即介绍了苏霍姆林斯基的生平，并告诉大家："苏霍姆林斯基是把'人性教育'引进苏维埃教育的第一人。在我们阅读他的书时，应该关注于他的教育思想的内核与本质，而不是拘泥于某些带有历史色彩的表述方式。"

谈完了对这两本书的个人解读后，老师们介绍了自己阅读其他书籍的感悟。

罗莉老师说，在读完龙应台的《大江大海1949》后方知晓历史不完全是我们看到的那样。她的话引起了马莉老师的共鸣。

马莉老师也提出，这本书让我们从另一个角度去看历史，我们看到了战败方的历史观。

何晓宇老师把《巨流河》与《大江大海1949》两本书对比，讲述两本书的写作视角的不同。作为教师，我们要在课堂中去营造宽松民主的氛围，包容孩子的不足，同时拓宽学生视野，给予人性引领。

周强老师推荐老师们阅读《品中国文人》《教室里的电影院》《大学之魂》三本书，并谈到自己正在开展的电影课程。

李镇西老师在听完老师们对书本的解读和推荐后，总结道："爱因斯坦说过，在所有的学问中，真正的学问只有历史学。我们这个工作站本质上是一个读书会。只有多读多了解，我们才不会被蒙蔽，我们才能做一个清醒的教育者。我们要有历史的敏锐性和历史的眼光。我们反对战争，但基本的正义感是要有的。"

杨东平教授倾听完老师们的谈话，他表示："现在的历史教育败坏了历史。应该允许大家从不同角度来表述历史，不能只看一种表述。历史是没有标准答案的。只有所有的资料还原在一起才能有相对完整的历史。《大江大河1949》和《巨流河》这两本书不同，是因为作者的个人背景不同，所以他们的视角自然不一样。人性和历史都很复杂，人在具体的情景中会怎么做，我们无从知晓。有两类阅读，一是读与教育有关的书，这是对教师职业生活有帮助的阅读；还有一种是'无用'的阅读，却是对人的修养的提升。新教育早期有一个叫张向阳的老师，就是通过新教育看到了自己的不足而广泛阅读，最后成了一名校长，这算是阅读改变人生吧！"

他给老师们推荐了关于四川的故事《我的凉山兄弟》《江岸》，也介绍了自己的过去的著述《城市季风》《艰难的日出》，即将出版的随笔和演讲集《重建教育》和《中国教育会好吗》。

先锋学校刘校长接着杨教授对中国教育的三大问题"教育公平、教育行政化、应试教育"的话题，介绍了他所在的先锋学校的教育模式。他认为，中国的教育更多是记忆力的考试，谈不上素质教育。因为所有的答案都是标准化的。在他看来，学习是人的天性，没有不喜欢学习的学生，只有不喜欢用传统教育模式学习的学生。他的话引起了老师们的好奇，纷纷探寻这种新的教育模式的操作性，并表示希望2016年能去先锋学校实地考察。

说到考察，李老师和大家一起讨论了下学期的活动。初步计划下学期分别开展研讨课堂教学、考察先锋学校、外出考察。

最后，李镇西老师用自己曾写过的一段话作为结语。他说："杨东平老师是一本书，我一直想写一篇读后感，但他这本书太厚重了。他是具有传统知识分子风范的现代学者。善良而正直，纯真而睿智，温文尔雅但决不世故，博学多才而视野开阔，与人为善而又恪守原则，见解深刻而从不咄咄逼人，勇于批判但更富于建设……尊重、平等，在他身上得到充分的体现。"

是的，人生就是一本书，或许回首来路，相较于杨教授和李镇西老师，我们这本书还显得太过于单薄。但正如萨特的存在主义："人的存在总是先于人的本质。"因为人的自由意味着可以抉择，可以否定，所以人的本质总在后面而不在前面。这就意味着无论我们在过去的路途中怎样走过，浅薄也好，蹒跚也罢，都属于过去的那个自己，而未来的自己必须通过不断地创造，才能有新的自我。我想，2016年，通过阅读，我们的生命将会抵达丰盈。

◎ 陈秋菊

听于漪老师谈教育

2019年春天，李镇西老师带着工作站的老师们去上海参观学习。让我们激动的是，李老师特意请来了于漪老师为我们做报告。在建平实验中学，我有幸见到了于漪老师。在整整两个小时的报告里，于漪老师精神抖擞，激情飞扬，一口气也没停歇。

我读过她的《于漪与教育教学求索》这本书，对于于老师一生心系教育、心系国家命运的神圣使命感敬佩不已。听了于老师的讲座后，再次被她的平凡而伟大深深地打动。

2018年12月18日，党中央、国务院授予于老师"改革先锋"称号，颁授改革先锋奖章，并获评"基础教育改革的优秀教师代表"，她是100位改革先锋中唯一一个基础教育界的代表。

于老师从她获得"改革先锋"的经历，聊到了中国近40年来教育的变化，又聊到了自身关于教育的使命感，聊到了课堂教学、教师的自我成长。她思路清晰、思维敏捷，用她的话来说就是"出口成章，下笔成文"。

实至名归的"改革先锋"

于老师教了一辈子的书,获得了许许多多的荣誉,但她一直都说自己是草根教师。她还开玩笑地说,她唯一有的,就是比我们在座的各位年龄大一点。

她对青年教师也是极其喜欢的。她说:"我一看到年轻教师,就觉得很有希望,看到年轻教师的迅速成长,心中就由衷地感到高兴。"她曾亲手培养了好几个特级教师,提供各种平台让年轻教师成长,给予无私的关怀和帮助。她说,祖国的教育事业应该后继有人。

于老师谦虚,哪怕是得到了"改革先锋"这个荣誉,也只是轻描淡写地说,这个奖不是给予她的,是祖国对 1700 万基础教育工作者的一个肯定和赞扬,她只是代表着基础教育界的老师们。

于老师数次提到了习近平总书记,说到了我们的中国特色社会主义道路,提到了中华民族伟大复兴的中国梦。这 40 年,她是亲身体验者,也是参与者。她见证着我国教育的千变万化,用四个字概括,那就是恍若隔世。

她举了一个例子:20 世纪初,在上海郊区,没有一所学校像样,破烂不堪,交通不便,乡村学校经费紧张,教育情况糟糕到无法想象。可是 40 年后的今天,各个学校校舍漂亮、设备先进,这在当初是难以想象的。这就充分地证明了党中央走的这条路是正确的。

参加"改革先锋"颁奖典礼的那几天,于老师也深受教育。她举了两个例子:一个是义乌老书记谢高华,在改革开放初期,打破条条框框,以敢于改革创新的勇气和担当,带领全县干部勇敢坚持、积极作为、精心培育,哪怕是用鸡毛换糖,用 100 根牙签只有一分钱的毛利,最终催生了义乌这一全球最大的小商品市场，为全国小商品市场的改革发展树立了榜样。另一个是宁夏治沙50年的王有德，他一生只做了两件事，一件是让沙漠变成绿洲，一件是让职工变富。

这些来自各行各业的改革先锋们让于老师深受感动，她告诉我们，这就是中国人的志气，不管怎样困难，都要坚持奋斗。这些全心全意为祖国和老百姓服务的人，才能被称作真正的圣人。

可是，于老师啊，您又何尝不是这样的圣人呢？

神圣的使命意识

一个年轻老师问她："于老师，您一辈子都在教育第一线，六十几年，您累不累？您怎么一直那么有劲啊？"

于老师说："我身体再不好，一讲到教育，我就精神百倍。我一点都不累，因为教师的工作每天都是新的，每天碰到的挑战都是新的，所以我从来不觉得自己的工作是做一天和尚撞一天钟。"

最开始，于老师认为教师就是给学生传授知识，但是后来她发现教师不仅仅是这样，逐渐意识到自己身上肩负的责任——培养真正的人！

我们不是培养一个个精致的利己主义者，不是培养旁观者，是培养社会主义建设的接班人。她用自己的言行以身作则：要求学生6点到操场集合，那她一定5点50分就会出现在操场上。正是有着这样的使命感，于老师一直有忧患意识，尤其是看到那些盲目崇尚西方文化的现象，她感到很难过。

她列举了应试教育的一些现象："应分不应人，育分不育人"。没有任何一张考卷能考出一个人的综合素质，一个人也不可能标准化，因为每一个人都是独一无二的。古人很早就说过因材施教，即便过了这么多年，也依然不过时。

教育改革来改革去，其实一个好老师，就是把孩子教聪明，越教越聪明，让孩子越学越想学，就是这么简单。于老师说她是个简单的人，很多时候是我们把简单的问题复杂化了。

习近平总书记曾说，教师是人类灵魂的工程师，是人类文明的传承者，承载着传播知识、传播思想、传播真理，塑造灵魂、塑造生命、塑造新人的时代重任。于老师开玩笑说，现在的老师比那时候的老师要难做得多，因为以前是一个"我为人人，人人为我"的时代，那时候想着的是学雷锋；而现在，社会不断发展，多元化价值观并存，这给教育带来了极大的难度。做教师的需要有一个清晰的判断，虽然我们的工作非常平凡，但是我们的肩膀挑着孩子的成长，挑着国家的命运，这是我们工作的意义所在。

时刻心系国家命运，这就是于老师。季羡林先生说："一个人，碰到事情，如果有百分之六十想到别人，那就是好人。"而于老师说，老师一定是大好人，因为心中总是想着学生。

一个教育者内心的深处，只要把自己平凡的工作和国家的命运、老百姓的生活紧密地联系在一起，就有使不完的劲，用不完的力气，教育一定也会风生水起，有声有色。

守住自己的基本底线，拥有神圣的使命感，心系国家命运，这便是于老师做教师的意义和价值！

课，一定要上好

课堂教学是教师的安身立命之本，它不仅是科学，更是一种艺术。作为一个教师，一定要让学生感受到一堂课的时间过得很快，意犹未尽。

于老师特别强调，现在的课堂改革，一定要清晰地认识中国的国情，要站在中国的国情来看是否适合。正如我们讲话，一定要站在地上讲，不要飘浮在半空中，一切事物脱离了实际就是水中花。她就是这样一个接地气的人。

她谈到年轻时自己上课的经历，为了听老教师的课，很早就进学校打扫卫生。后来老教师听了她的课，一句"你连语文教学的门都没入，怎么教语文"让她终生为此寻觅探索。

后来，她在培养青年教师的时候，就很喜欢去听他们的课，了解青年教师的教学情况，分析存在的问题，给出解决的办法。这样，青年教师在她的带领下都迅速地成长起来了。

那么，要怎么教学生呢？

一是学有兴趣。于老师说，自己一天最高兴的事情是孩子们对她的课很有兴趣，对课堂总是恋恋不舍，而不是如坐针毡。

二是学有所获。文科教学很难，孩子们总是似懂非懂，说他们不懂吧，生字都认识；说懂吧，一些知识理解又不到位。作为教师，就是要研究哪些是学生懂的，哪些是不懂的。教育的有效性来自于教育的针对性，重视学生的经验认知，不要脱离了学生的学情，要让他们真正地学有收获。

三是学有追求。我们所有的教学不应该都是一次完成的，在于老师眼里，没有一堂课是可以画句号的，应该是省略号。我们的追求就是要不断地激发学生的求知欲，保持孩子们旺盛的求知欲。

四是学有方向。以前开学的第一课是给学生讲学习的动机，为谁学习？那就是为国成材，每个人都意识到自己的责任担当。教师为谁辛苦为谁忙？教师应该是学生的引路人，让每个孩子都能发光，让学生学习有得意的感觉。

一辈子要上很多课，但是有一些课应该给学生留下终生难忘的回忆！

读书是精神成长之源

教师应该有过硬的科学文化素养，上课的最高境界是精神成长。现在的老师往往太重视技能技巧而忽视了人的素质培养。

教育学生成为人，教师首先应该是大写的人。她用李白和杜甫来打了一个比喻，我们不仅要像李白那样天马行空般地仰望星空，还要学杜甫那般忧国忧民地脚踏实地。教师一定要学会借别人的脑袋，博采众长，而这一切可以从书中获得。

"书犹药也，善读可以医愚。"这是于老师的座右铭。多读书，多反省，她总是习惯下课写教学反思，一是反思学生的闪光点，二是反思自己的不足处。

她脑子里也时常有两把尺子，一把量别人的长处，一把量自己的短处。她虽然没有具体说她读了什么书，读了多少书，但是她脱口而出、信手拈来的那些话里，充盈着书香。

做一名合格的老师，多读书，读好书，这样才能拥有清晰的文化辨别能力，才能带着自己的脑子来辨别事物。当今社会，时髦的东西很多，但是我们一定要有一颗宁静的心。只要活着，就要不断学习，活到老，学到老！

最后，于老师再次说道："我做了一辈子教师，一辈子学做教师。"这不是一句谦虚恭维的话，而是于漪老师九十年的人生一直在践行的信条。

此生有幸能听于老师的讲座，这是一件多么幸福的事情！

◎ 刘明全

返璞归真办教育
——记范家小学之旅

从上个月就开始期待的范家小学之旅，在今天终于成行。

一大早，迎着点点星光，收拾好物品，五点半从家出发，乘车来到了成都东站。冬日的锦官城寒风凛冽，零星小雨还不时钻进衣领，催着我缩手缩脚，脚步匆匆。可当我走到候车厅，身上的寒意便瞬间化去。因为这里已经有好多小伙伴提前到了，看到他们，就像看到家人一般温暖，我们坐在一起，热情地打着招呼，欢快地聊着天。

一个月没见，大家有聊不完的话题，聊学生，聊孩子，聊最近看的书。二十几个小伙伴在大厅里，有说有笑，其乐融融，这份温馨和快乐是那么自然，又那么亲切。

动车在铁路上飞驰了一个多小时，我们来到了广元火车站。刚出站口，张校长就伸着手迎面走来，和李老师的双手紧紧握在一起。面前的这个中年男人，看起来憨态可掬，朴素、真实，厚道就像写在他的脸上一样，一目了然。我们坐上了张校长早就约好的大巴车，有的欣赏着沿途的风景，有的趁机补会儿觉，也有的通过手机安排班上的工作。

一个小时之后，我们来到了这个山清水秀、民风淳朴的范家村。走下车，就闻到了一股泥土的清香。这一瞬间，我似乎找回了儿时的记忆。

踏进校门，整个学校尽收眼底。正对大门的是一栋三层的教学楼，孩子们时断时续的读书声从里面传来。校门右侧是幼儿园的游乐区，小朋友们有的正在滑滑梯，还有的玩着沙堆。看见我们的到来，他们的嘴角微微上扬，脸上也洋溢着微笑，表示对我们的欢迎。学校的左侧搭着两个秋千，旁边是尚美亭。我想，坐在尚美亭里看着书，聊聊天，肯定别有一番滋味。尚美亭的前面是学校的食堂，食堂不大，估计能容下七八十人。厨房在食堂旁边，所有东西一应俱全，最让我欣喜的是见到了柴锅，锅边的墙已经被熏得漆黑，但无伤大雅，相反让我有点想家了。烟囱、灶、柴火，这不就是家的感觉吗？

我先来到了六年级，六年级只有一个班，班上仅有七个同学，这是一节习题课。看得出，老师对习题课的上法已经非常成熟，自己讲得很少，只在点拨的时候插上两句话。课堂完全交给学生，学生自己思考、作答，然后讨论、交换思想、上台分享。

其中一个女生给我留下了深刻的印象。她站在讲台上，毫不怯场，看上去训练有素，久经沙场。举手投足间的那份自信，言谈举止间的那份镇定自若，给人一种一切都在掌控之中的感觉。事实上也的确如此，她对多媒体的应用娴熟有加、分析有理有据、表达条理清晰，更为重要的是对课堂的掌控收放自如，在其他同学有疑问的时候，放慢速度，娓娓道来；在同学们需要做笔记的时候，她默不作声，静静地等着大家。有她在，完全让我们忽略了老师的存在。这个11岁的女生，我只能用"不可思议"来形容，她的能力比起很多的初中生都有过之而无不及。

但不仅仅是她，班上另外几个孩子几乎也都具备和她相当的能力。一切为了学生，为了学生的一切，尽管周期很长，但这里的老师兢兢业业，不辞辛苦，乐于和孩子们在一起，这也许才是比素质教育更需要的真教育。

五年级的教室，一共有六位同学，他们正在上英语课。这也许是我见过的最好的英语课堂教学。英语老师正在孕期，可依然坚持站着给孩子们上课，发音比很多城里的老师还要标准。听她的英语，感受到的是纯正和专业，孩子们在她的引导下，每一个都敢开口讲英语，还能进行对话。"哑巴"英语，对他们来说是一件可耻的事情。

进入短文阅读，我发现在五年级的英语中，已经出现了过去式等语法，可孩子们对答如流，对短文的理解也非常到位。后来了解到，这些孩子虽然从三年级才开始学习英语，但他们十分喜欢英语老师，觉得她特有范儿，所以英语基础都很牢固。正所谓亲其师，信其道。孩子如果觉得和老师亲近，那么必然喜欢上她的课，所以我们就看到了一幅师爱教、生爱学的和谐画面。

接下来，张校长给我们介绍了学校的背景。从最初的抱团取暖，到现在的独树一帜，范家小学开创了教学新风貌。从原来的落寞、受同情、被怜悯，到现在的自信、顽强和阳光，令许多参观的老师、校长刮目相看。

范家小学开创了乡村教育的另一条道路，那就是让教育回归自然。无论是陶行知先生还是苏霍姆林斯基，都曾说过，大自然就是最好的老师。我们只需要让孩子们自然生长，在他们生长的过程中给他们提供水和营养就可以了。别搞那么多的"素质教育"类虚幻的东西，我们只做教育本来的样子。

在张校长的报告中，让我最为感动的是他们的"班家文化"。一个班就是一个家，老师就是家长。

一般农村的孩子，父母常年在外，表现好的时候没有人肯定，心情差的时候没有人安慰，造成很多留守儿童都有心理问题。可这里的孩子，完全不存在这样的心理问题，他们在学校生活自理、学习自觉、做人自信，这一切都是因为班家文化的缘故。

每个班有自己的节日，老师不会因为哪个同学成绩差就批评谁。他们的考试可以考三次，取成绩最好的一次作为最终的学习成绩。所以，很多时候他们并不害怕考试。第一次考得差的同学，抓紧时间复习，迫不及待地想参加第二次考试。第一次考得好的同学，也想再考，因为想让自己变得更好。所以这里的孩子喜欢考试，考试可以让自己建立信心。

听完张校长的报告，走出教室，一幅更美的画面进入我的眼帘。学校的孩子们三五成群，有的趴在升旗台上，有的坐在用轮胎做的秋千上，还有的坐在花台上，悠然自得地吃着午饭。冬日的阳光洒在他们的脸上，满足而祥和。

我迅速拿出手机，拍下了孩子们吃饭的场景。想想我们的食堂，孩子规规矩矩排队，老老实实坐在自己的位置上吃饭，连吃饭的时间都被限制得死死的，有何幸福可言？

中午吃饭的时候，有两位家长慕名而来，他们来自成都市区。我们很好奇，他们怎么知道这个学校？据说是因为在蒲江的时候认识了张校长，从而了解到这所乡村小学，于是想过来看看。

其中一位家长有两个孩子，一个五岁，一个三岁。她自己在培训机构上班，看到孩子承受了太多的压力，用她的话来说，无论老师、家长还是学生，仿佛所有人都被赶着往前跑，可跑着跑着就忘记了自己为什么而跑。她不想自己的孩子也被放进这样的剧本里，更不想去感受所谓的剧场效应。听张校长介绍范家小学的情况，她就特地请假过来实地考察，想让自己的孩子来到这里，用一种适合孩子的方式让孩子成长。

吃过午饭，我们来到升旗台前，班长将我们带来的书发给工作站的成员们。我们每个人给孩子们写上一段话，表达我们的心意。在《童年》的扉页上，我给孩子们留下了这样一段话：

孩子们，你们是幸运的，在如此纷繁复杂的世界里，有张校长给大家创造了这么一块教育的净土。虽远在山村，但我们可以心怀天下。外面的世界很大，想要走多远，那就看你们现在的积淀有多深。奋斗吧，少年，世界等着你们去创造！

下午，工作站的王兮老师分享了她的晨诵课程、家长课程、PBL课程，听得我们如痴如醉。我发现，哪怕我们班多达40人，我们也可以创造属于各自的教育童话。所以，重要的不是一个班有多少人，重要的是你的思想是否转变，你的行动是否有效，你的学习是否停滞不前。

时间飞逝，告别的时刻到了，其实我们都好想再在这里待一会儿，闻一闻花的香味，听一听鸟儿的叽叽喳喳，更想再看看这些可爱的孩子。他们天真、活泼、纯净得让人不想去打搅他们。我想，真正的教育也许就该这样，自然地生长、有机地生长、和谐地生长。

回去的路上，我一直在想，一个学校的改变源自于教师们思想的改变。范家小学的改革看似偶然，实则必然。正所谓穷则思变，为了改变以前的窘迫，不得不变，可又有多少人有这样的魄力，说变就变？

想到这里，我心不安，希望能有更多的学校向范家小学学习，走出一条自己的路，成为乡村教育的典范。

◎ 邓茜媛

北京考察学习记

教育是什么呢，是传道授业解惑？是学问生活艺术？是迷恋他人的成长？还是一个灵魂唤醒另一个灵魂？……关于教育的探讨，前辈们已说得太多，但"一千个读者眼里有一千个哈姆雷特"仍在说明同一个问题——教育，并不是一件简单的事。可归根结底，它又可以是一件简单的事，只要你理解它的本质。

知易行难，我们在教育的路上负重前行，永不止步地思考和探索：究竟怎样的教育才是好的教育呢？暮春之际，经由一个珍贵的契机，我们在北京的教育前沿得到了更多启示。

2017年4月25日至27日，由李镇西博士工作站研修员及武侯区新教育实验学校部分校长组成的25人考察团，前往北京十一学校、北京育英学校、北京四中、中关村二小、清华附小及史家小学等6所中小学进行了访问学习。通过实地观摩，"聆听窗外声音"，了解当前基础教育领域最前沿的教育发展态势，激活我们对教育事业的全新立体思考。

北京十一学校：自由呼吸，自由学习

北京十一学校是最为特别的一个学校。它的选课走班、取消行政，早已闻名全国。

这是一所中学，但自由度很像大学。它的口号是"创造适合学生发展的教育"。它说，课程是学校最重要的产品。所以它的课程体系完全不同于传统的教学，而是按照分层、分类、综合、特需四个原则来设计。

北京十一学校的课程按照文理分科，语数外、政史地、理化生。在每一个学科内部，又会按照学生的实际情况和学习能力，开设出同一学科下的不同类别，基础补弱，进阶提升。当然，每一学科都有必修和选修，记学分。这样一来，学生喜欢什么便选什么，缺什么便补什么，将来想往哪方面发展就修什么。

如果学生对自己不了解，对将来的方向感到困惑，不要紧，学校的若干个服务型项目组会给他们建议，比如导师项目组；他们也可以先试着选一两门，一段时间后，根据自己的实际体验决定是否调整。

学科课程共有269门，此外学校又根据学生的意愿和兴趣开设了34个综合实践课程、60个自主管理课程、70个职业考察课程、258个社团课程、12个高端项目研究课程、8个游学课程、6个书院课程。如此众多的选项，学生可以自由选择。学校自编教材，依据《课程标准》《高考说明》《课程指南》来进行综合评价，给学分。

针对性、高选择性、符合学生个性的学习，在以高考为中心的教育常态中，听起来像是神话。北京十一学校这么做，只是为了唤醒学生认识自我，选择什么、适合什么、需要什么，最终找到属于自己的最佳路线。

课程体系的改革，让学校管理也随之改革。学校的所有职能部门都是服务部门，以 5 个学部来统管学生和教师的教学日常，以教职工大会、学生会、学术委员会、校务委员会、家长委员会来分解学校一切事务性工作。没有细化量化的考核指标，没有具体指派安排，教师职级全靠各个岗位的聘任。这一套计算方法比较复杂，但运行效果却很好。学生们的学习不再只为考试成绩，教师们的教学不再只为任务考核，大家一门心思把课上好，把想学的学到手。

充分的尊重和自由，使得学生的自主性和自觉性都很强，学校提供了充足的教育资源后，学生便能按照自己的兴趣喜好不遗余力地去钻研。所以，看到学生在自负盈亏经营水吧不用惊奇，看到他们在建模 3D 高科技也不用惊奇，看到他们在偌大的图书馆里自主学习却没有一点声响更不用惊奇，他们早早地便知道了自己该做什么以及怎样去做，这些都是课程。

育英学校：红色传统，家国情怀

一进北京育英学校的校门，"江山社稷"四个大字就郑重地昭示了这所学校的特质。育英学校是小学、初中、高中十二年一贯的学校。它的资历很老，根正苗红，最早是为"公家的孩子"而办，所以校园里随处可见红色传统的痕迹，比如毛主席写了两遍的"好好学习"。

当然，育英校园里的教育元素绝不仅仅是红色文化，还有静静挂在枝头的桃子、一整排的山楂、樱桃、倒下的枯木和时间碑，以及毕业门，等等。每到一处景观，育英人都会很自豪地说，这个是有来历的，那个是有故事的。这是一群很有教育情怀的人，而这样的教育用心，体现在教育常态的方方面面，点缀在他们的图书馆、校史馆、国学馆、育英大讲堂、大学先修实验室以及大大小小的广场中。

除了第一眼可见的外观呈现外，育英的软实力也是不遑多让的。

育英对学校的定位,有这么几句话:"什么是学校?学校是学生的学校,学校是学生寻找伙伴的地方,学校是允许学生犯错误的地方,学校是学生走向社会的实践基地,学校是最美的地方。"而育英要培养的学生,需要有5种素养:热爱学习、阳光大气、关心社稷、勇于担当、行为规范。

育英学校校长于会祥认为,一所学校的培养目标,要通过学校提供的课程以及课程实施的途径来实现;而学校提供的课程以及实施的途径,是这所学校形成特色、打造品牌的第一要义。因此学校在实行扁平化矩阵式管理、一站式服务基础上,成立课程研究院,以课程建设为中心推动学校品牌发展。

通过问道于教师,问道于社会,问道于学生,问道于家长,育英学校开发出三大课程体系:指向国家课程校本化、强调双基落实的基础课程,指向学生人格品性培养的修身课程,指向学生动手、创造能力培养的发展力课程。其中,包含自主发展、思维优化、创新实践的发展力课程尤为丰富,并让学生实实在在收获培养的成效。

有一些令人印象深刻的例子。

在实践创新类课程"小学段无边界"中,由高学段的学生给低学段的学生上课。此举让不同学段的孩子有了不同的体验和更多的交流,有了责任和担当,无声的教育通过亲身经历更显效力。

育英学校还有不少自主经营的学生"公司",学校提供基础设施,其余完全按照企业经营模式来考核管理。印天下复印社承担学校所有的复印、打印、海报设计制作;育英style设计并发行具有育英元素的纪念品、奖品、纪念册、校服熊、明信片等;颜意轩水吧经营饮料和西点,并承担学校的接待工作……这些都很好地锻炼了学生的社会实践能力。

育英学校无时无刻不在关注着学生本身,就连老师们也完全把自己放到了与学生同一高度的位置。所以,儿童节时,于校长能跟学生们一起盘腿坐在操场上；在后排听课的外教，单膝跪地，斜倚在学生的桌子边上；学校能专门为一个身高过高的孩子做一张符合其高度的桌椅。

这些，都是无言的教育。

北京四中：百年老校，精神贵族

北京四中始建于1907年，可谓百年老校。老校自有传承，就跟北大清华一样，越有积淀越是内敛，注重学问本身多于注重外在浮华。

北京四中的校园有块大石碑，上面刻有首任校长王道元的训诫词，至今依然是全校师生谨记的教诲。四中的校园还有两尊塑像，是他们的化学特级教师刘景昆和物理特级教师张子锷，他们是四中的"瑰宝"。据说在四中，最受尊敬的就是这几位对学校有过重要思想影响的人，在校史馆里，还有关于他们的整版专题。

有着厚重历史沧桑感的校史馆，是四中全部精神精华之所在。四中用红、黄、蓝、绿、紫等不同的色彩，将百年校史以不同主题分区陈列，我们不但能从中看到学校的发展脉络、历史变迁，看到教育传统、教学观念，看到历任校长、教坛群英、知名校友，还能看到截至今天一切值得纪念的人和事。

四中人是很自豪的，他们出过很多知名校友，比如诗人冯至、北岛，导演陈凯歌，作家李敖，还有国家领导人俞正声等。正因为四中有这样的历史感和影响力，据说在北京申奥时，国际奥组委评估团前来考察，要求一定要看一所北京的学校，最后就来了四中。申奥成功后，四中的学生还成了火炬传递手，而那支火炬也被学校买下，收藏在了校史馆。

四中的悠久历史并未影响其改革发展的活力，而正是有了这样的传承，反而比其他学校更有优势。

"培养杰出的中国人"——这是四中的口号,有家国天下的情怀,有舍我其谁的担当。

四中的教育不仅关注学生的近期发展,还关注其终身发展;不仅使学生在学科知识与能力上达到优秀标准,还要对其终生关怀。所以,生活教育、职业教育、公民教育、生命教育,共同构成了四中的教育价值体系。

按照这样的价值观培养的学生,是很有个性的。有个非常优秀的女生从四中考入国外的名校后,最终还是遵从自己的内心跑去做蛋糕烘焙,并做到了烘焙界的第一名。她说,从学生时代起,我就认定自己存在的价值是能在自我不断成长的同时帮助他人有更好的生活。勇敢做自己,不屈从世俗的眼光,这才是真正有自信的人。

既关注学生的全面发展,又为其个性发展创造空间,厚基础、重能力、求创新,是四中向来所坚持的。这是一个缓慢、优雅又艰苦、细致的过程,就像《麦田守望者》里所说:"我的职务是在那儿守望,要是有哪个孩子往悬崖边奔来,我就把他抓住……我真正喜欢干的就是这个。"

中关村二小:儒雅师生,家园文化

中关村二小百旺校区,看起来崭新、明亮又宽敞。因为毗邻"中国硅谷"中关村,它的附近有着极丰富的教育资源。

听了一节数学课和一节语文课,见识到二小师生的精神面貌。那种自主自信的主人翁状态,真叫人喜欢。

数学课听的是一年级的分类,教材是学校自己编的,用讲故事的方式让孩子从20种不同特征的动物中挑出最符合故事要求的那一个,趣味性很强;语文课听的是五年级学生的辩论赛,围绕小学生上课外班的利与弊展开辩论,呈现学生的主体性。

上课的过程并不特别令人惊艳，令人惊艳的是之后学生的采访和发言。这可以看作是中关村二小孩子综合素质的体现，落落大方、有礼有节，一点也不怯场。

中关村二小是以儒雅教育和家园文化为中心的，教师要内外兼修做儒雅教师，孩子要德才兼备做儒雅少年。在宣传片《家育梦》中，老师和孩子的家园式互动，令人非常感动，比如为了孩子的健康而特别成立的"小胖胖跑跑团"。

在简短的校园文化参观中，我们对中关村二小在培养和关爱教师、学生上的种种努力有了进一步了解。作为中英文化交流项目的童话舞剧《野斑马》，邀请专业教练教授的球类训练，撕除街上小广告汇集成的实心球，教师们的家庭式办公室，秋天全校性的山楂采摘节……中关村二小尽全力营造家园的氛围，让教师和学生有一种强烈的归属感。

中关村二小百旺校区是整合了当地两所薄弱学校和高端住宅配套学校而最终形成的，教师的水平参差不齐。为了缩短差距，让每一位教师都成为集体的一分子，中关村二小对教师的培养有一整套"立体覆盖＋自主选择"的个性化培养模式，以提升教师的专业素养和研究能力，激发专业发展活力。

同时，教师之间，不看进校先后、不论资排辈，全部平等待遇；学校组建了多元化团队，让每位老师根据兴趣找到气场相合的团队，形成多个团队核心和更大的生命共同体；学校还进行"个性化脱产培养"，根据每位教师的需求制定专属的学习课表，有针对性地快速提升；此外，还给教师们提供个体特色展示的平台，比如开设形体课、天文课程等，发挥他们的特长。这样的方式，让教师们感受集体的温暖和成长的助力，集体凝聚力也就越来越强。

桃红李白，心暖花开。中关村二小教师的精神面貌，在当前教师队伍不稳定的严峻形势下，有很好的现实借鉴意义。

清华附小：科技领先，专注常态

因为清华园，对清华附小有种莫名的向往。在亲身接触之后，又因它专注自身步调的个性态度以及高科技工具的教学应用，再次产生敬意。

参访清华附小，首先听了两节课，这是在"思维工具与合作学习融合促进教学方式变革研讨会"上的公开课。本次研讨会是中国教育学会主办，分别由北京的5所小学承办，4月27日这场正好在清华附小。所以，我们正好见识到海淀区课堂教学改革的前瞻性探索与实践。

第一节公开课是语文课"沙漠之舟"，第二节是"中国古代四大名医"，与此同时，在另一个会议厅还有数学公开课。

讲台上，教师和学生利用现代科技工具进行课堂教学，以小组合作的方式探究学习，高效优质地完成了一堂变革传统教学方式的教学活动。工具的利用，只是为了促进学习的便捷，课堂的核心还是在于通过小组合作，训练学生的自主学习能力、合作能力、社交能力、创新意识和责任意识。这堂公开课，反映了当前基础教育改革的一个趋势，即课堂教学模式的改革方向。

教育的变革将会在多久以后全面普及，谁也不能断言，但总有人要走在前面作为引领者。清华附小就是这面走在前面的旗帜。

公开课之后，自主参观校园文化。教育的智慧和契机散布在一些并不起眼的日常小角落、窗台上、大树下、走廊里、教室中。

很幸运的是，碰巧遇上了学校运动会的彩排。因为第二天运动会正式开幕，所以各班孩子都准备好了道具进行入场准备。窦桂梅校长站在升旗台上指导，望着孩子们一群一群地走过面前，不时地提着意见。

仿照奥运会的开幕式，每个班都要代表一个主体。孩子们制作了班旗、横幅、明星海报或者标语、标牌，手里拿着各式各样的装饰物，像过节一样喜庆。而每个班入场的方式也小有区别，有的打着旗帜绕"8"字，有的踩着旱冰鞋轮滑，还有的派了啦啦队在前面先声夺人。此外，学校的社团也在开幕式上展示，足球、篮球、武术、啦啦操，都是在北京中小学各类比赛中获过奖的。

这场开幕式，展现了清华附小师生的活力和创造力，展现了学校素质教育的成果。

史家小学：和谐育人，内里芳华

关于史家小学的"牛气"，网上讨论已有很多。最高的评价是，中国基础教育领域的航母。之所以能得着这样的名号，最初或是源于史家胡同的名人效应，或是"史可法家祠"的光辉传说，但后来便是靠自身实力说话了。

史家小学的过人之处，不仅在于其叹为观止的校园硬件设施，更在于多个"率先"的软实力。比如率先建立校园电视台，率先开通语音信箱，率先在全北京装备计算机教室开设计算机课，率先全面配备多媒体教学环境，率先成立由民政部认定的小学生公益社团……史家小学似乎事事都走在前列。

经过多年发展，如今的它已经形成分散在方圆几公里范围内的教育集团：一年级部、二年级部、高年级部以及课程资源中心。

资源整合后的史家小学，以五大课程群集中体现其"和谐育人"的教育宗旨：资源中心、青苹果中心、传媒中心、史家书院、科技馆。依托这五大课程群，它的校园建筑从地面向地下延伸了整整两层，形成地上一万多平方米、地下两万多平方米的综合立体式后现代主义的功能建筑群。里面的游泳池、健身房、球类场馆以及美轮美奂的科技馆等，哪里像是一所小学，分明就是一所大学。更难得的是，虽然这些区域都深处地下，但学校利用采光井能让自然光线充分照到这里，看起来跟地面几乎一样。

在史家小学的五大课程群中，"史家书院"是最具人文性的。拥有古代传统书院风格的图书馆，被评为2016年度"全国最美校园书屋"，流觞曲水、九宫八卦、象形文字……里面的每一处都极力体现设计的匠心和传统文化天人合一的浸润。这个图书馆并不只是个单纯看书的地方，学校把它作为课程资源中心充分利用起来，开发了一系列课程并传承下去。

"小主讲"课程就是传承古代书院的"讲会"制度而研发的。学生自愿来书院报名开课，讲授自己感兴趣的传统文化课程，比如灯谜、茶文化、砚台、故宫的动物、古代书籍、剪纸文化等。这些课程，全部由学生自己去收集、研究、形成成果，然后面向全校讲授，非常锻炼能力。而这些已经形成课程的主讲内容，会随着一届届毕业生的离开而由其他孩子继续接力，传承下去。由于报名人数众多，书院"小主讲"本学期所有课次的报名人数已满，没有排上号的学生只好等待下一次。

"史家书院"的作用远不止这些。作为一门课程资源群，它还有很多教育创意，比如让学生们来管理书院。学生都是自愿报名、利用课余时间来做志愿者，根据约定俗成的制度，负责书院一切整理、登记、打扫等事务，老生带新生，一届又一届地传承下去。史家书院的作用早已超出了图书馆的固着功能，是一个衍生无数教育契机的基地。

另一个很能锻炼学生能力的课程群，是史家传媒中心。这里有全国最早的校园电视台"红领巾电视台"，据说可以多机拍摄、同期切换、同步录音，完成即时编采，虽然比不了央视和省级电台，但比市级电视台和北大电视台都强很多，这里做出的节目可以直接拿到北京电视台去播放。

红领巾电视台除了技术设备过硬以外，更重要的是专栏采访、专题活动报道等。"史家传媒"的人做过很多名人专访、央视小主持、国家重大活动报道等，而国家传媒领域的知名人士也会时常到这里开课指导。"史家传媒"培养的学生，后来很多都成了优秀的传媒人才。作为一所小学来说，能够有这样的超前意识，实在不一般。

除了培养学生多方面能力，史家小学也非常注重学生身心健康，"青苹果之家"为此专门而设。说起来，这里更像是心理健康教育中心，有沙盘游戏室、团体心理室、黑暗穿衣体验室等等，目的都在于对孩子心理情感进行引导和疗愈。

心理教育之外，"青苹果之家"还有个关于爱眼护眼的教育体验中心。摒弃传统的单纯说教，采用各种关于眼睛的象征物给孩子一个直观感受，让他们自己觉得好好爱护自己的眼睛比什么都强。

史家小学最令人震撼的就是科技馆。科技馆由国家斥巨资打造，并且还是中国数字科技馆的分馆。中国基础教育领域最完备的科技设施都在这里了，天文、地理、生物、化学……很多在大学里才有的设施，这里都已经存在。而这些项目的存在，不仅仅只是存在，而是实实在在地被利用了起来，展现给学生一个广阔的世界。

纵观史家小学的所有呈现，重新审视"和谐"二字，的确当之无愧。人与知识的和谐，人与自身的和谐，人与他人的和谐，人与自然的和谐，人与社会的和谐——通过精心设计的五大和谐课程群，通过优质的课程、项目、教师、资源和机制，传递出关于创造、生命、责任、规则、尊重的基础意识，培养学生在表达、自主、交往、自律、实践的核心能力，最终成为一个和谐的人。

每一所学校都有每一所学校的性格，但名校之所以成为名校，有一个共同特征，即思考教育本身、关注学生本身。从这个中心点出发，教育便有了无止境的创造性。纵然有外在差距的客观存在，但源于教育本质的智慧和创见可以在很大程度上弥补不足，同样可以实现关于"育人"的初衷。

教育是一门深沉的学问，一潭深泓碧水，一眼望不见底。它包容着所有人，教育者、被教育者，都在这里苏醒、生长，不断被改变，不断被塑造，直至终生。沉浸在这潭碧水之中，有太多的新奇和无限的可能，值得我们去发现和研究。

◎ 李星星

上海研修印象

印象之朴素

2019年4月15日,我们跟着李镇西老师来到上海复旦五浦汇实验学校。

朴素的校园没有多余的装饰,只有学生亲笔书写的诗词;朴素的朝会没有花哨的展示,只有学生的真诚演讲;朴素的公开课没有流行的课件和讨论,只有专注的讲和听;朴素的黄玉峰校长没有官腔,只有满腔热血!

不走寻常路的那堂公开课,看似无道却有道。头一回听公开课,是听老师实实在在地评讲试卷。开课第一句话是"我们接着评讲上周没有讲完的试卷"。呀,还有这种操作?

评讲试卷最枯燥乏味,特别考验老师的技能。这位老师不是一上来就出示答案,他没有被试卷束缚,而是花了大半时间和学生走进文章,在学生理解透彻文章后,再订正答案。

对于每小题的扣分要求,老师都明确地告诉学生,比如答对关键词1分,再解释原因2分,学生由此也掌握了答题技巧。

后来,老师布置了一个小练笔。老师问孩子们:"写几个?五个吧?"

一个孩子特诚实,脆生生地说:"一个!"当然,他不会因为有听课老师就可以逃脱,老师很自然地说:"可以写一个,那就写详细,写两三百字吧!"看来老师对于懒惰的人挺有招。

印象之敬仰

4月16日,工作站的小伙伴们收到了李镇西老师送给我们的一份最珍贵礼物——90岁的于漪老师为我们做了整整两个小时的讲座!

看着台上精神抖擞的老人,所有人心生无限的敬仰。

她心中有国,用一生的行动爱国。作为党员的我,每周学习党的知识,还要在微信上完成"蓉城先锋"的作业,但是我的学习仅仅停留在并不深刻的理论认识层面。

而于漪老师,对习主席的金句是用生命去诠释。她说,我们教师在平凡的岗位,一个肩膀挑着学生的幸福,一个肩膀挑着祖国的前途。教师的原动力是来自于国家的使命。

这让我想起周总理的那句"为中华崛起而读书"。现在,还有多少孩子是为国家而读书?有多少老师是为祖国而教书?

于漪老师说,读书是精神成长之源。在面对学生的疑问时,她可以用《论语》解释道理。李镇西老师也常常对我们说,一个老师要有自己的藏书。回想自己,常常利用接儿子放学排队的时间读书。零零散散的时间是抓住了,但是我却没有经常结合自己的实际进行思考。所以,我得经常用老师的两把尺子,一把量别人的长处,一把量自己的短处。

一辈子做老师,一辈子学做老师。昨天,于漪老师为了课堂教学,逼自己"以死求活",改造自己;今天,于漪老师又以屈原的"路漫漫其修远兮,吾将上下而求索"作结语。走过一个世纪的老人都在学习,我们还有什么借口不学习呢？学习，我们在路上，永远在路上。

印象之尊重

  4月17日，我们来到一所有灵魂的学校——上海新纪元双语学校。我在这里充分感受到两个字：尊重。

  优美的校园到处盛开着五颜六色的鲜花，校门口那片充满生机的草地，还曾把国家领导人的车挡在校门外。

  这里到处有孩子玩耍的地方。下课后，孩子们可以玩一玩沙子，爬一爬滑滑梯，坐在木屋里翻翻喜欢的图书，跟白雪公主说说悄悄话。一个烂花盆吸引了我的注意力。我猜设计者就是要告诉我们，每一个儿童都不可能是完美的，都是不一样的，这就是儿童的个性。我们教师需要去发现儿童的个性，发现儿童的潜能，而不是把本来就不同样的盆子修补成一模一样的成品。

  草地上有两只蜗牛，蜗牛旁边还有同样行动很慢的小乌龟。这让我想到，孩子有自己的生长节奏，但是只要他们愿意爬，哪怕慢一些也没有关系。

  在小学四年级的数学课堂上，老师用游戏的方式让孩子去探索，引导孩子用猜想、验证、结论三步实验法去验证小组讨论的结论。哪个老师都知道游戏在课堂中扮演的角色，这位老师的厉害之处就是根据课程要求设计出孩子喜欢的游戏，让孩子在游戏中不知不觉完成学习任务。课堂遵循儿童认知规律，这就是尊重。

  初二语文课，老师用眼睛和孩子们交流。他是想发言呢，还是遇到困难，需要帮助？老师不仅用眼神走进孩子，而且在语言上也尊重学生。有一个胖乎乎的男生在老师布置默读勾画任务后，马上翻开参考书。老师见到后,小声说:"你马上想办法解决问题挺好,但请下课后再看吧!"男生马上就收回参考书。对于青春期的孩子来说,先肯定再建议,也是一种尊重。

尊重儿童,就是于漪老师说的探索孩子的认知规律,就是李镇西老师说的要有儿童视角。从身边的小事做起,让尊重无处不在。

印象之好玩

这是一个丑小鸭变天鹅的美丽故事。上海市洵阳路小学曾经是一个薄弱学校,随迁子女占40%,学生家长文化、收入水平最低。但是,它现在是上海市新优质学校的典型代表。

你随便往哪里一站,"咔嚓"一拍,网红打卡之地必将诞生。走廊上,到处都是随手可翻阅的图书,行走的图书滋润着孩子们的心田。别有洞天的地下防空洞,更是孩子们的乐园。它的好玩,不仅仅在于设计打造的硬件,更在于那些天花板上、墙壁上甚至角落里孩子们一件件充满童趣的作品。

四年级的语文课也挺好玩。

最吸引眼球的是,孩子们进行的小组表演。孩子们惟妙惟肖的表演功夫可不是两三天就能练成的。

最让我羡慕的是,孩子们敢在课堂上随时提问。"老师,我还有一个问题。"这是孩子们在课堂上重复最多的语言。当然,有的问题会给老师一个措手不及。老师会说,这个问题我们先放一放,那个问题下课问问历史老师吧!孩子们这种勤于思考敢于提问的能力值得我们好好学习。

上午,孩子们认真学习语数外。下午,一到四年级的孩子就可以开始疯玩。玩什么呢?学校根据学生年龄段的特点,分层次设计了不同的课程。一、二年级以主题课程的形式开展,一个月一个主题,三、四年级的孩子分领域、跨学科玩。孩子们的时间变成了玩的时间,老师却没有辅差的时间,那考试怎么办?

考试成绩有力证明,越是玩得有水平,学生成绩越好。孩子们在丰富多彩的课程中,总能找自己喜欢玩的项目,总能找一个自信点。这样,就为中等生、学困生打开了一扇窗,他们在玩耍中找到学习的自信。好玩的课程润泽孩子们的心灵,让不同的孩子得到不同的成长,在孩子们的心田洒下一片温暖的阳光。

印象之起航

4月19日,我们来到研修最后一站,上海尚德实验学校。

我一度怀疑自己走错了地方,还以为来到高校。这里有高大的科技实验楼、艺术中心、体育中心、游泳馆,等等。不同的课程都有属于自己的楼!

大气的楼里很舒服,就连卫生间也设计得那么雅致,不细看,还以为自己来到了某个明星的化妆间呢!最大气的地方,当然是课堂了。

看看上海版语文书,要求一年级学生识字400个、认字210个。这个量是北师版的两倍!孩子们怎么才能完成学习任务呢?

在一年级语文课堂上,所有孩子都专心致志。老师教学设计的整体思路令我们大开眼界。

我们的上海研学之旅到这里也就画上了完美句点。在结业典礼上,李镇西老师说,这次学习活动结束了,但是我们学习的精神之旅还没有结束。

是呀!回想这五天的研修之旅,有说不完的感慨。白天参观学习,晚上思考写文,我收获满满。

以前外出学习也有结业证,但没有任何一张证书的含金量能比得上这一张。手捧沉甸甸的证书,我才真正知道什么叫付出,什么叫收获!

　　今天的结业,是明天新的开始!我会跟着小伙伴朝着明亮那方起航!

◎ 赵涵宇

温暖继续伴我前行

在我心里，李老师的温暖永远不变。我眼中的李老师，在《跟随李老师的日子》那篇文章已经写过了，此刻，我更想写下离开新教育办公室的日子，有自己教书的场景，有返回成都跟李老师相聚的场景，更有继续跟着李老师学习的场景……

一

三年前，离开成都走入新的单位，校长给新进教师开会，每人桌上放两页打印的文字。我一看，呀，李老师微信公众号的文章！校长照着文稿朗读……当时内心一下沸腾起来，这么偏远的地方学校校长都要朗读李老师的文章，可见李老师的影响力。以前在李老师身边待着时，虽然知道他是个名人，但纵然他有再多头衔和称号，于我而言好像也没啥特别的感觉，依旧叫他李老师，每天正常工作。也听说他在全国一线教师队伍中的影响力很大，现身处一线真真切切地体会到了。特别是当时，陌生的地方陌生的人突然念着他的文字，那种意外感、熟悉感、骄傲感、温暖感一下都涌到我的心里来了。

我所在的学校走的是普职融通的路线，开学把我分到高二年级的职高班任教，刚来学校就直接让我走"高端路线"啊，内心诚惶诚恐。本来我的发型是"万年不变黑长直"的可爱型，为了树立威风的形象，前一天专门去烫了成熟型的卷翘，就为了管好大家眼中调皮捣蛋的职高班学生，形象上要改变成威严的气质型。当走到教室门口，学生热情地欢呼着："哇！新老师您好！您好漂亮啊，欢迎您来教我们！"我被逗笑了，还是合不拢嘴的那种笑，你看职高班的学生嘴巴多甜。

这是一个很友好的开始，相处几年，我觉得职高班的学生并不像外界想象的不服管教。当然不爱学习是通病，占多数。也许"不爱学习"用词不准，更准确地说是因为"欠账"太多实在跟不上，以至于出现上课时讲台下睡一片；布置作业不按时完成，我催促还顶嘴，就是不想做；白天上课没精神，一到晚自习精神百倍偷偷讲话……种种不好的习惯。

按理说新上手的老师遇到这些问题应该暴跳如雷才对，但我跳过了这步。可能前期在李老师身边听了很多的教育故事，也听了成都很多优秀老师对这类学生的研究，提前给我打过"预防针"了，我心态稍显平和，更多的是想办法怎样去尽力改善。我查看了下学生的家庭背景，百分之九十的学生家长都在外打工，包含一部分离异家庭。大部分学生住校，不住校的学生家里只有老年人。问题就出现在这里——长期缺少父母的陪伴与关爱，没有人去引导他们生活和学习上的习惯，家庭、环境对于这种年龄的孩子可能已经形成了一些固态影响，要想让他们改变确实是件很棘手的事。可也不能责怪他们吧，谁都想到一个优良的家庭，这哪能任意选择呢？我只有尽可能地多给予温暖、鼓励和尊重，世界上没有人会拒绝温暖，心暖了从没想过要去改变的东西兴许会悄然变化……

到后来，班上有什么活动，学生都会邀请我去参加，我布置的任务也会尽力完成。之前学科欠账太多，那就主攻中等难度及以下的基础题吧，只要把这些分值争取拿到手，总体分数也不会太低，即使上本科这条路走起来不太平坦，我也希望他们进入社会后，做一个温暖的人。

二

离开新教育办公室后，想见李老师不容易了。我们以李老师办公室为中心点计算，茜媛工作地离中心点一个小时，而我要三个小时。我计划着如果平时见不到面，那么李老师每年生日这天，就是我们在成都团聚的日子。2017年李老师的生日聚会，我提前一个月预约，但那几天他有工作安排，在北京参加领读者大会，并且还要做一场主持。为了不扫我们的兴，他在微信上说："生日当天我一定到。"后来才知道他宁愿自己改签机票连夜奔波回来，也没有让我和茜媛更改时间，这就是很看重情分的李老师，让人暖意融融。

李老师微信上说过："我会去看你们的。"他的话从来都是算数的，我知道有一天他肯定会来。这几年他去过茜媛那里看望她，也远道而来看望我。我们所在的学校、所在的城市都留有他的脚印。李老师在我的校园里走了走，看了看我工作的环境。当时一个同事碰到了我们，我给她介绍了李老师，并帮他们合了影，这个同事后来考上研究生离开了学校。除了她，直到现在学校没有老师知道我在李老师身边工作过，李老师光环太大，我怕讲出来会引起他们惊讶的表情，哈哈……其实是自己还没有干出突出的成绩，不想借李老师的光环去丰盈自己，我就在远方默默关注他吧。

三

李镇西博士工作站对我而言有两个意义。

第一，我既是第一期的工作人员（一边服务于学员一边旁听），又是第三期的正式学员。如果从听课时间的角度来说，我是待了四年的老学生了。

第二，因为疫情干扰，李老师特地为第三期学员延长一年的学习时间，总共三年（第一、二期学员整个学习阶段分别都是两年），那我就是即将要待第五年的老学生了。耶！顿时想比个手势"V"，真想一直这么待下去。

这批学员中茜媛和我是一样的情况，估计前两期的学员会对我俩"羡慕嫉妒恨"……没办法，谁让我俩先遇见李老师呢？这几年李老师邀请了这么多教育专家来讲座，给大家扩眼界、长思想。每位专家在教育领域里都有独特的一面，并把这独特的一面做到了极致。李老师会为他们的教育故事而感动，我想他们都和李老师产生了共鸣，就是教育关注点落在"人"身上，以学生为主体，而不仅仅是分数。李老师把笔下的主人公们，从年少追踪到中老年，回看人生这一复杂过程的走向，有成绩优异的也有调皮捣蛋的，有逆袭到让人吃惊的，也有从曲折的人生坚强地走向平顺满足的，都在平凡的岗位上认真努力地做好自己。

有次上完课，何晓宇、茜媛和我一起吃午饭。何晓宇说："你们觉不觉得在这里学习听课后，心会变得很静。"茜媛说："有的。"我说："是的，看来都产生了这种心境，我觉得回到学校上班内心不会浮躁，反而变得很平和。"何晓宇说："这就是在李老师身边感受到的格局。"

跟着李老师继续学习，一如既往地以武侯区教科院为相聚的地方，只是从当初每天的报到变成每月的报到，"三人行"名称的微信群偶尔闪动着，闪出温暖弥漫在我们身上。

◎ 范艳丽

幸福一课，幸福人生

——记李老师退休前"最后一课"

"起立！"随着班长的一声高呼，整个学术厅的人都站起来了，齐齐地将墙上的标语念了出来："让人们因我的存在而幸福！"

这样的声音，代替了"老师再见"，却不只是一声"再见"。这样的声音是温玉，没有掷地有声，却润泽着爱；这样的声音是一种继承，继承着美好童话的信念；这样的声音是感念和祝福，感恩自己的人生因为面前的人而幸福，更祝福这个编织童话的人退休后幸福依旧；是不舍，是敬仰，是感动……无数的感情在这短短的一句话里充溢着，在随后的掌声中张扬着，泪，就这样又一次落了下来。

这不是我今天听课中的第一次落泪，今天也绝不止我一个人听得频频抹泪，身边的人，连台上的老师都太多次眼泪潸然。当然，这一个上午，我们也无数次忍俊不禁、无数次欣然微笑，这是怎样一堂有魅力、有情感、有深度的课呀！这是李镇西老师退休前的最后一课（成都站），在他到成都工作的第一所学校玉林中学完成。一周前他在乐山和他"未来班"的学生一起上了《一碗清汤荞麦面》，这次他换了一篇课文，重新备课，还让工作站报名听课的老师按要求进行预习。真刀真枪地干！就这样，李老师和他以往的学生们一起带我们进入了文本的童话和生活的童话。

活动一开始，李老师就进来调整了一下座位，"以学生为重，前五排坐学生。"他在忙碌地安排着，突然指着远处的一个人："你是××吗？"听似疑问，却带着满满的笃定。我一转头，看到了那位被指着的30岁左右的女子满脸惊喜地点着头，手忍不住捂着嘴，怕激动的心跳出来似的。她一定没有料到，她的老师能在这样的情景中将她认出，这是一种多大的认可和幸福啊。但她应该想到的，因为李老师在后来鱼贯而入的学生人群中都能快速地叫出他们的名字，还能不断爆那些同学的料：爱哭，爱捂着嘴笑，会给他提意见，写纸条给他……这不是一种简单的记忆，36年的教龄，他教过多少学生啊。用他幽默的说法是，连天上都满是他的桃李。可他竟能这样把学生记挂在心头，要多少亲密的相处和无微不至的关爱才能做到呀。远远地听着、看着，我的眼眶湿润了。

说来惭愧，在第一堂课下课休息的时间，我在后门被一个看上去面熟的人叫住："范老师！"那是我已经毕业六年的学生，他看我上课被抽起来回答了问题，就在后门等我。我很意外，也很惊喜，看着那张青春的脸，我记得他上语文课回答问题的样子，记得他拿着篮球进教室的样子，可是他的名字我竟想不起来。该死！多么鲜明的对比啊，我惭愧万分，内疚万分，也再次深感李老师对学生爱得深沉。

第一堂语文阅读课，上的是著名教育家苏霍姆林斯基写给女儿的《致女儿的信》。一到会场，桌子上就已经有了这篇文字的打印稿，虽然之前就已经读过、预习过，坐下后我还是以学生的心态又做了一次预习，勾画了重要的部分，批注了自己的问题。真的很期待，李老师会怎样给他以前的学生、现在的成人们讲这一课。

一开课，李老师的幽默风趣很快让课堂进入自然行进的状态。"预习过程中，你们有什么问题吗?"李老师仿佛昨天才给这些"孩子们"上了课，布置了作业。

"什么是爱情?"学生提了出来。

李老师从为什么用童话来解释爱情入手，从三个相似的场面、三次对话、三次发现，让学生去读，去探究。等到大家明白了文章引用童话的好处，也就明白了文中的主旨。

"爱与喜欢有何不同?"李老师的追问引发了大家的思考和讨论，后来"天梯"的故事、李老师岳父岳母的故事又再次把童话放到生活中演绎。原来，童话里并不都是骗人的。看着李老师随着讲述闪动的泪花，我也心绪难平。是的，如李老师所祝福，每个人都可以创造自己的爱情童话。

如果以为课文学习结束就应当下课了，那就不是李老师的课堂了。李老师被誉为"中国苏霍姆林斯基式的老师"，他深受苏霍姆林斯基的影响，与苏霍姆林斯基的女儿卡娅一直有着特别的交往。李老师讲完了课文后，简单讲述了他和卡娅的这段经历，将当年他的学生写给卡娅的信和卡娅给孩子们的回信也呈现给我们。这样的延伸让我在刚刚明了爱情过后，又被这因教育而跨越国籍的爱撞了一个满怀。

在第二堂班队课上，李老师和他的学生们又一起谱写了童话。李老师翻阅着一张张老照片、旧教材、发黄的作文本、破碎的纸片……讲述着一个个鲜活的故事。他回忆着自己36年教育生涯的点滴，回忆着那些日子里的欢笑和不可思议，还不时与故事主人公电话连线或现场见面。

他说："大家都说我如何如何爱学生，他们不知道的是，我的学生有多么爱我啊!"

看着他们，我们时而同他们大笑，时而发出惊叹，时而默然沉思，时而悄然落泪。那一刻，我仿佛也是李老师的学生了，似乎自己也在竹林间、溪水畔、他家的餐桌旁、即将开动的火车边，他们的悲欢离合、他们的倾心交谈、他们的每一个时刻,我都在场!

带着羡慕和期待,带着触动和遗憾,看着眼前那个衬衫已经被汗水浸湿的老师,看着他数次激动得哽咽,我又一次在心底告诉自己:你爱学生爱得还不够,你爱教育还不够,你还要加油!

36年的美好是多么不易的坚守,75本教育著作是多少思考的见证,这退休前的课呀,上的不是语文和班队,上的是情怀和爱恋,是一个挚爱教育和孩子的老师用如此浪漫的方式与自己的学生一起追念,追念那一路芳华!

正如李老师的学生所说:"退休,对李老师就是个伪概念。"我们都知道,在教育的这条路上,李老师一定会创造更多的童话,用他的爱和智慧。

如果可以,我不希望下课,如果可以,我还想听下去。这退休前的最后一课,主题是"童话",也编织了课堂的幸福;形式是学习,却回顾了幸福的教育人生。有师如此,夫复何求!

◎卢 玥

领略人生别样的风景

（一）

我觉得我很幸福。

2006年9月27日，听完李镇西老师为武侯区骨干教师带来的讲座"平凡的教师高贵的心"后，我在日记本上写下了第一句话。

听闻李老师的大名，要追溯到19年前。那个时候的我，第一次忐忑地走进初中语文课堂，第一次面对那些还带着稚气的学生，当我一次次面临着语文教学中的困惑，作为一名在教育浪潮中起伏翻滚的弄潮儿，我渴望获得能促进我在教育路上健康成长的营养。而这营养，便是教育界前辈们的谆谆教诲，是教育大师们睿智高远的教育智慧，是近年来教育界出版的心力之作……由此，我走进了李镇西老师的著作。

回到这一次的讲座，我好像又回到了去听喜欢的教授讲课的大学时代。李老师向我们讲述了三位老师的成长故事，他们都战斗在教育第一线，是最普通、最平凡但都在自己的工作岗位上做出了骄人成绩的老师。

李老师多次自谦地说："如果论名气，也许他们不如我；但如果讲能力，讲才气，我远远不如他们。"真诚的话语里，有着发自肺腑的崇敬之情。

　　成为名师也许是每一位老师的理想，但成为名师却不应该成为我们唯一的理想！因为，名师只能代表你在教育界的地位，却代表不了那一颗永远为教育无私奉献的真诚的心。在这样一个推崇名师的年代，我为那些默默无闻地战斗在第一线的老师感动，为他们无私奉献于自己所崇拜的事业——教育事业的执着所感动！

　　在那几天，我正好接到了学校布置的教学以外的繁重任务：搞科研、送教、写论文。对于当时教两个班语文并担任班主任的我来说，一种无形的压力和焦虑迎面而来。

　　李老师说："当教师自己无力促成这种反思，则可能会依靠外在的启蒙与介入，而外在力量（如教育改革等）的介入往往会对教师原有的日常教育生活构成冲击，使教师感到恐惧或者焦虑，甚至有强烈的不安全感。"这番话直击了我那时的焦虑状态。

　　原来，身为名师的李老师离我们竟如此之近，如此贴切地诉说着年轻老师的心声！在莫名的感动中，心中的焦虑感荡然无存，那一刻的我竟悄然升腾起一种全新的工作热情。

（二）

　　2010年7月2日，我工作的第七年，李老师受邀到我校做了一场关于教师阅读的讲座。

　　对于阅读，苏霍姆林斯基说："读书，读书，再读书，教师的教育素养的这个方面正是取决于此。要把读书当作第一精神需要，当作饥饿者的食物。"著名教育家朱永新老师说："教师的读书不仅是学生读书的前提，而且是整个教育的前提。"李老师也说："教师真正的绝活是——读书！"

的确，教师是需要通过大量阅读来增长自己的专业智慧的，没有这种专业智慧，教育注定是肤浅的。

我深知阅读的重要，可2010年以前的我却常常因"工作太忙找不出更多的时间"而难以坚持常态阅读，只偶尔会零零散散、随性而为地读上一本。

讲座一开始，李老师提出了大多数老师对于阅读的疑惑："工作那么忙，找不到时间读书怎么办？"关于时间，李老师语重心长地说："时间都是挤出来的，慢慢培养起对阅读的兴趣，你就会想方设法地找出时间来阅读，就像我们很多成都人喜欢打麻将一样，工作再累，下班后都会挤出时间来娱乐一下。如果在阅读上能培植起这种兴趣，你自然可以腾出很多时间来读书的。"

"阅读后记不住内容怎么办呢？"对于这个问题，李老师用了很形象的比喻来解惑："阅读就像吃饭，过了几天谁还记得自己吃的是什么菜？但记不住菜并不代表这顿饭就没有营养。阅读也是如此，很多内容会随着你的阅读潜移默化到你的思想里，你的灵魂里。"

接下来，李老师一边展示图片，一边讲述着自己的阅读故事。看着那堆满各类书籍的书房，看着那满是批注的读书笔记，看着李老师安静坐在书桌前投入地读书的背影，我在心里坚定地告诉自己：阅读必须真正行动起来！

从那时起，在繁忙的教学带班之余，阅读开始在我的生活中占据一席之地。从这几年的阅读中，我获得了越来越多对教育、对生活、对人生的新理解。

（三）

2019年6月29日是一个特别值得纪念的日子，因为这一天，我正式加入了李镇西博士工作站，有幸成了李老师工作站第三期的学员。

一个月前，我意外地收到了李老师发过来的一条微信："我记得以前你说过想参加这个工作站。第三期开始报名了，欢迎你！"除了那个惊喜劲儿，心里还涌动着对李老师的无比感激之情。

思绪飘回到2014年的春天，李老师在我们学校楼顶花园，翻看我这几年的带班日记、我和学生们的班级故事、我的读书笔记之后，对我的班主任工作给予肯定，还鼓励我和另一位老师一定要多看书，不断努力提升自己。后来，李老师询问我是否有加入工作站学习的想法。没想到，隔了这么几年，李老师竟然还把这件事放在心上！

记得当我激动地打开李老师发过来的工作站招新文件时，发现自己在年龄上刚好超限，于是不无遗憾地给李老师发去信息："李老师，我这个年龄能过关吗？"李老师回复说："你的年龄刚到，还没有超过嘛。"从此，除了满满的敬重，对李老师更多了一分亲切、感激之情。

在工作站第三期的开班仪式上，李老师郑重地告诉我们："一旦进入这个团队，就要重新给自己定位，要和身边那些没有教育激情的老师不一样！"是的，如李老师所说，作为工作站的学员，我们要有一颗独立思考的大脑，有一腔热爱教育的热血，有一双纵览天下的眼睛，有一派宽阔的胸襟，有一个自觉读写的习惯，有一种职业幸福的感觉。这不仅是李老师对我们的殷切希望，也必将是我们每一位学员为师为人的坚定方向。

（四）

在玉林中学，有幸聆听了李老师退休前的最后一堂课。那天讲授的课文是苏霍姆林斯基的《给女儿的一封信》。在快要结束的时候，李老师缓慢、深情地说了一句令我感慨万分的话："我很享受我和学生们在一起的日子，我很怀念我和他们一起种树、一起游戏、一起游泳的点点滴滴，我很骄傲我和我的学生们在一起书写教育的童话！"

那一刻的李老师，眼里闪着湿润的光，在座的所有人分明感受到李老师发自肺腑的教育幸福感和来自于心底深处对教育的热爱！

2019年11月12日，李老师给我们做讲座，《走近苏霍姆林斯基》。那一天的讲台上，苏霍姆林斯基不平凡的人生经历，他对苏维埃教育注入的人性，他对儿童成长的关注之情，他对教育的执着热爱，李老师讲得格外投入、格外动情！

那之前，苏霍姆林斯基在我心中仅是一种教育思想，而在李老师图文并茂的讲述中，苏霍姆林斯基对教育的智慧、对教育的热爱令我深深折服。我想，那才是李老师追随苏霍姆林斯基的真正理由和力量吧！此后，每每阅读苏霍姆林斯基的著作，我的脑海里便时常会浮现李老师讲述时的那份深情，对书中的文字也多了一分更深的理解。

（五）

特别喜欢这样一句话："使唐僧成为唐僧的，不是经书，而是那条取经的路。"的确，人生的意义不仅仅在于奔着一个目标埋头赶路，有时候，缓下急促前行的脚步，一边寻梦，一边品乐，实乃幸福人生的真谛。

回顾这 10 多年的教育经历，快乐与充实一路丰盈着我的教育教学生活。

记得李老师曾在《教师博览》第五届读书论坛上说过："阅读让教育由单薄变得丰盈，让千千万万普通的老师找到卓越的自己！"加入工作站的日子里，在李老师一步步地引领和指导下，学习和阅读在我的生活中占据了越来越重要的位置，让我在如此繁忙的工作中不断快乐前行。

从 2019 年到 2020 年，我的阅读更多样化、更系统化、更专业化，这两年阅读了《要相信孩子》《给教师的建议》《积极情绪的力量》等 45 本书，还利用各种碎片化时间听了 9 本书，听了 43 堂讲座（包括网课），摘写听课笔记和教育心得数万字，还有了自己的微信公众号。

也许，在旁人看来，这两年的阅读并没有带给我太大的显性变化，但在我深入浅出的语文课堂上，在我大胆放手的班级活动中，在我所写的文字里，在我面对各种突发事件时，我惊喜地发现了那个不一样的自己，那个面对繁重的教育教学任务更加沉稳自信的自己，那个身处孩子堆里内心充实、眼里带笑的自己，那个在平凡的日子也能时常捕捉到幸福瞬间的自己！

让沙漠美丽的，是在什么地方藏着的一口水井；让我的人生更加丰富多彩的，是指引着前进方向的李老师。

在李老师的专著《爱心与教育》扉页上，他送给我了这样一句话：享受教育，与梦飞翔。

想对李老师说，感谢您这么多年对我教育教学的影响，对我人生方向的引领，在未来的日子里，我将继续借助学习和阅读的力量为我的学生带来有温度、有深度、有宽度、有高度的教育智慧，我将尽自己的最大努力让身边的人因我存在而感到幸福！

◎ 李 杰（记录整理）

该不该给作弊学生发奖

—— 一次深度思考与讨论

案例回顾（班主任李老师讲述）：小林同学，女，初中一年级。平时父亲较少参与孩子教育。孩子在演讲方面有较好天赋，朗诵诗文感情丰富。进校时班级同学推选其为副班长，她与同学相处一般。学习成绩中等，平时作业完成得还不错。数学成绩相对比较稳定，一般在120分左右。

一次半期考试，上午考完英语，监考老师找到我说有同学举报我们班小林同学用手机作弊，并在文具盒内发现作文相关纸条。午饭后，我与监考老师、年级主任与她在走廊交流。她并不承认带了手机，更不承认作弊。我与家长联系，家长也说孩子绝对没有带手机。我姑且相信家长和孩子的话，但是举报她的同学很坚定说看见了的。我不可能搜身，与孩子交流了很多作弊的利害关系，以及如何看待成绩，如何树立信心，等等。我愿意相信她是无意的，即使真的作弊，也希望经过提醒，她会知错能改。我许诺不会在班级甚至年级公开此事。

下午考数学，据监考老师讲并没有发现异常。我晚上在电脑阅卷后，发现她的成绩是140多分，远远超出她的平时水平。我开始怀疑，于是在网上一搜，发现她的最后两个大题答案和网上提供的一模一样。我确信她是作弊了，但是要找到更好的证据，最好她能自己承认。于是我和她妈妈进行沟通，让她妈妈打印试卷最后两道题，孩子回家后就让孩子做，结果孩子做了一半就做不出来了。在事实面前，她自己也承认用手机作弊的事实，包括上午的英语考试和下午的数学考试，手机一直就在自己的袖子里面。当时我很震惊，也很愤怒，有一种被欺骗的感觉。现在想想，当时确实有一些情绪化，一是因为家长完全不配合学校管理并没有说实情，或者他们自己都不知道家里手机的去向；二是孩子上午刚犯了错，被年级主任和班主任批评了，下午仍然明知故犯，且明目张胆。

当天我就让孩子回家反省，并写检讨和保证，然后让她父母一起到校交流，在班主任和年级组长面前签订年级处分书等。这是能够给她的不公开的最大的处罚。

可是，事情远非这样简单。

我们班每月会进行颁奖典礼，旨在奖励那些在考试中获得优异成绩和进步的孩子。小林同学这次是班级第五名，年级前五十，而且进步非常大。按照规则，她将获得单科奖、综合奖、进步奖在内的多个奖励。我曾十分纠结这些奖是否发给她。如果不发，那么她作弊的事就会广而告之，势必会影响这个孩子的自尊心，甚至可能出现极端的行为。如果继续颁奖，我也很清楚对于班级其他同学来讲会不公。但因为这件事始终未在班级彻底公开，于是我最后还是不动声色地按照规则发了奖。希望这次特殊的颁奖对于她自己有更深的触动。可是在颁奖的时候，我能明显地感觉到，有个别女生是知道她有作弊行为的，露出不屑的神情。当然这个时候已经无法改变决定了（此处最纠结、最惭愧）。学期期末考试，她考了280多名，基本回到了她原来的位置，这一次确实没有作弊。

最近我在李镇西工作站分享了这个班级案例，引起工作站众多老师的激烈讨论，现在将谈论稿整理如下：

班主任：就以上我描述案例的处理方式，大家怎么看？你们觉得在哪些环节处理不妥呢？

李雅蕾：我个人觉得，处理方式上还是要考虑到这个女生的心理承受能力。不同的情况下处理方法不一样。如果是心理比较脆弱的女孩，考虑保护其自尊心更多一些。可以找个理由，合并下次考试成绩然后一并评奖。如果是心理比较正常的孩子，根据事情真相，让她承担一定的后果是必要的。

班主任：这是一个新的班级，对于每一个学生我还不是特别熟悉，尤其是心理承受能力。

刘明全：首先我觉得她的英语作弊行为应该说是无法完全确定的，你们找她谈话也没有问题，但是我觉得应该做好假设，也就是我们内心朝着她没有作弊的方向进行谈话，可以听听学生的想法，也可以聊点其他的，就当是一次闲聊即可。个人觉得不需要请年级组长介入，他的介入其实给了学生很大的压力，学生如同弹簧一样，压得越厉害，那么她反抗的情绪就越强烈，所以才会出现下午的铤而走险。学生的家长应该给她的压力比较大，她也想追求优秀，但是用错了办法。我觉得我们的情绪化不是事件本身，而是我们对事件的看法，当我们对她进行无作弊行为的推论后，那么她是可以感受得到的。学生何其敏感，又何其好强，与其针锋相对，不如给一个台阶，让她产生内疚感，让她对自己的行为进行反思。

班主任：是的，中午的谈话我也是偏向学生没有作弊的假设的。但是晚上孩子也承认上午英语也作了弊，这是我很难过的地方。

张茂：李老师讲到关于学生作弊的事情，你自己也纠结该不该在半期表彰会上颁奖给她。李老师纠结的点在于如果不颁发，其他同学肯定很奇怪，会问，这样就暴露了女孩作弊的事。而颁了之后，因为有个别同学已经发现她作弊（或怀疑她作弊），看到她在台上领奖，其他同学在台下议论纷纷。感觉，这样会让同学觉得不公平。

班主任：是的，我当时就是这样的心理。那你认为我该不该颁奖给小林同学呢？

张茂：我的观点是不颁发。原因如下：

如果这个女孩考试作弊已经调查清楚，当事人也认定属实。那她就要承担相应的后果。作为一个初中生，不可能不知道考试作弊是严重违纪事件，既然违纪了，这个成绩肯定就不是真实成绩。如果为了保护她的声誉而让她上台领奖，那对其他同学来说就不公平，这样做会产生很大的副作用，其他同学会想既然作弊还会得到保护，那我也可能体验一下上台领奖的感觉啰。对她本人来说，也可能会在潜意识里觉得，反正作了弊老师家长会保护我，那犯了其他错也会得到应有的"待遇"，所以这样做并不利于她改正这个错误，反而会在某种程度上助长她犯其他错误。个人与集体，一个犯错误同学的额外声誉与绝大多数同学的正当利益相比，孰轻孰重？孰是孰非？

袁媛：我认为最不妥的便是颁奖环节，虽保护了小林同学的自尊，但却伤害了知道这件事真相的其他学生。若老师没能及时关注到他们的想法，及时解答他们的疑惑，也许那时那刻他们的内心已对"公正"二字产生疑惑。其实这个环节，可以提前与班里学生商量，这个奖下个月一起颁发，对于能两个月都坚持进步的同学进行翻倍奖励，其实对小林同学才是正向的引导，可以尝试引导小林同学将"期望的好结果"变成"真正的好结果"。

班主任：我很惭愧，在这个问题上当时考虑得不是那么全面。

张茂：我们不让她上台领奖，那这个女孩作弊的事情必然会败露，她的声誉会扫地，要承受很大的压力，那又该怎么办呢？首先要纠正一个认识偏差，并不是不让她上台领奖这件事就完了，其实后续，还有很多教育的事情要做，应该说为人师者，我们真正的教育才开始，最重要的事在后面。

班主任：是的，我也知道这个事并不会就此结束。

张茂：对于她本人，告诉她违反了纪律就要承担相应的后果，以后做事要三思而行，不能在利益面前就违背道德与纪律。然后鞭策她在哪里跌倒就在哪里爬起来，接下来刻苦学习，迎头赶上，下次月考用实力考得好成绩，用真实的成绩上台领奖，重新赢得真正属于自己的荣誉。对于班上的其他同学，要警示他们，要引以为戒，人生永远操正步，走正道。同时更重要的是要教育他们，任何人都会有犯错误的时候，我们不能就此去嘲笑、侮辱、谩骂这个同学。要打造一个宽容、温暖、有爱的集体，相信她会从这件事中吸取教训，成长为更好的自己。

班主任：是的，我当时可能就是怕出现类似这样的嘲笑或者其他同学对这个学生产生"作弊"的固有印象。

张茂：如果这个学生只是承担了这件事相应的自然后果，并没有因此被打击、被贴上标签，被永远钉在历史的耻辱柱上，依然能得到大家的尊重、友好相待，还能收获到来自老师和同学的宽容、温暖和信任，我相信这对女孩来说，就是被世界温柔以待。

我想，如果那个女孩知耻而后勇，奋发图强，通过努力真正考好，站上领奖台的时候，她才是战胜自己、超越自己。那一刻，她脸上的笑容才是明媚的，她眼底的光芒才是坚实的。而台下的同学才会真诚地为她鼓掌，同时也在心里告诫自己：任何人都会犯错误，但她依然值得我们敬佩！这才是我们为人师者，应该给学生树立的价值观。

班主任：是的，有时候如果我们不那么情绪化，可能考虑得更远一些。

聂宏：我说说我的看法，我们所做的一切都只能是基于自己过去的经验和自己一贯的做事风格。如果我对小林同学没有深入的了解，她也不会对我有最起码的信任，就不会轻易表达自己最真实的感受。

在我们班一开始我就宣布过：作弊和抄作业是不可触碰的底线。这是初一我们第一次见面就要讲清楚的，而且接下来也会反复地强调这二者的弊端。当然，我相信绝大多数老师都不厌其烦地强调过这些。为了避免这类事情的发生，我承诺过而且也一直在践行"绝不会因为考试成绩而批评任何人"。

卢玥：作为初中一线老师尤其是班主任，对李老师处理这次作弊事件的纠结心情我深表理解。如果是我，面对这件事情也可能会顾虑重重——怎样处理才能降低对女孩的负面影响？怎样处理才能在班级里营造出良好的考风？怎样处理才能激发女孩今后的学习动力？

天下没有个性、品行、家庭等各方面完全相同的孩子，每个孩子犯错误的原因也不尽相同，所以处理每个孩子犯错的方式也一定会有其独特性。

班主任：是的，李镇西老师也说过，每个孩子都不一样，没有哪一种方法是可以解决所有问题的。相同的问题也不见得用同一种方法就有效。

卢玥：无可厚非，女孩的作弊行为是一定要及时制止的，这是班主任工作绕不过的弯，也是班级管理必须应对的问题。李老师对女孩子的教育以及后来明知她继续作弊仍然为其颁奖的行为，从深层次来讲，李老师想尽力保护这位学生自尊心的良好出发点，这首先是值得肯定的。作为班主任，班级里出现的很多问题其实就是我们班级管理的教育契机，如果好好利用它，可以生成许多宝贵的德育资源。

班主任：谢谢你的理解，事后我也对这件事反思了许久。那如果学生已经承认作弊的情况下，你觉得该如果处理比较恰当呢？

卢玥：可以跟孩子进行一次推心置腹的交谈，了解她那天下午继续作弊的原因，是来自于自身的学习压力，还是老师或同学，抑或是家长。根据不同的原因，来尽力减少女孩心中的压力，卸下心理包袱。

班主任：我想她的压力一定来自家庭更多一些，但这只是我的猜测罢了。我很惭愧，并没有再一次和她深入交谈此事。

卢玥：然后要肯定学生平日在班级里表现出的优点以及为班级做出的贡献，肯定孩子想要提高分数的美好愿望，让学生认识到老师不仅仅看重她的分数，更看重一个学生平日里的闪光点。

班主任：你说得对，班主任要多看到学生的闪光点。

卢玥：引导学生正确理解"成长与成功"，正确认识踏实地付出才能赢得真正的成功，才能无愧于心。让学生明白，人无完人，谁都会犯错，认识到作弊的坏处并改正就是自己的一种成长。或者请女孩替老师出出主意：老师怎么来处理这件事？既尊重女孩的想法，也把老师一方面想保护她，一方面又要让其他同学信服的难处向学生一一道出。

班主任：卢老师的点子很好，让学生自己换位思考，体谅班主任的为难，也能让她感同身受。只是班级同学方面我该如何做工作更好？

卢玥：在女孩陈述此事之前，老师可以跟班级里的其他同学先做一次动员，赢得同学们对她的帮助之心，告诉他们：这个女孩想为班级多考点分，但用了不太恰当的方式，她因为犯了这个错误，心里非常难过，老师希望同学们能多多帮助这位同学。同时请大家想想，怎样在大家的共同努力下让她真正提高成绩，让她感受到集体的温暖。

班主任：袁媛老师，你的观点呢？

袁媛：其实李老师的出发点是善意的，是想要保护好青春期女孩的尊严。因为这个年龄段的女孩，最要强却也最脆弱。但她明知已犯错，毫无悔改之心，不能为了不伤害她的自尊心而为她去向全班撒"善意的谎言"，还为此颁发了那么多的奖，这对于其他学生来说是非常不公平的。学习成绩是用平时的努力换取的，类似这样不劳而获的行为，会在班级中形成不好的氛围，会反向激励一些原本成绩不好但又渴望得到高分的学生去效仿，这便与教育的初衷背道而驰了。

相信李老师一定可以通过其他方式多关注她的心理，避免担心的事情发生。

班主任：是的，保护个别学生心理以及尊严，同时也伤害了大部分学生利益，那该如何权衡？我这算是过度保护吗？

罗艳：我认为过度的保护其实也是一种伤害。李老师一心想的是保护这个学生的自尊心，维护她在全班同学面前的尊严，在该生承认作弊、父母也知晓，并且对作弊行为做出处理后，仍然按照班级惯例对她的成绩给予了肯定，并且在全班同学面前颁发了奖状，学生也演戏一般经历了这场表演。表面上看似乎是保护学生，实际上是让自己和学生都要去承受更严重的后果。她以后犯了错还敢承认吗？是否也期待遇到李老师一样的人帮她遮掩或圆谎呢？

袁志雷：从目前情况看，我觉得李老师的做法在当时情况下是保护了这个女孩，后来也对她起到了教育的效果，因为接下来的一次考试她没有作弊，考出的是真实水平。但这样做也带来了更大的弊端——对其他同学的不公和没有对她自己违规的行为负起责（虽然写了承诺书，但从不正当竞争中获益）；从长远看，对她个人并没有起到保护作用，因为在接下来一次考试中露馅了，她要一人来面对全班同学的质疑和冷眼……这会给她造成多大的心理阴影呢？事后看，我觉得可以这样折中处理。考试后在她认识到自己的错误情况下，给她作弊的两科重考的机会，以真实的成绩进行发奖。有必要的话可以帮助她——让大家原谅她。虽然时间可以减轻伤痛，但纸始终包不住火，不能让她独自面对现实。

班主任：是的，事情并没有如我预想的那样顺利。我当时的感受也说明了一切。

罗艳：因为该生上午作弊行为已经被同学检举，后被老师谈话教育，然而仍执迷不悟，继续作弊，这已经是不能原谅的行为了。学生不是不可以犯错，而且在学校期间，在未成年人阶段犯错的代价是相对较小的，老师应该让该生面对作弊带来的后果，包括成绩无效，还有同学们的议论等。那么老师要做的是组织召开班会课，引导班级同学正面看待该生作弊行为背后的原因，作弊行为的后果和影响，等等。

班主任：你是说让她承担应有的后果，至少在学校是最小的代价，这个我也懂。

罗艳：李老师选择了对班级其他同学掩盖事实，是害怕该生走极端，而自己内心又极度反感作弊行为，甚至对自己后来的处理方式也产生了怀疑。在知道真相的同学面前她更没有尊严可言，而且这一事件会不会影响她以后的成长，也说不清。唯一可喜的是，后面确定她考试是没有再作弊，成绩是真实的，说明她改正了自己的错误行为。

班主任：是的，至少没有执迷不悟，也算是一点安慰。但我确实也忽略了她之后的心理感受。

袁媛：错便是错。学校是每个学生的试错场，若在学生阶段不能意识到自己的错误，当她出入社会后也许会继续采取类似手段来达到自己的目的，最终的结果可能是毁灭性的，因为不劳而获最终会将整个人心吞噬。因此，作为老师，我们无论何时都应该为孩子们树立正确的人生观，善良、正直应该是每个孩子的人生底色。

罗艳：是的，我认为教育的目的是培养正直、善良、诚实的人。所以，如果这一事件最终让她懂得做人的道理，以及有面对错误行为的勇气，有承担后果的责任和担当，那才算是达到了教育的目的。

班主任：很赞同罗老师的观点，勇气、责任与担当一个都不能少。

聂宏：如果是我，当小林同学之类的事件发生了会怎么办呢？首先我会第一时间向监考老师了解情况，如果没有当场的证据，我会主张自己教育小林，如果有确凿的现场证据该怎么处理就怎么处理，绝不姑息。然后寻找一个恰当的场合我会这样问小林：小林，最近班上你负责的工作做得挺不错的，辛苦你啦！有没有什么困难需要我帮你啊？

小林或许会回答没有，如果有就先解决问题吧。

"小林，今天上午的英语考试还行吧？"不等她回答，马上追一句，"我相信你肯定没问题！如果我们班副班长都有问题了，你让其他同学还活不活了啊？"强调我对她的信任和她在班级的职务是让谈话继续下去的前提条件。

"小林，老师刚才听到一个关于你的谣言，我本不想告诉你的，怕影响你下午的发挥。"你没听错，我说的就是"谣言"。这时候小林通常会追问是什么谣言。

"刚才我听到其他班的学生在私底下议论，说你上午的英语考试有作弊。"说这话的时候要故意轻描淡写，同时又要偷偷留意小林听到作弊时的眼神。

"别激动啊，我都说了那是谣言啦。老师绝对相信你没有作弊，下来我好好去调查一下造谣的那几个同学是哪个班的，叫他们班主任好好批评一下他们。不行就让他们考试结束了当面给你道个歉。不过，我们小林也不是那么小气的人，是吧？"大家可以想象此时小林的内心感受，不管小林此时要说什么，都要尽快打断她。

"好啦，好啦！时间也不早了，赶快去吃饭吧，一会儿饭菜凉了吃了对胃不好，下午继续加油哦！"

班主任：聂老师真的是帮我全程设计了一次现场般的指导。循循善诱，细节也考虑得非常到位，受益匪浅。

聂宏：以上虽然是模拟的和小林的对话，但类似事件我们班也确实发生过，我也是这么处理的，没有出现小林的后续故事，我们班的版本里成绩出来以后我对"小林"说了一句只有我们才懂的话："下次考试拿出你真正的实力。"同时又会一如既往地强调诚信考试的重要性。

其实孩子期末考试现了原形是不是也可以说明孩子期末考试已经没有作弊了呢？是不是也可以说明孩子已经改正了呢？如果以上推断成立，如何帮助孩子通过自己的努力提高自己的成绩就成当务之急了。

班主任：你说得对，如何帮助孩子在后面的学习成长中遇见更好的自己才是最重要的。那大家觉得学生作弊的最根本原因是什么？源头在哪里？

胡欣怡：从你的描述中，可以感受到你们学校，至少你们班级里，对学生的评价还是很多元化的。但是对于学生来说，最为根本的、最在意的，还是成绩。她有明显的才艺，也是副班长，但是这些都不能给她足够底气和安全感，因为一个学生在班上，最能获得认可的，首先就是成绩。一般情况下，一个班级的班长、副班长，成绩大都是在班级靠前的，她可能对于自己的成绩不够满意，但是不作弊又无法达到自己想要的目标。我觉得，她可能非常担心自己成绩不够好，同学们不服气不认可，所以才会选择作弊且事后不承认。而这种想法的背后，是整个教育评价体系、从小生活的环境、高考的大背景传递给所有学生的一个信息：成绩是最重要的。

班主任：我很赞同你的观点，现在成绩给学生和家长带来太多改变。

胡欣怡：经常作弊的学生里，学习困难的学生比学习优秀的要多些，他们不知道自己成绩不好吗？知道。但是就算如此，他们依然要去够那个够不到的分数，哪怕用作弊的方式。他们是在够那个分数，更是在够一个统一的评价体系，一份学生的尊严。他们需要分数，哪怕有时候他们觉得自己是不可能提高的，或者作弊了成绩也未必尽如人意，他们也需要为分数做出努力的行为，这代表自己还没有完全彻底放弃。

好的分数对学生意味着什么？意味着同学对自己的认可，师长对自己的肯定，它不仅仅是学习能力的体现，更是无形地影响到一个学生的生活与交际，渗透在方方面面，它的重要性，不亚于工资之于打工人。

班主任：在此件事情上，家庭教育应该承担怎样的责任？学校层面应该如何指导类似事情？

陈秋月：家长说孩子没带手机，到底是包庇孩子还是不了解孩子呢？我觉得应该要了解真相，多与家长沟通。让家长意识到家庭教育与亲子沟通的重要性。

对于学校和班级而言，在这之后可以做相关的班会活动，对孩子作心理疏导，引导孩子形成正确的价值观，品德比成绩更重要。每个人都有可能犯错，孩子就是在不断地试错中成长的，学校是犯错成本最小的地方。同时每个人都要学会包容和谅解，帮助别人成长，让别人因我的存在而感到幸福。

班主任：好一句"让别人因我的存在而感到幸福"，我们做教育的人不就是要让更多的人感受到学习与生活的幸福美好吗？非常感谢每一位工作站老师精彩的分享，你们对教育的诚挚与热情让我钦佩，对学生全面长远的考虑让我感动。我在这件事的处理上确实有不妥之处，通过这次交流探讨，我也更加认清了班主任工作的重要性。在今后的教育教学中多从孩子的内心出发，多角度思考问题，不忘教育初心，真正成为学生的良师益友。

李镇西：这是一次非常有意义的讨论。孤立地看，对这个作弊学生发不发奖都有理由。但具体到了特定的环境、集体还有事情经过以及这一个学生的特点，就只能有一种选择。当然，我们今天的讨论并不是要给已经过去了的事情重新做出抉择，而是着眼于今后的教育，深入探究：如何判断不同年龄阶段的学生作弊的性质？如何处理好个人尊严与集体公正的关系？如何把握好严格要求和严肃处理的分寸？如何巧妙地运用奖励与惩罚的手段？……讨论没有标准答案，思考的火焰却应该继续燃烧。

后记：新的一学期，小林同学主动辞去了副班长的职务，现在担任语文课代表。她整个人看起来轻松了许多，成绩在逐渐提升，也时常能看到她阳光自信的微笑。

新教育记

我们以新教育的名义而集结,因为我们是新教育实验的"尺码相同者"。缔造完美教室、研发卓越课程、营造书香校园、推进每月一事……新教育的理念就是我们的理想,新教育的行动就是我们的行为。也许我们的探索并不完美,但正是在一次次新教育行动中,我们的职业幸福日渐增多,孩子们的笑脸越来越灿烂,而我们所追求的幸福完整的教育生活正不知不觉地扑面而来……

——李镇西

◎ 陈秋月

从哪吒班到蜗牛班

2019年10月，在新教育的引领下，我与孩子们尝试着缔造完美教室。

班名，是通过具象化的命名赋予教室一种精神力量，成为每个孩子的生活朝向。餐前活动时间，我与孩子们一起讨论班名。淏文说："我给我们班取的班名是海洋外星班，我和外星人有个约会，希望长大以后坐火箭去外太空和外星人见面。"沛沛说："我们的班名可以是彩虹班，我想要住在彩虹上。"孩子们有很多想法，也有很多期待。

我让他们回家后和爸爸妈妈一起分享"我的完美教室"计划，一起设计班名、班徽、班歌以及班级愿景。

第二天，孩子们在教室里演说介绍后，第一轮投票选出了几个班名：哪吒班、向日葵班、熊猫萌宝班、外星船班、三才班。

在命名的过程中，我努力做到民主教育，鼓励孩子独立思考，尊重孩子自主选择。孩子们介绍完自己的班名设计后，我心里曾暗自担心：如果是哪吒班，一群小哪吒闹翻天如何了得？但是班名是属于孩子们的，我得尊重孩子的选择。因此，在投票环节我完全不干涉，鼓励孩子们自主选择投票。果然，大部分孩子都选择了"哪吒班"。

好吧，哪吒班就哪吒班，可我又担心在孩子们的认知里，哪吒有破坏力强、喜欢调皮捣蛋、自控能力差等不好的形象，于是我和孩子们一起观看影片、回顾故事情节，梳理出了哪吒的优秀品质：勇敢、坚强、正义、自由、好奇、探索、毅力、无畏……在设计班徽的时候，我们就以哪吒为元素并融入了他的品质。

最后，甄选班歌。家长和孩子们一共选了25首歌，经过3轮投票，决选出《种太阳》为我们的班歌。当我问孩子们为什么要选择这首歌的时候，有的孩子说："种太阳很厉害！"有的孩子说："太阳让人温暖。"孩子们都希望自己能成为哪吒那样有本领的人，像太阳一样给别人带去温暖。

在缔造完美教室的过程中，家长、孩子和教师不断擦亮名字背后的意义，使"哪吒"成为一颗小种子，在孩子们心中悄然种下了"自由、快乐、勇敢、无畏……"

然而，这就是新教育的完美教室吗？幼儿园以游戏为主，会开展各种活动丰富幼儿生活，还需要去缔造完美教室吗？幼儿园的新教育该怎样开展，避免幼儿教育小学化？我不禁产生疑惑。

2020年9月，我带着这些疑惑开始在新的班级缔造完美教室。

一天，我带着孩子们去种植园种萝卜。在松土播种的过程中，孩子们发现了一只小蜗牛。他们充满了好奇："蜗牛从哪里来的？""它为什么要背着重重的壳？""它要吃什么东西？"……晨间自主游戏时，孩子们在桌面建构区玩软体橡胶玩具，偶然发现弯条和圆形可以拼接成一只小蜗牛，觉得很新奇。

趁着这个时机，我问孩子们为什么喜欢蜗牛，孩子们说："蜗牛很可爱。"观察到孩子们对蜗牛并不太了解，于是我利用周末在班级群里分享了关于蜗牛的文章，让家长和孩子们一起了解蜗牛的缓慢速度与坚定执着、身体软弱与行为坚强的特点。

又是一次餐前活动，我与孩子们谈话，了解他们对班名的想法。与大班孩子不同，小班孩子并不了解什么是取名字，班名有什么含义。很多孩子都是用自己的名字来为班级命名，比如"我想取名叫范宸铭班"，我知道，我得从孩子们的名字入手。

我用调查问卷了解了每一个孩子的名字由来，及蕴含的寓意和期望。同时联合家庭教育，让孩子们知道自己名字的特殊意义，以及取名字要蕴含的愿景。

于是，第二次班级命名时，孩子们就选择了自己喜欢的食物如"面条班""包子班"，或者喜欢的动画人物如"奥特曼班""小猪佩奇班"，又或者喜欢的动物如"蜗牛班""熊猫班"……也许是上天注定的缘分，最终孩子们用贴纸投票选出了"蜗牛班"。从此，我们班就是"蜗牛班"了。

后来，我和家长们一起分析"蜗牛班"的班级特质。我们班的孩子比较慢热、适应能力差、执着倔强、团结友爱。而蜗牛很可爱，有柔软的身体、重重的壳，意志坚定，不达目的不罢休，向上爬的每一步缓慢却坚定。这与我们班孩子的特质非常契合。

可班徽设计的时候，困难再次出现。

小班孩子是具象思维，生活经验少，不太会表达，只会涂鸦，根本不会手绘设计稿。想让孩子参与整个过程，该怎么办呢？我想到了孩子们拼蜗牛的软体橡胶玩具。孩子们不会画画，但是会玩玩具。于是，我让孩子们带着玩具回家，和爸爸妈妈一起拼班徽，然后拍照发给我，我做成了问卷让家长和孩子一起投票。为保证孩子真正参与进来，我将票数前三的作品打印出来，让孩子们用贴纸投票选出了我们的班徽。

在班歌环节，我再一次感受到了哪吒班和蜗牛班的不一样。哪吒班是直接选择耳熟能详、自己喜欢的歌曲来投票；而蜗牛班的孩子真的太小，力所不及，家长们推荐的歌曲如周杰伦演唱的《蜗牛》、杨烁演唱的《奔跑吧蜗牛》、林建昌演唱的《蜗牛与黄鹂鸟》等也不适合小班孩子唱。

实在找不到合适的，我就自己创作。我尝试写了两段歌词，成了《蜗牛》第一稿。我请刘倩副园长帮我看了看，斟酌一下。刘园长为此还专门请教了四川师范大学肖素芬教授。她说，小班儿歌最好是4句，可以重复两次，其中第一句点题，第二句描述现状，第三四句写希望；最好是小字1组D调（不超过七个音阶）；节奏缓慢，最好是三度跳。

似懂非懂我开始修改歌词。想歌词的时候，我真切地感觉到蜗牛与我们的缘分：蜗牛背着重重的壳，就像我们的孩子背着重重的书包，他们离开爸爸妈妈和那个温馨安全的家，走入幼儿园，一点一点地成长，走向更宽广的世界。

想到这里，我写下歌词：蜗牛蜗牛加油吧，背着房子努力爬。想到孩子们每一天风雨无阻地上幼儿园，我写道：不怕风吹和雨打，一步一步向前啊。想到丁影亦、张薪峻等小朋友的平衡能力不好，经常摔倒受伤，却勇敢不哭地爬起来，我又写道：不怕跌倒和受伤，一点一点长大啊。

我将《蜗牛》第二稿发到班级群里，希望听听大家的建议，共同参与班歌创作。让我惊喜的是，家长们都很积极地参与了思考和讨论。有的说"不怕跌倒和受伤"的"伤"没有押韵，可以改成"不怕海角和天涯"；有的说孩子念的时候，每次都会把"啊"念成"啦"。晚上11点半了，家长们还在讨论着。最后，根据大家的建议修改出了《蜗牛》第三稿。

我们班的家长也是藏龙卧虎。米芮爸爸是个钢琴爱好者，他自己改编创曲，做了班歌第四稿。在第三稿和第四稿中怎么抉择呢？三稿节奏缓慢简单，四稿旋律优美更动听。我们将决定权交给了孩子。周一，我和孩子一起弹唱了这两个曲子，发现三稿更易懂好学，朗朗上口更适合小班孩子。孩子们举手表决，三稿23票，四稿2票。我们的班歌终于出炉了！

在缔造完美教室的过程中，孩子、家长、老师都在不经意间成长着、变化着。蜗牛班正向着班级愿景"善良、坚强、团结、友爱"发展着。因为缔造完美教室，我才有了这样的机会静下心来了解每一个孩子的想法，聆听家长的心声，与孩子、家长共同去经历、探究、创造，去编织属于我们的美好记忆。

附：

蜗牛

曲调：1＝D 2/4　　词、曲：蜗牛班全体成员

5 3　5 3 | 1 1　1　| 2 3　2 1 | 3 5　5 |
蜗牛　蜗牛　加油　吧，背着　房子　努力　爬。
蜗牛　蜗牛　加油　吧，背着　房子　努力　爬。

5 3　5 3 | 2 2　2　| 2 3　2 1 | 2 3　1 |
不怕　风吹　和雨　打，一步　一步　向前　啊。
不怕　跌倒　和受　伤，一点　一点　长大　啦。

◎ 黄雪萍

我的茶文化课程

"用记忆代替思考,用背诵来代替感知和对现象本质的观察——这是使儿童变得愚笨,以致最终丧失了学习愿望的一大弊病。"这是苏霍姆林斯基在《给教师的建议》中谈到的。他建议老师们要带着孩子"让思想到自然界旅行"。

去哪里旅行?我选择了茶园。

我是成都人,我和先生都很喜欢喝茶,每年清明节,我们都会去采茶、制茶,对茶文化比较了解。于是,茶文化课程有了初步想法。

采春茶,识茶叶

清明前夕,我带着孩子们走出课堂、回归自然,来到川茶出产地蒲江甘溪镇采茶。

孩子们平时只见过茶,但从未采摘和制作过茶。于是,我给每个孩子发了小背篓,讲述采摘的方法后,开始了采茶比赛。

孩子们采了小半天,背篓里的茶叶只有一点点。中午到了,采摘最多的一个孩子也只有大半篓。孩子们经过劳动,体会到了茶农的辛苦,这比老师和父母跟他们讲道理有用多了。

随后，我给孩子们演示手工制茶的全过程。孩子们品尝劳动成果的时候，连平时极少发言的小锐也妙语连珠——"鲜绿的茶叶慢慢变老了""茶叶复活了"。诗一般的童言童语，给我们采茶活动锦上添花。

下午，我们又在茶园一起吟诵诗歌。亲临自然，孩子们身心自由，诗兴大发，一挥而就，就在茶园里写下了不一样的诗歌：

走进绿色

雷茜

就在这三月，

就在今天，

飘进鼻子的空气是绿色的，

破壳种子的眼睛是绿色的，

破壳种子的心也是绿色的。

茶园是我们的教室，

茶树上的嫩芽是我们想象的翅膀，

我们采的是快乐的欢笑，

我们采的是破壳种子的梦想，

只有破壳班的种子们，

才能真正理解

嫩芽与我们的秘密……

这样的诗歌还有很多很多。家长们读着孩子们写下的诗歌，也有感而发。庞茹尹妈妈写道："春风和煦，阳光明媚。孩子们在动手采茶的过程中，亲身体会劳动的艰辛，品尝劳动果实，增长了见识，也了解了茶文化。在破壳老师的带领下，破壳种子们个个都成了小诗人，给破壳老师和破壳种子们鼓掌！"

回到学校，我们将第一届茶文化节的故事展示在教室外墙的"每月一事"栏板上，吸引了许多学生和老师。很多孩子围着我们的茶文化展板窃窃私语，有的孩子说："破壳班的同学好幸福啊！如果我在他们班就好了。"

后来，我将孩子们在课程中写的诗歌、日记，以及家长们的感悟汇集成册，并写上前言和后记，班本课程《三月情思》第一册出炉了。

我本以为，这样丰富而有意义的活动应该就是课程了，然而王兮老师问了我一个问题："什么是课程？什么是活动？活动和课程有什么区别？"

在她的耐心指导下，我才恍然大悟，尽管这次活动很精彩，但是仅仅只是一次多样化的实践性学习活动而已。活动是浪花，课程是水流，无数浪花朝向同一目标才算是课程。

好的课程是有明确目标的，是需要设计组织的，是立足于儿童当下又能看到儿童未来的。王兮老师希望我把茶文化课程做成一项具有班级特色的综合性活动课程，让这门课程能与孩子们的生命体验深刻地融在一起。

于是，我们的茶文化课程有了这样明确的课程目标——

知识目标：让学生初步认识茶的种类，认识中国十大名茶，并初步学习茶文化。

能力目标：培养学生探究实践的能力、小组合作的能力。

情感价值观：通过采茶等活动，认识到茶农的辛苦、春茶的珍贵，体验到劳动的快乐。

我还将茶文化课程分为三个板块——

走进茶园，采摘春茶，认识茶叶。

参观学习，激发探究，彰显个性。

站上舞台，表演茶艺，传承茶文化。

激发探究，彰显个性

2015年的暑假，我带着一部分孩子到日本旅游，参观学习日本的茶文化。

参观中，一个叫筱静的小姑娘说："黄老师，日本茶艺中有插花艺术，我最喜欢花，我要在明年的茶文化节上表演插花艺术。"

我以为孩子就这么说说而已，然而有一天，筱静的妈妈邀请我到她家去做客，筱静兴奋地拉我坐下，要我看她的插花表演。

那天，当一幅"秋之韵"的作品展现在我眼前时，我觉得面前的女孩身上散发着菊花的清逸、兰花的优雅。茶文化课程唤醒了筱静内心蓬勃生长的愿望。

我立刻鼓励她："大胆地向更多人展示，你会获得更大的自信。"这句普通得不能再普通的话语，从此便在筱静的心中扎根。

新学期第一天，她带上自己的花材和花具，挑战自己的胆怯，来到校长办公室，展示自己的插花艺术。

挑战的成功让筱静获得自信，以前很少说话的她变得开朗起来，一有空就和我聊家常。闲聊中，我得知筱静居然还爱画画。在参观了筱静的画作后，我提议："可以办一个画展啦。"就这样，在学校邹校长的支持下和美术老师的帮助下，筱静的个人画展成功举办。在这次画展后，她成了破壳班的一匹黑马。

茶文化课程激发了筱静的成长，也激发了其他孩子展示自己的愿望，他们都希望在茶文化节亮出自己的拿手绝活。

茶文化节来临前，孩子们自己策划怎么开展。这真是八仙过海，各显神通：喜欢绘画的孩子画——茶的故事，喜欢手工的孩子做——茶的书签，喜欢书法的孩子写——茶的诗歌。

在筱静的启发下，我们的第二届茶文化节办起了"破壳书画展"。

书法写的都是茶诗，画的都是茶画。无论是硬笔还是软笔作品，都彰显着笔尖下的茶文化。孩子们在这样的课程中，绘画能力、书法能力以及策划活动能力都得到了锻炼和提升。

表演茶艺，传承文化

到了第三届茶文化节，胆小的瞳瞳主动请缨，要策划这一届茶文化节。瞳瞳平时连上课举手发言，也是要有十足的把握才敢举手。这一次，她主动承担策划任务，而且策划得很成功，得到大家的赞赏。从此，瞳瞳在主持、演讲这条路上越走越精彩，参加2018年的"少年中国说"时，在几千名选手中进入了决赛并获得三等奖。

第四届茶文化节，不敢抛头露面的依依用一首《高山流水》的古琴曲和筱静的插花艺术遥相呼应，谱写出茶与花和而不同、雅而有趣的乐章。

为了激励孩子们，在课程评价上，我也花费了很多心思。每次活动我都会设计评价表，根据孩子们的得分评选出茶文化达人（蜕变故事）、茶文化最佳推手（茶艺表演）、茶文化网红（故事分享）。

小小的茶文化课程，带给班级破壳而出的力量。几年下来，课程效果远远大于预期目标，孩子们的思想情操在班本课程中得到了淬炼。课程，就是一个促进每个生命个体生长的契机。

◎张　兰

与我共赴一场书事

"吾爱班"是昵称，本名叫成都市实验小学2014级5班。2020年6月，同学们毕业，现在它已被称作2020届5班了。这个班，是我真正意义上从一年级带起来的班，也是我在李镇西博士工作站学习期间带的班。不管怎么说，这个班，令我难以忘怀。

我和吾爱班在成都市实验小学的土地上，在新教育思想的潜移默化中，自由自在又静悄悄地生长：我们有自己的班歌，有自己的视觉系统，还有自己的集子和小小的书室。叶圣陶先生曾说："语文老师如果只做一件事，那就是教人读书。"

低年级，我们玩过好书银行、书香存折、读写绘、读书小札等与书有关的"游戏"。待到升入高年级，我们对书的喜爱和热情已经融入骨血，成为我们生活的必需。通读高年级的语文教材，我惊喜地发现，语文教材对于阅读的更进一步的推崇和对于小读者的呼唤：冰心的《忆读书》、尤安·艾肯的《走遍天下书为侣》、狄金森的《神奇的书》。

读书，是需要一个"磁场"的。对于高段的学生来讲，也尤其需要一个读书的场。究竟如何让同学们从一个个孤岛连成群岛，共建阅读的磁场，共享阅读的乐趣呢？我想，应该是通过符合认知的仪式感来建立。

再次通读高段的语文教材，即将要学到苏轼的四首诗《饮湖上初晴后雨》《冬景》《题西林壁》《六月二十七日望湖楼醉书》，以及"语文天地"里让同学们鉴赏的历代翰墨书韵给了我莫大的启发。此时，让语文书立起来、共赴一场书事的想法，在我的心中渐渐构建出来。我想和同学们围绕苏轼建立阅读的场，看得见的和看不见的场：由苏轼而书事，共赴一场书事；由书事而书室，共构一个空间；由书室而舒适，共享一种生活。

新学期，新起点。我们通过仪式感十足的开学"双生"（家长和学生）家长会，用"与你共赴一场书事"的主题阅读活动开启新的学期：我给每位同学赠送了一本《苏东坡传》，为每一位同学用订制的"苏轼文化"书签手书了 47 张不同的书签。末了，还用五年级上册最后一个单元苏轼《冬景》中的"一年好景君须记，正是橙黄橘绿时"作为结束语，送给全班同学。在这书香味浓郁的家长会上，师生、家校"共赴一场书事"，共同研读"苏轼"，让大家舒适地、静静地成长。

会后，学生、家长、老师一起打造了班级"书事"文化：东坡其人、其事、其文。"一点浩然气，千里快哉风"是班级文化的灵魂，"旧书不厌百回读，熟读深思子自知"是班级书馆名称的由来，也是《吾爱读写》的页眉；《寒食帖》是读书勋章的背景色，也是后黑板的底色；后门的玻璃板上"与你共赴一场书事"这句温馨之语，就像班级的眼睛……这些不禁使人想起去三苏祠踏春，也想去苏堤走走，还想至惠州"日啖荔枝三百颗"……此外，师生还固定时间分享"书事"、固定周四为班级读书日、固定时间分享"苏轼"（每月最后一个周四的第一节语文课进行分享）。

最值得一提的是，我们一点点建立起来的"书室"：我们的教室就是一间书室，有书案，有笔墨，有书籍，更有读书的氛围。书室的主题跟"书事·苏轼"的主题一脉相承，仍然以苏轼文化作为书房文化的主体。通过每月一次的苏轼分享，学生对苏轼有了更多的了解，他的《寒食帖》

成为后黑板的背景墙，也成为大家共同学习的一幅书法作品。家委会的家长特意请设计师根据同学们的想法设计了既可以练书法，也可以当书吧，还可以玩耍的空间——书室。

书室名为"深思读馆"，取自苏轼诗《送安惇秀才失解西归》。书室分为四大功能区：读馆区，即旧书、新书陈列区；读帖区，即书房书案区，如上所述，可书写，可阅读，可玩耍的教室书吧；读诗区，即作品陈列区，书法作品悬挂展示于教室顶部，既美观，又能展示作品；读点区，即碎片化、快享式阅读分享，可谓"家事国事天下事，事事关心"，东坡的《后赤壁赋》作为背景，平添几分韵味。

书室建成后同学们建言献策、慷慨解囊，带来山石、水洗布、套装文房四宝以及小植物，丰富美化，这里成为我们共同建造、共同享受的读书空间，甚至也成为科学课展示水环境的绝佳地带。

2019年4月15日，在世界读书日来临之前，我们全班47位同学齐齐站上讲台，讲述我们的书事，邀请全校同学与我们一起共赴一场书事。

无心插柳柳成荫，我们的呼吁和倡议获得了社会上同频人士的关注，有设计团队联系我们，要为我们建设一间充满宋代美学范式的书室，作为六年级的开学礼物。同学们纷纷将内心关于书事的想法与设计团队沟通和交流。2019年8月31日报到那一日，我们全班拥有了一个值得一生回味的地方——吾爱书室。四大功能区仍然保留，然后，我们拥有了一个独立的读书空间，还有一间小小的琴房。孩子们在《亲爱的教室》一文中写道："改变的不仅是阅读的空间，改变的还有我们的内心。我们开始相信，只要勇敢地想，认真地做，就一定可以改变这个世界！"

不管是书房还是书室，这些都是看得见的场，而看不见的场在每一个家庭里起着不可忽视的作用。我们每周一次的"吾爱读写"，将46个家庭都邀请到阅读的场里来，亲子共读，留言畅谈。我想，这将是家庭和学校共同创造的阅读场景，是能够成为终生记忆的事情，直到今天我们仍在坚持做这件事，雷打不动。

  每周的家庭畅谈是非常精彩的。我们借助了目前比较流行的群空间助手里的一款小程序，对每个星期大家的读书生活、读书感言进行及时分享，开启共读书籍、共享舒适的阅读生活。

  每一个人都应该是读书的推广人，46个家庭因为读书而变得更加灵动和美好。回头望，其实变得更加灵动和美好的，也有我和我的家庭。当一个人将个人的幸福和多数人的幸福相连接的时候，个人就迸发出难以置信的活力和张力。当一个人将自己的生命和一片土地相连接的时候，个人就获得了一种难以言喻的依靠和踏实。

  因此，请与我共赴一场书事，写我们不老的故事；请允许我赴下一场书事，分享关于书香浪漫的故事！

◎ 卢晓燕

我们的小古文晨诵

我们点点 3 班的 "小古文晨诵"，从 4 年前的那个早晨开始，每周进行两次、每次 15 分钟，4 年来已达 300 天，累计时长 4320 多分钟，我们已经诵读完了两本小古文。

在这些碎片化时间里，我和 "小点点" 们感受着中国传统语言的魅力，品味着中国文字的芬芳，遨游在小古文的海洋……

持之有缘

世间万物，皆有因果。为何晨诵小古文？其实是多种因素共同作用的结果。

我个人喜欢古诗文。那简洁的文字，描绘着美妙的意境，蕴藏着浅显的道理。读诗、读词、读文言文，我的心中总会萦绕着一种会心的愉悦，就想把美好的东西传递给孩子们，让他们的生命里也充盈着传统文化。

一年级上期，我们晨诵的多是儿童诗。儿童诗虽美且有趣，但我还想带给孩子们更新鲜的内容。我想，换个什么内容晨诵好呢？

偶然翻看《语文新课标》：认识中华传统文化的丰富博大，吸收民族的文化智慧。文言文不正是蕴藏着中华民族传统且深厚的文化吗？并且，文言文在初、高中的考试中占比也越来越大，相比作文和现代文来说，它更容易拿分。如果说语文学科还有什么题目可以拿满分，那就是文言文了。

但是恰恰这一部分能够拿分的题目，成为不少同学的大难题。很多孩子到了初、高中，都表示自己完全读不懂文言文。这是因为他们接触文言文比较晚，而且一上来就学的是比较长又相对较难的文言文，一时间自然难以接受。基于此，我就从一年级下期开始，晨诵起了通俗易懂的小古文。

持之有道

我们从《晨读晚诵小古文》（低段）开始。每周二、五早上的第一节课为晨诵小古文时间，时长为 15 分钟。

由于外出培训很多都安排在周五进行，所以在三年级下册我们便将时间更改为每周一、三早上的第一节课，这样既做到了学生的收心教育，又能以一个美妙的"晨诵"开启新一周的学习。

每次，我辅助讲解当日小古文的大致意思，孩子们再朗读。当天学生回家，再自行创意背诵和表演朗读，结合所获，完成发放的小古文默写填空配图。

最先，我们在语文课堂上开始尝试小古文晨诵，是为了提升孩子们对于文言文的学习兴趣，后来我又将配画用上，目的就是加强他们对于小古文的理解。

比如，学习了《日月星》这则小古文——日则有日，夜则有月，夜又有星。三者之中，日最明，月次之，星又次之。

学生在默写本的左边完成原诗歌的默写，右边就展开想象进行配图。肖涵尹的配图是这样的：一幅"发光比赛"竞技图——画了一个颁奖台，第一名是太阳，第二名是月亮，第三名是星星。一看这张写绘单，实在是太有意思了，这个女孩儿已经明白这则小古文的含义了。

对于低段小古文选篇中的"生活即景"篇，就是让孩子们在朗朗上口的短小文言文中，明白一些显现的生活和自然道理。

再看《树影》这则小古文——日光照园中，地上有树影。日正，树影短；日斜，树影长。观看树影，可知时刻。

这是一则通过观察树影长短来推测时间的科学小古文。为了让孩子们更加明白其中的道理，我教学时，用手电筒和水杯现场做了一个演示，便于学生理解和配图。当晚学生完成的写绘单也是符合科学道理的，知道了光源和影子的各自相对应的方位。

就这样，我们低段一、二年级，在一则又一则的小古文中，去发现、去学习、去打开语文课堂上的另一扇窗。

进入中段小古文的学习后，在"生活即景"篇中，大多描写的是大自然的山川河流、生灵万物，这对于培养学生的文言语感有很好的引领作用。于是我便提升了教学难度，由以前的小古文默写填空到仿写。

当然，要给予一定的范本，如《菊》——菊花盛开，清香四溢。其瓣如丝如爪。其色或黄，或白，或赭，或红，种类繁多。性耐寒，严霜既降，百花零落，惟菊独盛。

教学时，重点理解了"或"的意思：有的。学习完后的那一周，成都市人民公园正在举办一年一度的菊花展览，于是让家长带着孩子们去观赏，重点观察菊花的形状和颜色。观赏完后，孩子们选择一种自己喜欢的花朵，来完成相应的仿写。

根据收上来的仿写写绘单，我发现，孩子们的确能够比较恰当地运用浅显的文言文了。

刘蕊菡仿写的是《玫瑰》：玫瑰开放，浓香四溢。其瓣如扁球，如瓦瓢。其色或黑，或红，或白，或粉，种类繁多，密刺亦多。春天已到，百花绽放，惟玫瑰鲜艳。

李怡玲仿写的是《荷》：荷花开放，引万人观赏。其瓣如鳞，如船。其色或白，或粉，性耐热，烈日当空，百花齐败，惟荷独笑。

看着这一则则生动的仿写，觉得孩子们甚是可爱。美好的小古文已经不再只是停留在我们的背诵中，还在我们的笔尖开着美丽的花儿。

这种学习的趣味性，不仅在笔尖，还在孩子们生动的表演中。我选择那些互动性强的小古文，鼓励他们去创意表演，将小古文融入自己的生活中去。

比如，我们学习《猫斗》这则小古文——黄白二猫，斗于屋上，呼呼而鸣，耸毛竖尾，四目对射，两不相下。久之，白猫稍退缩，黄猫奋起逐之，白猫走入室，不敢复出。

这一则小古文描写两猫相斗的情形，重点在两猫的神情动作，刻画得生动形象，也可以想象出当时它俩各自的心理活动。这么有趣的小古文，如果单单进行仿写就有些单调了，于是当天回家就让孩子们和爸爸合作，一起完成小古文的情景再现表演。

原来，小古文还可以这样趣玩！

到了三年级下册，为了让孩子们将小古文的学习和生活日常融合得更紧密一些，我结合语文课堂教学，整合具有特色的古文内容，让孩子们用小古文进行创编。

比如学习"可爱的小生灵"这个单元，在常规指导学生完成本单元的一篇作文《我喜爱的小动物》后，我发现这是一个很好的契机：如果用小古文的形式，让孩子们试着写一写，说不定会有惊喜呢。

于是我讲解了要点：古文中的"好像"用"似"或"如"来表示，突出所要描写的小动物的外形特点。

第二天收上来"咏宠物"系列的小古文,孩子们的写绘有模有样。叶子萱《咏爱犬》这样写道:球球,吾爱犬也,其眼黑黝黝,如两黑石。目下有鼻,嗅觉灵敏,鼻下之口,露锋利之齿。头上两耳,甚可爱也。身后黑尾,喜而摆,悲而垂。吾甚爱之。

短短的几行字,小作者就将喜爱的小狗球球,形象地展现出来。

学习了"特产"这个单元后,刚好时至"五一"假期,有的孩子会随父母回老家。于是我让孩子收集自己家乡的特产,也用小古文的形式来介绍它。

刘紫妍的《天池藕粉》这样写道:蜀有一地,资阳市也,此地以天池藕粉为名。此物呈黏液状,既糯又爽口,味道极佳,可补血镇静,清心明目。人人爱之。

看着这样的小古文和配图,感觉可馋嘴了。

这样的结合让孩子们明白,小古文的用处有很多,就在我们的生活周围,我们要学以致用,懂得它的精妙。

持之有效

为了更好地激励"小点点"们认真学习小古文,也为了更有效地提高他们的良性竞争,我在教室一侧的墙壁上,制作了一面"小古文写绘"张贴榜。

每次晨诵写绘完毕后,仅仅选择其中最为出色的一张写绘单上榜,并且结合班级日常管理的竞争机制,上榜者还可以加上10分的"日常积累分"。

而我也会从小古文创作、配图、排版,来适当给予一定的等级。除了"上榜"外,其他分别是"优秀""良好""有进步"。同时也和平常的"日常积累分"结合，分别给予 8 分、5 分、3 分的奖励。

对于每次写绘上榜的孩子，做到不重复，将更多的机会公平给予全班学生。如果谁能够在平常课堂或课间不经意地说出小古文，直接给予 10 分的奖励，目的是让孩子们逐渐将小古文落地平常化。

这条点子受启发于一节课——捞铁牛。

当时，我让孩子们想象自己就是在场的群众，在岸边看了整个捞铁牛的过程后，有什么话想对怀丙和尚说的。

大多数孩子在发言时，都说到"怀丙足智多谋、聪明机智……"。这时，廖宇轩举手了："卢老师，那个时候是宋朝，我想用小古文来说一说。"我一听，大喜："当然可以啦，你请说。"

他顿了顿，郑重地说道："汝真乃神人也！"话音刚落，我不由赞叹："你太棒了，不仅称赞了怀丙，还活学活用小古文，我要给你点赞！"全班同学给予这个小伙子热烈的掌声。

我把他刚才说的那句话板书在黑板上，然后补充了相似的一句：汝甚神也！

学习的目的是什么？是为了考卷上那忽上忽下的分数吗？不，是为了学以致用。

现在进入高段，班上有几个孩子已经能用小古文来记录每天的小组日记了，他们在相互较劲儿、相互学习。

小古文晨诵，从最初单纯地想提高分数，已进入提高人文修养和语文素养的阶段。坚持下来后，我发现，在漫长的学习路上，这些所有的努力都化作了小小的闪光点，成为弥足珍贵的回忆。

◎ 胡 艳

我就是课程

四年前,我进入了现在的学校,对教育事业,我只有一个目的——清清静静上课,自由自在唱戏。是的,戏曲是我最大的爱好,而我如何将爱好变成课程,就要从这个爱好说起。

我所在的武侯区是新教育示范区,学校充分倡导新教育的各种教育理念,在这样的平台之中,我自然而然地成了一名新教育种子教师。刚接触到新教育的理念体系时,我还是比较懵的,作为平平无奇的种子之一,我如何在新教育的土壤中萌芽成长呢?

校长针对我的特点给了我一条建议:既然你爱好戏曲,不妨就与国家倡导的"传统文化进校园"相结合,从新教育十大行动之一的"卓越课程"做起,将自身优势变为课程资源。

于是,我从一个爱好戏曲的语文老师变为了主动开发戏曲课程、构建班级文化的实践者。几年里,我不断地将戏曲及其他传统文化与班级活动相结合,"娃娃有戏"课程不断地丰富完善。

创设氛围，娃娃看戏

我们班班名本来是"太阳花班"，决定将戏曲作为本班特色后，我又取了一个相呼应的曲牌名"朝天乐"，班级精神就是"小小太阳花，齐齐朝天乐"。

教室的文化布置上，全部以曲牌名给各个板块命名。如"步步娇"是学生假期的"小脚丫世界性"照片展示；"雁过声"是孩子们的读书心得，取雁过留声之意；"行路难"为旅行所见所感，读万卷书更要行万里路；"画堂春"展示孩子们精美的绘画作品；"集贤宾"是曲词中的经典名篇，供孩子们课后阅读，学习经典、效仿先贤；"文如锦"展示同学们平时的优秀习作。

教室左边的墙上更是精彩纷呈："满庭芳"呈现五大剧种、五大行当的相关知识；"小桃红"是我们平时参加各种活动的照片，小小的年龄却绽放不同的风采；"赏花时"的左边是同学们平时参加戏曲表演的照片回顾，右边是昆曲"桃花扇"的卡通插画，都很具有观赏价值。

讲台黑板旁边还有一块小小的区域，是班级张贴公告、贴操行分评比表的地方，也是班级荣誉的公示栏，我们给这个板块取名为"摘桂令"，既切题又具有传统文化的韵味。

在这样的班级文化的包围下，我们的教室成了名副其实的"戏曲童萌"班。

能唱会演，娃娃演戏

戏曲教学上，我没有选择上课的时间进行专门的戏曲演唱教学，而是先用练耳的方式，于每天午餐时播放戏曲名段欣赏。课间、午休、自习时，见缝插针的片段播放让学生听得耳熟、耳顺，不知不觉就会唱基本旋律了。一个段子听得差不多了，再利用午会课或班会课进行个别字音的纠正。这样既不会占用上课时间，学生学起来也很轻松。

接到新班级一个月后，我们的《红楼梦·天上掉下个林妹妹》就登上了家长开放日的舞台。国庆节，杜甫草堂邀请昆曲社参加表演，我又带了一个同学扮演小春香，跟我一起表演《牡丹亭·游园》。一年多来，我抓住一切可以展示的机会鼓励学生上台演出，校园艺术节、新教育课程展示、学校的教师讲坛等等，都是我们的舞台。

在家校沟通中，我发现何佳炫的姥姥是京剧票友，年少时曾跟张国立一起表演过《沙家浜·智斗》，就邀请老人家作为我们的京剧指导，带领三个小朋友组合成了智斗三人组。上期，我们在学校的"国旗下展示"活动中进行了表演。

同时，我还发动了我的副班老谭和爱好文艺的家长一起加入，打造出真正的"戏曲童萌总动员"。

结合学科，娃娃画戏

付华校长随时提醒我：你是一个语文老师哦，你得想想，如何将戏曲教学与学科结合起来呢？

这是我在将爱好发展为课程的道路上一个很重要的提示。

二年级时，学生有专门的绘本课。有一个小孩带了一套戏曲绘本来班上跟大家分享，但七本书一会儿就看完了。于是，在二年级结束的暑假里，我布置了一项作业：每位同学制作一个戏曲绘本，可以是片段，也可以是整部；可以从学过、看过的剧目中选材，也可以自选感兴趣的剧目进行创作。

过完暑假回来，每位同学都带来了他们的成果。其中戏曲故事《梁祝》《劈山救母》《窦娥冤》都深受学生青睐，不少学生选择了他们熟悉的戏曲题材。也有学生别出心裁，《昭君出塞》脱胎于元代剧作家马致远的《汉宫秋》，班上年龄最小的朱光华同学用质朴的图画纸配以套红点色，小小的心思极具古典意味。

就这样，戏曲绘本开始在我们的班级流动了起来。看着这些凝聚了娃娃心力的作品，如果仅仅把它们束之高阁，只是昙花一现，太可惜，它们应该还有更大的价值可以发挥和挖掘。

名师指引，娃娃说戏

加入新教育后不久，李镇西老师组织的研修站招募第二期成员。得到学校的支持后，我顺利加入了研修站，成为其中的一员。

李老师鼓励我们，从事新教育者在学习理论的同时，要多动笔写文章，多进行专业化写作。于是，我也效仿着他开设了自己的公众号"艾弥儿的胡言胡语"。"艾弥儿"是我用了多年的网名，取自卢梭的教育名著《爱弥儿》，"胡言胡语"是因我的姓氏，同时因为人心直口快、经常口不择言所以自嘲为胡言胡语。

我并不希求一个非著名小学语文教师的公众号能有多大的关注量，但希望以开通公众号的形式来促进自己的写作，同时也给所写文章提供一个发布的平台。

在"艾弥儿的胡言胡语"里，我特意开设了一个栏目"娃娃说戏"，专门用于发布学生创作的绘本，主题帖里我进行了几个板块的设计。

首先，请创作绘本的学生录制"说戏"的视频，由他们亲口讲述这个故事，以娃娃的口语化表达增加趣味性，同时也可以吸引同龄孩子的关注。

其次，我撰文点评，介绍说戏人本身，突出创作者的个人风采，特别是与戏曲相关的亮点。孩子能唱能演的，就配以表演视频，有其他特长的也可以略作介绍。这样，学生获得的成就感很高，同时增加了师生共同完成一项任务、打造同一个栏目的责任心与荣誉感。

再次，才是绘本本身的展现。用扫描件尽量还原，有特别之处的再加以简短的评点。

最后为荐戏部分，推荐与绘本所讲内容相关的戏曲片段，为了方便大家欣赏，文末还配以视频。我尽量选择了不同剧种的代表作，尽可能地将戏曲常识的拓展面扩大。

"娃娃说戏"栏目在我们班成了一项特色课程，同时也产生了一些社会影响。知名戏剧发布平台"越剧之家"转载了可人同学的《桃花扇》，获得了不少关注。

三年级上期结束了，暑假里，我又布置了戏曲绘本的作业。学生有了上一次创作的基础，又对其他同学的优秀作品进行了学习，创作更加娴熟，也更有质量了。

"娃娃说戏"这个小栏目的诞生，让我们的课程具有了更为深远的意义。它融入了我们的语文学科，走进了课堂；它发布到了自媒体平台，又走出了课堂。它来自老师的引导，是新教育"我就是课程"理念的体现；它也结合了学生的兴趣与所长，将耳闻目见的戏曲片段化为自己笔下丰富多彩的画面。

升级原创，娃娃有戏

2018年暑假，我们又有了一个大胆的想法，利用暑假创作一个原创的戏曲绘本。这就是"娃娃画戏"的升级版，以前是模仿着画，现在是从故事内容到画面描绘都由我们自己创作。

那么故事从哪里来呢？

2016年的夏天，我写了一个昆曲剧本，以成都唐代女诗人薛涛制作薛涛笺的经过为故事蓝本，采用明清传奇戏曲样式，遵照曲牌套式规范而成。这个我呕心沥血创作出的剧本《浣花笺》，自诞生之日起就注定了它成为案头戏①的命运，静静地躺在我的电脑文件夹里。直到两年后的暑假，我们有了创作原创戏曲绘本的念头，它才重获新生。于是，师生原创戏曲绘本《浣花笺》便应运而生了。

每周三次，一共十二个下午，绘画组的几个同学聚在一起画各自的初稿。

七月过去了，三个同学的底稿完整诞生！我激动地告诉同学们：太棒了，太厉害了，现在该干吗就干吗去吧！胡老师也要当"二流子"票友去了，剩下的涂色就交给你们自己了。

与此同时，另一项大工程也开启了——把剧本的文字誊抄出来。两个书写比较好的同学被抓来进行文字抄写工作。用电脑打出来是很便捷，但既然是原创，就要纯粹的原创，我们就要纯手工来进行。有书法特长的学生也被召集来用毛笔写卷首诗和剧名题字。

开学后，三本凝聚着同学们心血的绘本成品挂在了教室后方的展示

---

① 案头戏，意指只能够放在案头阅读，而无法在舞台上演出的剧本文本创作。

墙上。

2019年初，新教育基金会举办了一项童趣公益作品展，征集娃娃们的手工作品。我们的绘本入选了作品展，还得到了新教育基金会秦兆勇老师的认可。他在他的朋友圈发布了一条消息，开玩笑地问有没有出版社愿意出版。秦老师的朋友推荐我们去参加武侯社区发展基金会"春耕项目"的选拔，他们正好在面向成都市尤其是武侯区征集公益项目。我们的绘本从成都到上海再绕回到成都，在这些新教育有心人的帮助下，我带着绘本项目组的同学参加了"春耕计划"的选拔，并顺利获得了资助，绘本于2019年10月正式出版了。

围绕着绘本，我们还开发了相关的文创作品："娃娃有戏Q版表情包"在微信表情平台上架，小学生设计的微信表情在市面上几乎是凤毛麟角；创作了绘本主题曲《满庭芳》，我作词，戏曲社团赵青松老师谱曲，成都昆曲社助阵伴奏，学生们自己演唱，并拍摄成为音乐短片，入选央视网举办的第六届中国诗歌节"全面诗歌"影像征集活动。

《浣花笺》绘本是我们跨越了几个暑假的用心之作，也是朝天乐班开发戏曲课程以来最大的价值体现。无论是学戏、唱戏、演戏、画戏、写戏、说戏，戏曲课程因绘本的面世而有了一个完整的名字——朝天乐班，娃娃有戏。

"娃娃有戏"课程还是很稚嫩的，还有很多需要打磨的地方，也有一些零零碎碎的遗憾。

我期待的是，当这些孩子打开电视时，对戏曲频道不会觉得陌生；在外语说得纯正流利时也不会觉得中华传统文化是陌生的事物；在跟外国人"叽里呱啦"时也能听懂传统戏曲的"咿咿呀呀"。

我更期待，当他们长大后，面临荣辱沉浮，能回想起在千百年前的戏曲故事中的人物早有如此经历，人生有绚烂光明的时刻如《南柯梦》中的陡地荣华，人生也有失意伤感如《牧羊记·望乡》中所唱的"论兴衰贵贱由天"。这些在他们的孩提时代便已知晓，只需通过岁月去一一验证，那些戏曲舞台上演绎的爱恨情仇，那些戏词中阐述的人生哲理，那些生命的悲与喜成与败，原来都在当年我们的"娃娃有戏"之中。

◎ 刘　静

在绘本的世界里找寻秋天的童话

"绘本创作"对于我来说，是一个既熟悉又陌生的词语。

说它熟悉，是因为早在几年前就和它有过一些接触，它属于新教育里的儿童阅读课程，让低年级的孩子在读绘本的基础上，通过自己创作绘本来表达自己的阅读感受。

可是，因为前几年我一直在从事小学高段的教学工作，所以对于它的认识也仅此而已。它究竟能产生怎样神奇的力量，我无法想象，也从来没有想过。所以对它的感觉又可以说是陌生的。

当我终于接了一个一年级新班，便决定要和孩子们一起走进绘本的世界。

那一天，我照例批改孩子们周末的看图写话，很快就被一幅画吸引了。图上画着月亮、星星、森林，不同的动物拿着不同的乐器演奏，还有一些动物当听众。画中充满了淡淡的诗意，像散文一样美好，感觉真是棒极了！

再看看孩子们写的话，也非常让我惊喜。"英俊的螳螂先生穿着燕尾服，忘情地指挥。""小马伯伯优雅地弹着钢琴。""可爱的小熊吹着迷人的小口琴。""森林上空回荡着美妙的音乐。"……哇，要是把这个故事做成一个绘本该多好！我和孩子们一拍即合，绘本创作开始了。

好的绘本一定要先有一个好故事，故事对于绘本就相当于电影的剧本。首先，我们就用孩子们的看图写话作为蓝本来进行修改，故事的主题就是小动物们用不同的乐器表现秋天的某种特点，反映出动物们对秋天的热爱和彼此浓浓的友情。然后，我教孩子们把自己修改好的故事切分成一个又一个的画面内容，相当于电影的分镜头，只是更简单一些。最后，不仅故事要完整，情节要曲折，人物要形象鲜明，每个画面相关的文字最好也单独成一段，这样配图时要容易一些。

有了故事，便开始准备自制绘本。我给孩子们购买了单页的卡纸，完成以后可以用线装订起来。

然后，我们开始进行版面设计。我请孩子们在每页卡纸上先规划出画面位置和文字位置，每页不同，谋求变化感，再根据故事脚本进行图画创作。

图画创作这步最为关键，有的孩子天马行空，画画时不考虑故事情节。一定要随时提醒孩子，先读几遍要画的图画所讲的故事内容，这也是为什么第一步我要帮助孩子把故事改成分镜脚本，而且要一段一个画面的原因。孩子们阅读后，根据自己的理解，开始把文字语言用画面来进行表达。

这一步是与第一步一样重要的创作阶段，我鼓励孩子在不偏离情节的情况下，尽量丰富画面语言，充分展示自己在色彩、形象搭配上的创意，画出更多文字中没有的细节来。老师的指导不在于绘画技巧，而且过分的指导恰恰可能扼杀孩子的创造能力。我们要关注的是孩子绘画时的态度，要鼓励孩子努力把自己的想法表现出来。

当图画绘制完成，就该给图画配上文字了。绘本是图文合奏的图书形式，图画是主要部分，但文字也不可或缺。当每幅画面都完成以后，就要在刚才空出的地方填写文字。

这一步需要注意的是：文字在最初写故事时可能偏长，但在绘本画面中却不宜占用太多篇幅，否则就喧宾夺主了。所以，老师要引导孩子思考，文字是否可以更加简略？这是一个对写作文本修改的过程，可以给孩子们提出要求，在不改变原意的情况下，只能用多少字进行表达，让孩子自己思考，完成修改。

最后，孩子们把完成的绘本按顺序排列好，装订起来，我们的绘本就新鲜出炉了！

孩子们的创作热情空前高涨，为了鼓励他们，我把他们的作品拿去投稿。很快，《秋夜鸣奏曲》在报纸上发表了。孩子们欢呼雀跃，自豪感油然而生。

苏霍姆林斯基曾经说过："儿童是用形象、色彩、声音来思维的。"

低年级的孩子正处于语言发展较为成熟，而文字符号尚未成熟的成长初期，他们像诗人、作家、音乐家一样，渴望寻求创作的机会和满足感，而创作绘本帮他们打开了一扇通往文字与图画构建的美丽新世界的窗。在绘本花园里，他们聆听故事、积累语言、学习写话，为自己幼小的生命涂上最亮的底色。

通过这一年的绘本创作活动，我欣喜地看到孩子们已经对创作绘本产生了浓厚的兴趣。大部分孩子的书面表达能力和绘画水平都有了明显的提高，创作的热情得到激发。现在，创作绘本是孩子们最喜欢的创作方式，孩子们在这个五彩缤纷的世界中享受着快乐和成长的幸福。

很喜欢插画师佟画说过的一段话：陪伴孩子创作绘本，也是在帮助孩子挖掘属于自己独特的故事，激发他用最擅长的艺术手法表达出来，鼓励、指引、尊重、接纳，这过程本身就是美育。

◎ 康丽娟

星星雨班阅读二三事

对于阅读的意义和价值，朱永新教授曾无数次表达过这样的观点：一个人的精神发育史就是他的阅读史，一个民族的精神境界取决于这个民族的阅读水平，一个没有阅读的学校永远不可能有真正的教育。所以，学校和家庭都应担负起指导学生热爱阅读的责任。

一个好老师不光要教给学生知识，更重要的是帮助学生养成良好的学习习惯、掌握好的学习方法，使学生终身受益。那么，一年级的小朋友，人小识字少，怎么办呢？

在我们星星雨班，我是这样做的。

首先，要营造一个好的阅读环境。给孩子们一个阅读仪式感，为他们布置一个舒适温馨的阅读角，让他们在舒适的一角慢慢爱上阅读。

我在网上购买了一些花边、字样等装饰材料，把小小的书柜装饰一番，然后在书柜旁摆上几把小凳子、一个小小的圆形毯子，让孩子们在空闲时间可以选择自己喜欢的方式阅读喜欢的书籍。而咱们小小书柜里的书，有三种来源：一是用班费购买了一些书籍，二是上一届同学赠送的书籍，三是每个同学从家里拿出二至三本图书到班级漂流。我们的阅读旅程便从舒适的图书角启程。

然后，我们利用晨诵、午读来集体阅读。

俗话说："一年之计在于春，一日之计在于晨。"晨诵，我们用儿歌开启黎明，在悠扬的伴奏曲下，我们互相问好，在稚嫩的童声中开启一天的学习之旅。我们读《好习惯儿歌》，在声声朗读中渗透点点规矩，润物细无声让孩子们争做好学生。我们读《每日一诵》《月亮船》……我教孩子们读，"小老师"教孩子们读，四人小组合作表演读，我们的晨诵丰富多彩。

汪培珽写过一本书叫《喂故事书长大的孩子》，她说，把故事书当作牛奶，喂给孩子听。牛奶可以给孩子提供身体上的营养，而故事可以滋养孩子的一生，成为孩子的精神食粮。

所以午读时光，我们便这样度过：我讲你听。我和孩子们畅游在绘本世界里，我给他们读他们喜欢的绘本：《小阿力的大学校》《我妈妈》《我爸爸》《老鼠娶新娘》……我陪着他们读图、读文，让他们从绘本中懂得一些浅显的道理。读完故事，我没有去问，孩子们，你们明白了什么道理？或者以后你要搬家了，你的玩具又该怎么处理？我只是说："故事好听吗？""好听！""插图漂亮吗？""漂亮！"我希望每一个故事，都有它丰富可爱的插图、简洁清丽的文字，让孩子们轻松阅读，激发他们的阅读兴趣。

还有"我手写我心"——我读完故事后，他们要动动脑筋在纸上画出、写出他们的内心。常常从这群小不点的文字里，我看见了自己的影子，也听见了孩子们的心声。

时光荏苒，一学期一晃而过，孩子们迎来了第一个寒假。在假期里，我们除了欢天喜地过大年外，也少不了阅读。我给孩子们推荐了一些书目，如《爱心树》《小猪西里呼噜》《猜猜我有多爱你》《一个部落的孩子》《蚯蚓日记》……开学后，我们便相继分享自己的阅读故事，我用文字和图片记录他们分享的美好。

除了师生共读外，亲子共读更是必不可少。

《朗读手册》里有这样一段话："你或许拥有无限的财富，一箱箱的珠宝与一柜柜的黄金，但你永远不会比我富有——我有一位读书给我听的妈妈。"是啊，念书给孩子听，就好像和孩子手牵手到故事王国去旅行，共同分享一段充满温暖语言的快乐时光。亲子阅读，就是在孩子心里播种幸福的种子。

利用好教材，让家长一起来读。

部编版一年级上册语文教材里，有八个语文园地，八个"和大人一起读"，其中有儿歌童谣类四篇：《谁会飞》《小兔子乖乖》《剪窗花》《春节童谣》；故事童话类四篇：《小鸟念书》《小松鼠找花生》《拔萝卜》《猴子捞月亮》。这些阅读材料，充满童真童趣，具有儿童文学的审美价值，是让孩子爱上阅读的好"食材"。

"和大人一起读"不仅仅是阅读材料，它更是一种阅读环境、阅读方法、阅读兴趣。放学回到家，孩子和大人一起，目看同一本书，嘴念同一行文字，彼此拥有了共同的阅读记忆，充盈着幸福感，孩子就不知不觉地走向"我想读，我要读"的主动阅读境界。而孩子们在听大人读或读给大人听时，对文字产生了亲近感，对阅读便产生了兴趣，慢慢地他们的阅读信念也就树立起来了。

阅读神助攻，"妈妈故事团"。开学初，我便和家委会妈妈们商量，组建一个"妈妈故事团"来给小朋友们讲故事。这一提议得到了许多妈妈的支持，她们积极报名，认真准备，不会做幻灯片，就向其他妈妈请教。她们还在家认真排演，家人就是她的学生。到了周一班队会，就是妈妈们展示风采的时候了，孩子们也会很高兴，因为小朋友的妈妈们不仅带来故事，还带来了礼物。

就像航航妈妈,不仅带来了绘本故事《牙齿大街的新鲜事》,还带来一些牙科医疗器械。孩子们很是好奇,围着航航妈妈问这问那,还让她检查自己的牙齿是否健康。最可喜的是,每个孩子都记得了睡前要刷牙,不能吃太多的糖果,不然就会有蛀牙,哈克和迪克就会在里面扩建牙齿大街的商业楼喽。

此外,我们还建立了家长读书分享群。

这学期,我在班级群里开启了家长阅读分享,每天睡前20分钟阅读,分享阅读心得。本以为家长们会很忙,也想过没有人搭理我,可是当我提出这个建议时,家长们纷纷响应。我给家长们推荐了龙应台的《孩子,你慢慢来》,让焦虑的一年级父母静下心来,回头想想孩子的第一声啼哭,第一声"爸爸妈妈"。

婧瑶妈妈这样分享到:"听到她的第一声啼哭,我也哭了。因为感动,因为焦虑。感动一个小生命的来临,焦虑我保护不好她,照顾不好她,而我恨不得把全世界最好的都给她,她给我的生命带来了很多的新奇和感动。三个月的时候我们开始使用"婴语"交流,我的心里满满的好奇和激动。九个月的时候我清楚地听到她喊'妈妈',我当时激动得哭出来了,到处打电话说'我的女儿会喊妈妈了'。"

逍逍爸爸也给我们分享了他对自己态度的反思:"有一次,孩子问我,爸爸,蛇不知道自己有毒,人不知道自己有错,这句话是什么意思?我想了好久,回答他'你长大了,就懂了',多么敷衍的答案。"

看着家长们的分享,我感受到了我们这个大家庭的温暖,感受到了我们这个大家庭的成长。

暑假到了,我给他们推荐了家人共读成长书《爱,让我们彼此听见》。只有彼此真诚地相爱,才能清晰地听见对方。亲子共读图画书《幸福的种子》,让家长们知道念书给孩子们听,就好像和孩子们手牵手到故事王国去旅行，共同分享同一段充满温暖语言的快乐时光。

　　阅读的路上有你，有我，有他，我们携手前行。我们无力改变人生的起点，但可以通过阅读改变人生的终点。

◎ 杨　芳

记忆里那一抹抹绚丽的色彩

"只要行动，就有收获。"新教育倡导的"每月一事"旨在潜移默化地教给孩子有用的东西，回顾我们班开展的每月一事，好似打开了记忆的闸门——

一月，我运动，我健康；二月，勤俭节约，从我做起；三月，情醉"三八"节，感恩母亲；四月，勤奋学习，立志成才；五月，劳动最光荣；六月，参与环保，共建家园；七月，种子的旅行；八月，生日会；九月，读写绘；十月，家长进课堂；十一月，旅行课程开展；十二月，"舌尖上的四川"体验。

我选取三个月的故事，来和大家一起分享吧。

十月，家长进课堂

新教育强调："让师生过一种幸福完整的教育生活。"而我认为，家长也是教育者之一，试着让教师、学生和家长都过一种幸福完整的教育生活，那应该是教育最理想的境界吧。

如何整合家长的资源，为孩子们服务呢？

在一个普通却不平凡的下午,我请来了一位家长,走进了我们的班会课堂。

刘阿姨是我们班的一名学生家长,也在我们学校的食堂上班。这节班会课就请她讲讲她的工作,对学生进行节俭教育。

我请刘阿姨写份稿子给我看看,刘阿姨却说自己文化程度低不会写。听刘阿姨这么说,我心里开始打鼓:那她能讲 40 分钟吗?会不会几句话就结束了?

打铃了,我简单地切入主题后,请同学们用热烈的掌声欢迎刘阿姨进教室。刘阿姨大方地上台讲了起来,讲她怎样应聘,心里有什么想法;讲她第一天上班不知道干什么,主动去剥青豆,青豆掉了很多壳子,数量太多,所以很不好洗;快到中午了,她去数碗,一个班几十个碗,要数 24 个班,头都数晕了;看到别人去送餐,她也积极地加入,结果餐车都不会推,还把手烫了;过了几天,她发现由于全校所需要的菜太多,厨师切菜都是用宰的,她也试着去宰,后来手受伤了,两个多星期才好;还有一次,她不小心在食堂摔倒了,幸好手里有两种炊具垫着,才没有摔成重伤,她这才知道,食堂里的工作人员每一个人都滑倒过。她说这里工作氛围特别好,每个人都很热情很友善,她每天工作都特别开心……她把自己的工作经历像讲故事一样娓娓道来,孩子们很乐意听,懂得了每一项工作都有着背后的艰辛,也明白了"谁知盘中餐,粒粒皆辛苦"的含义。

我以为刘阿姨今天的讲座就此结束,不料她后面讲的话才深深触击我和孩子们的心灵。

"我已经在家休息几年没上班了,上班很开心这话也不假,可是说实话,现在每天下班回家就手脚无力了,所以我们做家长的,多么希望你们放学回家后能乖一些,自觉做作业,不让我们操心——"说着,刘阿姨的眼圈红了,"前几年上班,导致我的视力很不好,到了晚上几乎就看不见了，我都是叫孩子早点把作业写完……"刘阿姨可能想到了这些年的艰辛，哭了起来。我连忙叫孩子递上纸巾。"你们现在条件那么好，要是我上学时能碰到这么多的好老师，我也不至于小学都没毕业……"

"我们家庭条件不好，我一月挣一千多块钱，两个孩子的生活费都要交两三百。小陈爸爸在工地上干活，很久才回一次家，小陈很乖，总是抢着给爸爸夹菜。夏天，我给小陈一元钱，叫他去买冰激凌，他总是只买五毛的，把剩下的钱退给我。有好吃的，小陈都要先让弟弟吃……"听到这里，好多孩子都哭了起来。

……

40分钟很快过去了，这节课，孩子们有欢笑，有泪水，有感动，有收获。这算得上一节朴实的、成功的班会课。

十一月，旅行课程开展

那个周末，我读着苏霍姆林斯基的《给教师的一百条建议》，我的眼睛停留在了这样一段文字上："小学教师应当努力扩大学生的知识面，使他们由认识家乡的田野和树林而逐渐扩大到了解祖国以至全世界的自然界和生活。"从二年级起，苏霍姆林斯基就和孩子们开始环球"旅行"。这样的课程适合我的班级吗？我不禁思考起来。

我打算先在班上开展全国旅行课程，进而扩展到全球。具体从哪些方面着手呢？我想，我们去一座城市旅行，可以了解它有哪些著名风景、文人墨客、历史文化、美食特产、家喻户晓的歌曲等等。

于是，第一节旅行课程开课了。我们在幻灯片上游览了成都的迷人风景：花乡农居、荷塘月色、幸福梅林、江家菜地，让人流连忘返；城郊的黄龙溪古镇，山清水秀、诗情画意、小桥流水、古朴新奇；"拜水都江堰，问道青城山"，青城山林木苍翠、诸峰环峙、丹梯千级、曲径通幽，让人挪不开步。

接着，我们在这片土地上追逐文人墨客的足迹。我向孩子们介绍：中国唐代伟大现实主义诗人杜甫，为避安史之乱，携家入蜀，在成都营建茅屋而居；南宋爱国主义诗人陆游，曾留下有关成都的诗句："剑南山水尽清晖，濯锦江边天下稀。烟柳不遮楼角断，风花时傍马头飞。"孩子们仿佛坐上了时光穿梭机，穿行在成都的历史文化中：青羊宫是全国著名的道观之一，金沙遗址对研究我国先秦文明有重要的参考价值，武侯祠在世界范围内有着深远的影响，都江堰被誉为"世界水利文化的鼻祖"……

谈到成都众多各有特色、令人馋涎欲滴的美食时，孩子们更是滔滔不绝："叶儿粑、韩包子挑战我们的嗅觉，白凉粉、毛血旺刺激我们的视觉，麻婆豆腐、火锅考验我们的味觉……"

"走进了成都，就走进了暖暖的家。成都是我家，说起天府就会想起她。成都是我家，休闲欢乐哪里去，就来成都我的家。"伴着程琳优美的歌曲《成都是我家》，我们的第一节旅行课程落下了帷幕。

苏霍姆林斯基最后善意地提醒我们：在进行"旅行"活动时，要防止一种偏向——就是"喂给"儿童过量的知识和印象。

第一次旅行课程是我准备的。而今后，这样的旅行课程会交给每一个孩子，让他们去准备、去搜寻，拓展多方面的能力。比如唱唱代表这座城市的歌，吟诵传扬千古的诗，写写这一节与众不同的旅行课，举行一些有趣的知识问答活动，办一些图文结合的小报，表演一些自编的情景剧，等等。

旅行课程的开设，会是孩子们另一种幸福生活的开始！

十二月,"舌尖上的四川"体验

现在,大多数的小孩在家都是少爷或公主,放学回家做完作业就毫无顾忌地玩,只等着吃现成的晚饭。为了减轻家长的负担,培养孩子的责任意识,我们开展了一系列"舌尖上的四川"的体验课程。

第一次的主题是"舌尖上的四川——寻找炒饭大王"。平时家长叫孩子做炒饭,孩子都不大情愿,不过这次听说班上要搞活动,很多孩子都踊跃报名。我选了4名同学参加,要求所有的工具、原材料都自带。

孩子们准备得很充分!插线板、电磁炉、炒锅、鸡蛋、煮好的米饭、火腿肠、盐、味精、葱……一应俱全,他们的表现更是让我惊喜。

同学们把油倒上,开始搅拌蛋,待油热了,把蛋倒在锅里炒。刚开始,4名同学都有点紧张,表情凝重,动作僵硬——6岁的孩子第一次在全班同学面前露一手,说不紧张是假的。

大家熟悉灶台后慢慢地开始放松,就像平时在家炒饭一样。等蛋炒出香味了,再加上饭,不停地翻动。

饭被炒得热气腾腾,加上盐、味精和葱就可以出锅啦!亲手做蛋炒饭给全班同学品尝,4名选手的自豪感油然而生。

再看看台下的同学,见今天的大厨不是叔叔阿姨而是自己的同学,大家的兴奋劲儿甭提了。

蛋炒饭做好了,小韵第一个品尝。味道怎么样?没尝到的人想知道,选手的妈妈想知道,选手更想知道。

"好吃!"小韵的话音一落,教室里就沸腾起来。

"我要吃!我要吃!"大家争先恐后地上台品尝。

同学们品尝后依依不舍地回到座位上。我说:"你觉得谁做得好吃,就继续去他那里吃。"听罢，大家一窝蜂地涌到"偶像"的面前，场面几乎失控。

结果，"粉丝"最多的小宏当选为今天的炒饭大王。

寻找炒饭大王，为孩子们的生活添上了一抹别样的色彩——对蛋炒饭的热爱，对独立的认识，对"让人们因我的存在而感到幸福"的理解，也许都会和原来大不同……这何尝不是活动的意义和价值所在呢？

接下来，我们又如火如荼地开展了"舌尖上的四川之抄手文化""冒菜篇""美味鲜榨"等活动，让孩子们充分地了解和体验饮食文化。孩子们的脸上都绽放出笑容。还有孩子兴奋地告诉我：身在这个班级感到很幸福。

"每月一事"的这些活动，拓展了孩子们的视野，丰富、完整了我们的教育生活，为我们的记忆抹上了一笔笔绚丽的色彩。愿家长、老师和孩子们心心相印，书写新的篇章！

◎ 陈 华

诗意的生日课程

11月末的一天，思怡妈妈问我能不能在学校给思怡过生日，她说孩子很想和同学们一起分享生日的快乐。

我同意了，也在思考：过生日是件普通得不能再普通的事情，可对于孩子和妈妈来说，却是值得铭记一生的大事件，如何让孩子获得独一无二的情感体验？又如何把过生日变成一种特殊的课程呢？

那天，看到一首小诗，突然一丝灵感降临，我把它改成了一首生日诗《思怡宝宝》：

妈妈说：
"睡吧睡吧。"
轻轻地为你盖上被子，
默默地为你祈祷。

爸爸说：
"起床啦！"
当天空泛起鱼肚白的时候，
轻轻地把你叫醒。

白天与你在一起的

是老师同学。

大伙儿一起学习、探索、游戏、锻炼……

在希望与期许之海遨游。

伶俐的

思怡宝宝,

学习着锻炼着休憩着,

渐渐地渐渐地就长成大姑娘了。

我把这首生日诗当着全班的面念给思怡听。第二天,天智同学也学着我的样子写了一首生日诗赠送给思怡,内容如下:

可爱的思怡宝宝,

有时你很温柔,

像一只安静的小白兔;

偶尔你很暴躁,

生气时像一只大老虎。

你语速很快、思维敏捷,

你笑容很甜,比蛋糕还甜。

祝你,生日快乐!

思怡听了同学的赠诗,一整天脸上都散发出兴奋和羞涩的神采。

有很多孩子都在日记里表达了对生日诗的喜爱和渴望,祥瑞写道:"昨天思怡带了一个大蛋糕,原来是她的生日。我这是第一次在班上给同学过生日,陈老师还写了一首诗叫《思怡宝宝》。在我看到题目时,我就在想,如果我过生日的时候,陈老师给我写首诗叫《祥瑞宝宝》,那该多好啊!今天是我永生难忘的一天呀!"

我想:既然生日诗这么受欢迎,不如号召大家一起行动起来,让家长、老师和同学一起来写。只要愿意在学校过生日的同学都可以收到生日赠诗,这是一份多少钱都买不到的心意啊!

一想到这些,我就立刻告知孩子们和家长们,虽然是采用自愿的形式,但愿意参与的孩子和家长越来越多。

就这样,"诗意生日"班本课程诞生了。家长和孩子们喜欢在班上过生日,可以组织生日班会、收到生日诗、分享蛋糕、制作生日卡……

端午节到了,端端同学过生日,我为他写的诗叫《端午艾香》:

梅子熟,枇杷黄,
布谷鸟儿把歌唱。
杜鹃艳,紫藤垂,
初夏处处好风光!

小儿郎,上学堂,
聪明勤奋好榜样。
懂礼貌,爱足球,
未来前途有希望。

五月榴花照眼明,
非遗节日端午来。
刘家儿郎出生日,
正是端午艾香时!

同学为端端写的诗堪称正宗的儿童诗，语句通顺、逻辑清晰：

刘端，你是一粒种子。你一发芽，就出生了；你一长出叶子，就开始上学了；等你开花结果，就已经成家立业了。

还有这种：

小端，小端，长相端正，姿势要端，坐、站都要端。祝刘端生日快乐！

这些二年级的孩子绞尽脑汁想出的打油诗，虽然写得并不高明，但端端都高高兴兴地收下了。

晚上回家，端端还给妈妈写了诗：

妈妈，谢谢您给了我宝贵的生命；

妈妈，谢谢您教了我难学的知识；

妈妈，谢谢您给了我快乐的时光！

我想和您一起牵着手，走向幸福之路。

今天，我要向您感恩！

谢谢您，妈妈！

端端妈妈很感动，也赠送了刘端一首诗，希望儿子勤奋努力……

生日诗课程，让我们用诗歌构建起独一无二的情感密码。随着年级的递增，我们的形式也越来越多样。一、二年级，我们主要采用写诗、赠诗的形式；三、四年级，主要采用朗诵生日诗的形式；五、六年级，要自己为自己写诗并朗诵表演。

现在，已经不需要我写生日诗了，孩子们继续用诗歌为他人送上生日的祝福。这是能够让孩子获得快乐、尊重、感恩、鼓励、期待等丰富的情感体验。

诗歌生日课程不仅是班级综合实践活动,更为孩子们奠定了人生的情感基石。

◎ 张晓姝

我和我那"别样的花儿"

教育,是生活,一种特殊的生活。当我的教育生涯悄然来到第十八个年头时,我才猛然惊觉,自己竟已在这样的生活中沉浸了这么多年。

作为一个平凡普通的一线老师,每天陀螺式地只知道埋头拉车,不知道抬头看路,日子就在此起彼伏的铃声中悄无声息地划过,激情在日复一日的工作中逐渐消退。直到我从教的第十三年,直面一个最大的教育困局……

迎来困局

故事的主人公名叫小G,2012年的8月27日,他走进了我们班。

新生入学培训时,他就成功引起了我的注意。

在一个刚组成的新班级里,小朋友们面对新的环境都会表现出陌生和胆怯。当大家都满怀好奇、瞪大眼睛认真听老师介绍新校园,讲着小学生和幼儿园的区别以及需要遵守的规矩时,小G"呼"地跑上讲台,拿了几根粉笔就在地上画起来。

我走过去制止他,没收了他手中的粉笔,他的反应特别激烈,立马

"哇啦哇啦"大叫，准备从我手中抢回粉笔。我用凌厉的眼神盯着他，准备给这个没有规矩的小孩子一个下马威，他却立刻不依不饶地在地上打滚……

凭着职业的敏感，我知道这小孩不是善茬，但当时的我特自信：我十多年班主任的功底，还怕你一个孩子？我给自己打气："没事儿，撒泼耍混我见多了，这三脚猫功夫，一个月就把你制服！"

可一个月后，我蔫了。我没有把他制服，反倒让他把我指挥得团团转。在这一个月里，我像消防队员一样疲于奔命，到处灭火。耳边时常回荡着各科老师关于小G的告状——

计算机老师："张老师，你们班的小G趁我不在办公室，把我几万块的机器搬到四楼楼道上，又一个一个地往楼梯下推着玩儿……"

英语老师："张老师，麻烦你来看看，你们班小G在课堂上随意下座位打扰同学，同学不理他就打别人，我去劝阻，说他两句，就躺地上打滚，我没法上课了！"

美术老师："张老师，你们班小G用彩色笔画脏了几个同学的衣服，批评他，还骂老师，真的太不懂礼貌了！"

大队部老师："张老师，中午吃饭时，逮着你们班小G把不吃的肉往楼下扔，这行为也太恶劣了！"

体育老师："张老师，你们班小G趁我在组织同学们跑步时偷偷溜走，跑到二楼往下丢石头，差点砸到同学，让他罚站5分钟居然跑了，气死我了！"

……

伴随着各科老师狂轰滥炸的声讨，我对小G晓之以理动之以情反复教导，但全都无济于事！

这下子，我不淡定了。通过一个多月对孩子的行为模式的观察，凭着多年来班主任工作积累的丰富经验，我基本可以断定：这是一个"有故事"的问题孩子。

我们都知道，一个有问题的孩子背后，一定会有一个有问题的家长。我的直觉告诉我，必须得会一会孩子的家长了。

那天，孩子的妈妈来了，是一个有着文身且满身烟味的年轻女子。和她简单寒暄后，我俩进入正题，交流了孩子入学以来在学习、行为习惯和情绪管理上出现的一些问题。我也给予了一些方法建议，让孩子妈妈可以尝试着去训练。

小G妈妈听后，不但没有表示感谢，反而以一副漫不经心的语气对我说："孩子还小，在家我们也没发现他有这样的问题，慢慢来吧。"我听完，心里特别不是滋味。教育不是一个人的战斗，教育需要家校合力、共同配合，才能指引孩子正确的行为方向。就这样，我和小G妈妈的第一次谈话宣告失败。

父母这条路走不通，我只好另辟蹊径，着手从小G幼儿园老师和跟他同过班的同学家长那里了解他。走访一圈后，我压力倍增。

我了解到，这是一个成员关系很恶劣的原生家庭。父母经常在不同场合当着孩子的面吵架、打架，孩子从小就在极度紧张恐惧的情绪中度过，也潜移默化地学会了以暴制暴。爸爸在家的绝大部分时间，都是和电脑游戏待在一起。孩子缺乏陪伴，为了引起家人的关注，经常把爸爸的电脑键盘掰坏。三代同堂是另一个矛盾焦点，和老人同住一个屋檐下，隔辈亲的溺爱，父母缺乏原则的宠爱，造就出一个人见人怕、没有规则意识的"熊孩子"。

原生家庭的现状无法改变，我只有从孩子入手。于是，我开始了和小G的漫长的拉锯战。我俩斗智斗勇，而我也在屡战屡败中迷茫痛苦，无数次想要放弃。父母的推诿、逃避、不作为，让我气愤不已；孩子的调皮捣蛋让我分身乏术。但看到小G被日渐长大的同学们所排斥孤立时，我又于心不忍。

他像一座孤岛，触手可及却又遥不可及；他又像一个刺猬，竖起尖尖的刺，敏感又警惕地推开想给予他关怀的人。

我该怎么办呢，如何帮助这样一个男孩？我需要思考。

初识新教育

校长也知道了小G的情况，他给我加油打气："每一个特殊儿童都是你的教育资源，把问题儿童变成你的研究课题。这个周末去参加一个新教育研讨会吧，换个思路试一试。"

抱着怀疑的态度，第一次参加了由武侯区承办的新教育高峰论坛会。说实话，刚开始我并没有抱太大的希望，心想：听"板砖"专家的讲座真是浪费我时间。没想到，这一去竟然打开了我教育新世界的大门。

一个个鲜活的事例，一个个温情的老师，一段段充满情怀的讲述，我禁不住问自己，当老师真的可以那样有成就感和幸福感吗？

我开始主动去了解新教育，关注新教育的活动。通过书籍、网络，不断地汲取营养，新教育就像一缕春风温暖了我的心。我意识到，我们要培养的是全面发展、心理健康、积极向上的学生，而不是只会考试的高分学生。教育是技艺，更是哲学，是艺术，也是诗篇；是思想与思想的碰撞，是心灵与心灵的交流，是生命与生命的对话，需要用热情去拥抱。

讲座中，李镇西老师语重心长地说："如果一位老师退休时，留下的只是辉煌的分数，那么他的教育是苍白的……"这句话深深地镌刻在我的脑海中。结识新教育，我在小G面前从此少了一分盲目对抗，多了一分淡定从容。

开展活动　　打破困局

"教给学生一生有用的东西"是新教育实验的核心理念之一。我问自己，对于小G来说，什么是一生有用的东西？

我想通过班级的力量来一点点改变小G，而充满诗情画意的读写绘活动恰是一个契机，让他打开心门，试着融入班级。

低段时，我们开展了亲子阅读和师生共读一本书，鼓励学生将听到的绘本故事讲给家人听。我终于看到了小G父母能放下手机，陪伴孩子一起进行亲子阅读的温馨场面。

班会课上，大家举手表决，选择喜欢的绘本如《鸭子骑车记》《月亮的味道》等，开展仿写、续写等活动，再请美术老师在课堂上指导孩子们配上一幅幅各具特色的插图。而我也看到小G那稚嫩但充满着童趣富有想象力的图画，我特意把他的画展示在文化栏里，他的小眼神里充满了喜悦和自豪。

中段时，我组织孩子们搜集、诵读、记录名人的读书名言，鼓励学生创作一条自己的"凡人读书名言"，并且制作成精美的宣传牌，张贴在教室内、学校的快乐读吧里。

通过一个个班级阅读活动和亲子阅读活动，我看到了小G的些许变化：下课愿意来找我聊天了，上课也偶尔有主动举手的愿望了。点滴的转变让我欣喜，更点燃了我继续在新教育路上寻找更多的他山之石的热情。

"教给学生一生有用的东西，培养12个好习惯。"新教育提倡从身边的小事做起，养成良好的习惯。

为了让小G有规则意识，更好地融入集体，在班级健康成长，我在新教育的指引下，在班级开展"每月一事"的习惯养成常规活动。

1月，让我们学会自己吃饭，让孩子懂得珍惜粮食；2月，让我们学会过马路，从日常的走路开始培养学生遵守规则意识，珍惜生命；3月，让我们一起种树；4月，让我们踏青；5月，让我们学会扫地；6月，让我们学唱一首歌；7月，让我们去远足；8月，让我们笑着和别人打招呼；9月，让我们每天阅读10分钟；10月，让我们给爸爸妈妈写一封信；11月，让我们做一回朗读者；12月，让我们记录自己的生活。

每月一事，每个月通过一个个小活动，让孩子们在活动中思考、在实践中感知、在反思中收获。小G的父母在亲子活动中慢慢学会了如何和孩子相处，也愿意通过书籍去了解孩子每个阶段的成长变化，努力走进孩子的心里。

经过四年多的活动开展，小G的行为习惯和心理有了一些变化，和同学交往不再有那么大的防备心理和敌意了，课堂上影响纪律的次数也减少了，愿意主动来办公室帮老师倒倒垃圾、抱抱作业本了。当然，小G还没有变成一个优秀的男孩，但是转变已然发生，我对未来充满了希望。

新教育，它从心出发，它是唤醒，唤醒从教者沉睡已久的梦想与激情。每一个鲜活的教育故事背后都有委屈，有泪水，有对未来的展望。

苏霍姆林斯基曾感叹："从我手里经过的学生成千上万，奇怪的是，留给我印象最深的并不是无可挑剔的模范生，而是别具特点、与众不同的孩子。"

感谢小G对我痛并快乐的成全，让我能有机会回头审视自己的教育生活，激发我的教育潜能，发掘出一个勇于挑战的我。感谢他把每一天琐碎的教育点滴串成我教育生命的童话，让我和他成为主角，演绎我们的美丽人生。

优雅舞步

当代中国教师最大的痛苦,莫过于怀揣着素质教育的理想,却不得不在应试教育的沼泽中艰难跋涉。然而,同样戴着镣铐,是心甘情愿地做应试教育的奴隶,还是力所能及地跳出素质教育优雅的舞步?这考验着一个教师的良知与智慧。工作站的老师们以自己点点滴滴的行动证明:坚守自己的教室,从讲台上的每一堂课做起,从善待每一个孩子开始,普通老师并不是无可作为的,"枪口"是可以抬高一厘米的。

——李镇西

◎ 邓茜媛

语文作业你可以不做

升上七年级以后，课业压力骤然增大，很多孩子经过一段时间的试炼后依然适应不过来。

一天晚上，我正在记录当天的教学日志，接到一位妈妈的电话："邓老师啊，这段时间我家孩子的作业老是做不完，天天都做到晚上十一二点，我让他去睡觉，他也不肯，最后是我强逼着他去睡，才去的。今天早上5点过就起来做作业了。您说这……"

作业竟然做到这么晚？我们班的作业不至于多成这样啊，但原因先不忙找，赶紧先安抚一下家长的情绪。

"您别着急，咱们慢慢说，无论怎么样，孩子的健康是第一位的，如果超过晚上11点都还没做完，一定不要让他再做了，第二天跟我说一声就行哈……"估计是听到班主任老师都这么为孩子着想了，家长的语气开始变缓，跟我慢慢说起孩子的具体情况。

听完这位妈妈的描述，再结合我在学校里对孩子的观察，基本上可以判断，孩子是因为做作业慢，知识掌握不过关，尤其难在数学上，一卡住就钻不出来，其他作业也就相应滞后，完全不会合理分配时间。

这个孩子其实很有上进心，很想把各科都学好，从他每天急急忙忙的状态我就可以感受到。然而，他的问题也正在于此，由于做什么都很慌张，反而每一样都没有做到位，他总是埋头做自己的，老师讲的关键信息又没有听到。常常是手里面的数学题还没有做完，一听同学在背英语了，就连忙丢下数学题去背英语；英语还没有背完，看到别人都在交数学作业了，又丢下英语赶忙去做数学题；再过一会儿，语文老师来问昨天的听写默写还有谁没有交，他才想起自己还有这档子事没做……

不会合理规划时间，不能在有限的时间内高效完成作业，就总是被作业追着撵，更别说提前预习和课后复习了。种种不利导致他在学习上越来越吃力，信心也逐渐丧失，进而又影响到他的心态、精神，最终陷入了恶性循环。

这位妈妈说起儿子的学习就难过，一方面恨铁不成钢，责怪他为什么不能像别的同学那样井井有条地安排好时间，另一方面又心疼孩子已经很努力了却还是赶不上。

学习习惯非一日养成，学习观念也非一时可以扭转，当下我能够帮他解决的，就是尽量减轻一点他的实际负担和精神压力。

于是，我安慰她说："这样吧，明天我找孩子聊聊。以后他回家做作业，您也督促着他提高效率，语文作业就先放一放，如果这都还不行，超过晚上11点其他作业也暂时别做了，第二天到校态度诚恳点，跟科任老师说明原因，当天再补上也行。另外，早上别让他起那么早，睡眠不足会影响上课状态，孩子就更学不好了。"

孩子的妈妈表示感谢，挂上了电话。

我反思我们的语文作业布置，每天固定练一篇字帖，读一篇文章，再写200字的感悟；如果是上新课，会有个前置性预习作业，在书上注音释义、勾画、思考，连字词抄写都没有；唯一的一本练习册习题，也是教完一课才做一课，有时甚至是选做。这样的语文作业真的多吗？恐怕不是语文作业多吧。

既然孩子负担不了作业量,在我的权限范围内,我也仅仅只能免去他的语文作业,给孩子多一点自由呼吸的空间。

然而,临近期末,学校领导来找我了:"听说你们班作业有点多?"我就跟领导汇报了我的语文作业布置情况,新课已经上完,每天只剩固定的"老三样",如果这都还嫌多,那就只能连这三样都不做了吧。

我就在班上做调查,你们的作业真的多吗?他们说,多。

"那行,从今天起,语文作业大家就不用做了。"

有的孩子高兴,有的孩子惊讶。我相信,多或不多是因人而异的,因为班上多数孩子的作业都不会做到很晚,比较善于利用课间和自习时间的孩子,常常在学校就能把当天的作业做完,即使带回家的也不多,但也的确有孩子比较贪玩、喜欢拖延,习惯把作业带回家才做,而语文作业通常是放在最后的,于是就会做到很晚。在作业问题上,学生的反应都不一样。

只是,平白地少掉一些作业,多出一些休息的时间,任谁都是愿意的吧。不过,在我宣布不再布置语文作业后,还是有少数孩子仍然坚持着阅读和写作。

这下,有的家长又来问了:"邓老师,为什么最近都没什么语文作业呢?感觉我家孩子很清闲啊。"

我说,临近期末,各科复习作业都挺多的,孩子们也说多,我就没给他们布置作业了。

"那考试怎么办呀?"

"我用课堂上的时间给他们做点基础题,课下就不占用他们的时间了。基础知识还是要巩固一下的,只是阅读和写作就得靠他们自己了。"

本来,语文的阅读和写作也并不是单靠教材上的几篇课文就行的,更多的还是靠日常的广泛阅读和勤奋练笔。

于是，为了给孩子们腾出时间，让他们多喘口气，语文科是做出了一定的牺牲和让步的。所以，对于期末语文成绩，我的预期也并不高，甚至还有点担心被领导约谈。

还好，语文平均成绩跟其他班同科成绩比，差得不是太多。只是，跟数学、英语相比就悬殊了。这是学科性质决定的，没办法。

考完之后，假期里去走访，到了文章开头那孩子家。他的妈妈一再感谢："多亏了您给我家孩子开绿灯，免了他的语文作业，他真的是松了好大一口气，没那么紧张着急了，把时间都用在数学、英语上了，我都担心他偏科考不好，结果期末成绩一出来，反而是语文考得最好，其他两科还没有语文高，付出那么多却没有预期的收获……"

我只能安慰她，不要紧，学习上没有白费的工夫，坚持下去终会有成效。

其实，这些孩子也挺不容易了。有时候，看到他们为课业的压力失去了原有的笑容时，我心里很不是滋味。学习，本是件快乐又有意义的事，可惜，现实总归是横亘在前的高山，需要他们去翻越。作为引路人的我，能为他们做的，不过是在这层层重压之下，尽量对他们友好一点、宽容一点罢了。

◎ 邝 欣

爱有边界，方能持久

刚走上工作岗位时，我没有担任班主任工作，只是作为科任老师陪伴着学生成长。黄铭很聪明，但是爸妈根本顾不上孩子，孩子周末基本是放任自流，我就周末把他带到办公室去写作业；夏爽爸妈不在家，晚饭无法解决，我就带着他一起出去吃火锅。

那时，对孩子们是掏心掏肺地喜欢，甚至下班后都在想着学生的趣事，想得入神时还能笑出声来。可是，随着年龄的增长，工作、家庭、学生、自己的孩子都需要用心对待，压力渐大。

三年前，我开始担任第一届班主任，琐碎的工作一地鸡毛，令人愈觉疲惫。

明确责任边界

我任教的学校是一所社区学校，很多家长都是进城务工人员，每天为了生计早出晚归。对待孩子的学习，要么没有教育意识，要么没有时间，要么就是棍棒教育。老师一旦给家长反映孩子的不足，家长就觉得"老师又来告状了，孩子欠收拾"，于是三下五除二，打一顿了事，弄得家里鸡飞狗跳，家长气呼呼，孩子哭啼啼，问题没有得到任何的解决，反而影响了亲子关系。

当敷衍的家长、不自律的学生突逢新冠肺炎疫情下的网上授课，会发生什么呢？网课开始前，我就隐隐担心：恰逢初三，"钉钉"授课，不自律的学生能保证学习质量吗？

果不其然，第二天就要开始钉钉授课了，班上的张诚同学一直都还没有进入班级钉钉群，几经波折终于打通了家长的电话，张诚爸爸第一句话就是："老师，这个学你们还开不开？"我当时就傻眼了，也就是说，我之前在班级群里发送延期开学的消息，张诚爸爸根本就是充耳不闻、熟视无睹。

不出意外，张诚几乎每天早上第一节课都无法准时签到，各科作业也几乎没有交过。这样下去，开学怎么跟得上呀？我心急如焚，和家长再次沟通，家长正在麻将桌上鏖战犹酣，态度简单直接：孩子天天拿手机打游戏，喊他学习他不学，我也没办法，管不住。

家长我已经无力改变了，就只能改变孩子了，毕竟孩子的可塑性还强一点。于是，我每天早上耐着性子按时给张诚打电话叫他起床，直到他钉钉号显示"在线"。至于他是否真的在线，是否真的在听课、学习，我也无能为力了。

除了上课，我还要在线检查孩子们的作业情况、测试情况、听课时长，有的孩子完成得非常差，联系家长也收效甚微，只能一遍遍给孩子做思想工作。本该由家长管理的家庭学习，也由鼠标这头的班主任艰难代理，可惜鞭长莫及，孩子散漫依旧。网课还没结束，我就心力交瘁了。

这样的管理方式牺牲了我的私人时间，尤其是挤压了我陪伴孩子的时间，久而久之，我面对自己的孩子内心有愧，面对学生也微有怨气。鸡毛蒜皮的小事分散了精力，也影响了我的专业发展。在那段抑郁的时光里，我无意中听到了成都大学王大伟教授的讲座，他提到了一个词——边界感，一下子让我醍醐灌顶、瞬间清醒了。

为什么我这么累却又效果寥寥呢？因为我把本该家长做的、孩子做的，都压到了自己身上，吃力不讨好，甚至影响了自己的心理健康。

明白了这个，我开始转变策略，得让学生明白自己的事必须自己负责，让学生明确自己的责任与义务，学会自律。

复课后，我立刻精心策划了一场"心怀期待，静待花开"的主题班会。我提前安排家长们给自己的孩子制作了成长视频，当作神秘礼物在班会上播放，看着自己从奶娃娃到长成了少男少女的照片，再加上爸爸妈妈真诚的旁白，孩子们或是哄堂大笑，或是感动得泪花盈眼，连我都感慨颇多。

家长们也走上讲台，和孩子们分享成人的生活和工作中的不易。

唐泽英豪的爸爸是搞房屋装修的，学历不高，高中毕业就出社会摸爬滚打，吃了不少苦，发言也就格外动情："我吃过没文化的苦，也因为知识少，就业时有很多限制。现在选择了这一行，虽然每年收入还不错，但是真的很辛苦。我就希望英豪的未来能多一点自由、多一些选择，不再像我这样艰难。"听着爸爸朴实的话语，英豪眼里闪烁着泪花，眼神里充满对爸爸的爱和感激。

林凡进入了叛逆期，最近刚刚和妈妈闹了矛盾，妈妈当着全班同学的面也反思了自己的错误，林凡忍不住抱住了妈妈，解开了彼此的心结。

可能是初次在这种场合听到爸爸妈妈的心里话吧，孩子们神色也渐渐变得凝重，陷入沉思。其实孩子们渐渐大了，让孩子们了解家长的责任和艰辛，对孩子的成长是有益处的。

教育当然不可能这么容易，责任心的培养更不可能一蹴而就。班会课有作用，但也不可能药到病除。好在张诚的底子不错，复课后总算意识到了时间可贵，努力学习，总算考上了一所高中。

但好景不长，脱离了家长，住进了宿舍，名正言顺拥有了手机的张诚，很快沉溺在网络游戏中无法自拔。我能体会到他心里的痛苦和无奈——一方面不甘于沉沦，另一方面又没有毅力摆脱网络游戏的诱惑。他拒绝参加期末考试，医生诊断说：孩子得了抑郁症。

如果教育并没有真正激发孩子的内在学习动力，那么教育的意义又在哪里？

新教育认为：成功的课堂管理能培养自律性和个人责任感。强调师生之间建立关系为先，预防为先，引领为先。

可惜，我意识到这一点有点晚了。

明确时间边界

"如果不是非常紧急的特殊情况，有事请在工作时间给我打电话！"这是我内心对曾耀佳妈妈最真实的呐喊。

曾耀佳妈妈是一位非常关心孩子的妈妈，一旦得知孩子在校发生了不顺心的事情，就会立刻想找老师问问究竟。可是，她总是忽视了时间，初三的孩子放学都比较晚，家长的电话总在深夜响起，一来二去，令人苦不堪言。

有一段时间，曾耀佳状态不大好，我看在眼里、急在心上，准备和她进行一次谈心。斟酌再三，我把谈心的时间安排在了晚自习后。一方面是因为初三学习非常忙碌，师生都没有一个能静心交谈的时间；另一方面这个孩子自尊心比较强，放学后同学较少，能最大限度地保证孩子的隐私。

谈心的过程并不顺利，自尊心极强的曾耀佳一时无法正视自己的错误。看到时间不早了，我就只能草草结束，把孩子送出了大门。灰暗的天空下,曾耀佳妈妈正在树下焦急等待着孩子。

晚上10点多,电话响了,一看是曾耀佳妈妈。考虑到时间实在太晚了,班主任第二天早上7:30就要到岗,我就委婉地说:"曾耀佳妈妈,你看,现在时间太晚了,明天我再跟你交流这件事如何?"没想到,电话那头传来家长不满的声音:"算了,你不愿意说就算了!"随即电话挂断。我整个人直接愣住了,又冒火又郁闷。转念一想:可能是孩子从自己的角度出发,把事情阐述得太片面,给家长造成了误解,对老师产生了看法吧。

为了避免不必要的误会,思虑再三,我还是拨通了曾耀佳妈妈的电话,尽量平静、完整地叙述了谈心的起因和过程,并且告诉她:"之所以这么处理,也是出于对孩子个性的考虑。"家长明白了原委,心悦诚服地表示配合教育。

事情处理好,看了看手表,已经深夜11点多了。哎!明明是为孩子好,牺牲自己的休息时间来和孩子谈心,家长怎么就信不过老师呢?

冷静下来后仔细想想,其实,这件事情我也有不对的地方。我越了孩子的时间边界,导致后来家长也忽视了教师的时间边界。

后来,再有家长晚上打来电话,我也能坦荡地告诉对方:"不好意思,我必须要早点休息保证明天的精力,明天工作时间我们再交流好吗?"

明确内容边界

班级组建之初,师生之间、家校之间需要磨合的地方很多,微信群一度成为"重灾区"。

孩子在学校发生纠纷了,受了委屈的孩子家长没有先跟我交流情况,就愤怒地在微信群里指名道姓:"×××的家长,请教育好自己的孩子。"

有学生的财物遗失,家长愤然曰:"是谁偷了我们孩子的东西?"

还有在微信群里讨论学校校服款式大小、孩子在校吃饭情况、自己家孩子的厨艺……开春花儿似的热热闹闹。

有时下课,看到群里那么多的信息,惊得我以为自己错过了什么大事情,可是仔细一瞧,却有很多无用信息,而且真正需要关注的消息又很容易漏掉。

更让我觉得不安的是:微信群毕竟是一个公共场合,把班级里的一些不良现象(其实也是孩子成长过程中的常见现象)放到班级群里,反而放大了学生的不足,激化了矛盾。

怎么办?

一次,我在阅读《教师阅读地图》时,看到了这么一句话:"如果教师运用预防性管理策略,大多数课堂混乱都是可以避免的。"我心里若有所动。

新学期一开学,我就跟家委会约好,提前拟好微信群群规发在群里。这样,一旦群里有不太合适的言论出现,我就直接张贴群规即可。如此这般,大家守住交流的边界,还微信群一个清净,也让彼此更加轻松。

同理,和家长沟通时,很多家长一不留神就会切换到"吐槽"模式,家长里短就停不下来。一看家长们准备打开话匣子,我就立刻截住话头,交流紧扣学生的问题,挖掘背后可能的原因,尽量商议出可行性措施。

教师就是教师,不可取代家长,更无法代替学生成长,学生只有不断地试错后,才能找到合适的路。

教师以爱之名无限放大自己的职责,既不利于自己的专业发展,也不利于学生培养自己。在边界之内爱学生,方能爱得长远,爱得轻松。

◎ 郑　燕

孩子，你慢慢来

> 从妈妈的角度看孩子的世界，不难；难得的是妈妈会蹲下来，保持和孩子一样的高度看世界——我们是一样的生命，我们彼此尊重，我们一起成长。
>
> ——题记

每个班总有极个别的孩子，好像没那么出众，没那么一下子让你印象深刻，他们总是被优秀的孩子掩盖了光芒。

打开登分册，在俊俊的名字下面填上刺眼的"74分"，我的心揪紧了。倒不是因为分数低，我知道他学习很努力，家长也很负责，可是考试的分数每每不尽如人意。

很多人都说，分数不重要，学习的过程更重要。是的，我赞成，这道理我懂。可怎样让遇见我的孩子懂、家长懂，让家长自觉自愿给孩子创设一个宽松的学习环境？这是个现实问题。

我打算走进孩子的家庭，观察他的学习情况。在征得孩子和家长的同意后，我进行了一次实地家访。

家长特别热情，一边张罗着泡茶，一边削水果。落座后，我说明来意后,俊俊爸接过话头就滔滔不绝地数落起孩子,这样不行那样不好,家里、学校两个样。我连插一句"孩子在学校表现其实还不错"的机会都没有。俊俊妈也只是在一旁赔笑,插不上话。

我一下子明白了,这个家庭,爸爸有着绝对的话语权。末了,爸爸又当着妈妈的面,对我说:"郑老师,其实不瞒你说,孩子妈也没啥文化,好多时候,孩子也不听她的。"说到这里,妈妈不好意思地低下了头。

为了缓解家长的尴尬,我安慰他们说没关系,家长的文化水平固然会影响孩子,但想想古代名人,他们的母亲也不完全个个都学富五车,我们同样可以发挥自身的长处教育好孩子。

家访后,我做了以下笔记:

找其他机会与学生父母单独沟通教育方式、家庭关系等话题。父亲沟通方向,侧重于夫妻间形成教育合力;母亲沟通方向,侧重于怎样发挥自身优势在学习习惯养成上辅助孩子成长。

继续关注俊俊的一言一行,发现其闪光点,并把学校的情况及时反馈给家长。

定期和家长沟通孩子在家的表现,引导他们关注俊俊的学习态度、学习习惯和学习方法,对发现的问题给予及时指导。

接下来的一段时间里,我和俊俊家长通过电话、QQ、微信多次交流,孩子的成绩虽没有明显的进步,但也没有退步。

半期考试后,我这样与家长沟通:关于半期考试,很想和你们好好交流。我仔细分析了孩子的语文试卷,俊俊也很用心在学,我知道你们平时要求也挺高,这很好,但是考试成绩好像一直都不太理想,我知道肯定有些打击孩子和你们的信心。但我还是希望你们能多鼓励孩子,多让他阅读。

家长答复:关于娃娃的半期考试,我们确实觉得不理想,我找了原因。第一，我上班的时候是妈妈在辅导作业，妈妈是小学文化，有些作业是照葫芦画瓢，讲解的意思娃娃根本理解不了。第二，娃娃写作业不太认真，不动脑筋、不思考、不读题目就写，一边玩一边做；至于阅读，更是糟糕，每天阅读需要他妈妈监督，不然就放到一边。我们会鼓励娃娃多阅读的。

一来二去，家长对我更加信任，也更加愿意把孩子的情况及时反馈给我。

就这样到了五年级，要参加区域调研考试。俊俊家长也听说了这次考试的重要性，一天放学，俊俊妈拉着我走到没有人的角落，打听调研考试的事。

我一边告诉她去年的情况，一边安慰她：放心吧，只要加强配合，孩子的成绩会有进步的。

俊俊妈听我说完，还是无比焦虑："郑老师，我们知道你很关心孩子的成长，这几年来，你时常鼓励他、鼓励我们，遇见你是娃娃的福气。其实，有件事我们一直瞒着您！"我的心一沉，是有什么隐情吗？

"其实，俊俊上学，我们是偷偷改了户口的。那时候，农村管理不严格，想着一边打工一边把孩子带在身边，但刚来那会儿没办义教证，我们只好在老家托人把俊俊的年龄改大了两岁，他没有上完幼儿园就直接读了小学。"我有点吃惊，心里算了一下，俊俊差不多4岁多就上一年级了。

怪不得俊俊的个头一直是咱们班最矮的，在本应属于幼儿园的年龄就提前进入小学学习，真是难为孩子了。怪不得，孩子上课总是特别认真，但好像总是听不懂，效率不高。他的心智水平本就平平，却还要接受超过自己年龄的教育！

"你们怎么这样啊？对孩子太不负责了！"从不正面指责家长的我，忍不住抱怨起来。俊俊妈妈不好意思地说："也怪我们，当时没有想这么多，想到孩子有学上，就可以把他一起带到成都了……"接下来，她说了什么我已记不得，心里只想着孩子。

记得龙应台在《孩子，你慢慢来》那本书中写道："小孙儿大概只有五岁，清亮的眼睛，透红的脸颊，咧嘴笑着，露出几颗稀疏的牙齿。他很慎重、欢喜地接过花束，抽出一根草绳绑花。花枝太多，他的手太小，草绳又长，小小的人儿又偏偏想打个蝴蝶结，手指绕来绕去，这个结还是打不起来。"

俊俊就是那个年龄，本该在属于他的幼儿园快乐生活，却要被我逼着握笔、认字、一遍遍过关……我心里有一种难以名状的难受，自己竟然充当了扼杀孩子童心、兴趣的刽子手！

接下来的一段时间，大家都在为调研考试全力备战。好多次，听写没过关、课文没背诵、阅读改错都有俊俊，我实在不忍心再把他叫到跟前改错、过关……他本该有属于他的快乐，我仿佛欠他太多、太多。五年级调研考试固然重要，但在我眼里，都没有珍惜孩子幼小敏感的心灵、保护好他们的兴趣重要！

我决定再跟俊俊的父母认真谈一次话。

谈话的地点，我选在了学校的家长接待室，这里相对私密，也不影响其他老师正常办公。俊俊爸妈落座后，我问起了家长关于五年级调研考试的想法，家长表现出焦虑和担忧。

我推心置腹地谈了我的想法：

第一，关于健康成长。孩子的童年只有一次，无法重来。当年你们选择改户籍让孩子早读书，是揠苗助长，得不偿失。现在得知了孩子的情况，作为老师，作为妈妈，我真不忍心再这样"逼"孩子。

第二，关于调研考试。这次考试对于孩子一生的发展来看，真不算什么，家长和孩子都要正确面对，不能因为一时得失就给孩子定性，人生的路还很长。建议家长慎重考虑，让孩子回归他本来的年龄特点和学习要求。

第三，如果家长决定依然让孩子继续现在的学业，我也很高兴并将尽自己全力，保护好孩子的兴趣和敏感的心。

谈话后不久，俊俊爸妈递上了转学申请，将孩子转入了三年级学习，终于回归了正轨。

一年后，俊俊妈给我发来短信：郑老师，谢谢你让我的孩子依然对学习充满了兴趣和信心，现在，他比以前更开朗了。

是的，孩子，你慢慢来，我愿意等待，我相信家长也愿意等待……希望我们都呵护好孩子幼小的心灵，保护好他们的兴趣和敏感的心，不在乎一时的得失，让他们在成年之后有能力去爱，有勇气去承担。

◎ 苟雪梅

不做应试教育的奴隶

关于什么是素质教育、什么是应试教育，李镇西老师曾这样简洁地概括："素质教育，就是以发展学生全面素质为宗旨的教育，而应试教育，就是以追求考试分数为唯一目的的教育——考什么，教什么，什么不考，就什么不教，分数是其唯一的目标和评价标准。"

从教二十余年，从山区小学到成都市名校，我日渐感受到当前家长的焦虑，期盼孩子考高分、考名牌大学，不断给孩子加码。小学生，一周七天，语数外要补，音体美不落下，编程、棋类等智力开发项目也不忽视。学生像颗陀螺，被抽得团团转。睡眠时间得不到保障、自由选择的权力被剥夺、身心受到严重影响，小胖墩多、跑不动的多、站着晕倒的多、近视眼多，有抑郁倾向的学生也在逐年增多。

学校教师也在应试教育的压力下，不断追求分数的高度，把学生的健康发展放在了一旁。这是多么堪忧的现状呀！

俗话说"留得青山在，不怕没柴烧"，身心健康是亿万个"0"前面的"1"呀！如果我们培养的学生，没有健康的体魄，幸福生活就没有基石。

我虽无力改变当前应试教育的现状，但我积极在自己的影响范围内，把"枪口"抬高一厘米。

拒绝题海战术

凡是我接班的班级，第一次家长会，我就向家长宣布：我的学生不做练习册，不买练习卷，不搞题海战术；我要把更多的时间留给学生去阅读，去实践。

家长的反应通常有三种：一种是非常赞同，但人数较少，这部分家长一般有远见卓识；一种是无比担忧，人数较多，这部分家长是典型的只看分数；还有一种是中立，这部分家长对教育孩子没什么主见，老师说什么就是什么。

那种充满担忧的家长，为了寻求心里的踏实，往往会将孩子送到补习班。而我一旦了解到，便会找家长沟通，努力说服家长把时间还给学生，让学生自己去阅读、锻炼或做其他自己喜欢的事情。

我必须尽我所能，为学生争取更多的、可供他们自己自由选择的时间，确保充足的休息和锻炼。

拒绝用分数伤害学生

每个月，学校要举行月形成性练习。家长很看重孩子的练习成绩，而我却极不重视。

刚接班时，月形成性练习结束后，一些家长就要看学生的成绩。我总是一口回绝：成绩是给我看的，便于我分析学生的情况，你们就看孩子有没有学习的兴趣、阅读的习惯、解决问题的毅力就可以了。

说实话，我这人有一个习惯：但凡不是教研组内交叉阅卷，我连试卷都不改，只翻一翻，对学生"积累与运用、阅读理解、写作"三大板块中知识的掌握、能力的养成情况进行整体了解，便于我及时调整教学策略。

说心里话，我不希望学生觉得，学习的目的就是考个好成绩。我更希望他们明白，学习是寻找求知的快乐。

向幸福出发

苏霍姆林斯基曾真切地呼唤："尊敬的教育者们，请时刻都不要忘记，有一样东西是任何教学大纲和教科书、任何教学方式都没有作出规定的，这就是儿童的幸福和充实的精神生活。"

为了儿童的幸福和充实的精神生活，也为了我自己幸福而完整的教育生活，我是这样做的：

积极营造"班家"文化。每接一个班，我都会和学生一起讨论班歌、班训、班徽、班旗、班级公约、班服、班帽设计，让班级有魂。

见缝插针组织许多丰富多彩的活动。除了根据传统节日和纪念日开展活动外，我还会组织一系列的班级特色活动，如生日会、班级运动会、爱心义卖、厨艺大比拼、才艺秀、手工大比拼、课本剧表演等，让学生在活动中成长。

优化作业设计。我的作业分为阅读与积累、读写结合、实践活动三类。阅读积累类作业，即每天至少阅读课外书30分钟，背诵一首古诗词；读写结合类作业，即每天至少写一个100字小片段；我会根据当天学习的课文或学生校内生活体验等，布置练笔内容，训练学生的写作基本功；实践活动类作业，即每天必须进行体育锻炼至少30分钟，周末要参加家务劳动、亲近大自然，节日里再根据节日主题安排实践内容。这样的作业安排，把学生从题海中拯救出来，更有利于学生综合素养的提升。

除了通过亲子活动和学校统一的春游活动让学生走进大自然外，我还会创造机会，把学生放到校园中去。苏霍姆林斯基说，大自然是思维的最丰富的源泉，是创造性、探索性智力最丰富的源泉。下小雨，我们便走到雨中去；下暴雨，我们便到窗口去。春天，池塘边的迎春花开了，我们去看看。夏天，池塘里的睡莲开了，我们去看看。秋天，橘子红了，银杏黄了，我们也去看看。冬天，飘雪了，我们必定要去玩玩。出太阳了，我们必定要去晒一晒。菜园的地，我们争取一块，种上胡豆、豌豆，种上萝卜、青菜、大蒜……喜欢什么就种点什么，不为收获，只为和每颗种子、每株小苗一起成长……

我把班级的服务岗位分为专任岗位、事务性岗位、竞聘岗位三类，提倡"我为人人，人人为我"，让每个学生参与班级服务。

专任岗位，以学生座位竖列为单位，后排同学即为前排同学的专任组长，第一排为最后一排同学的专任组长。专任组长则从学习、锻炼、卫生、礼仪、交往五个方面对服务对象给予帮扶，形成学生前后连环提醒，实现学生循环管理的模式。

事务性岗位，即教师与学生共商共议，按班级所需和学生意愿设置班级事务管理岗位。如多媒体管理员、电灯管理员、绿植管理员、门窗管理员等；通过学生自主申报、自主认领岗位的方式，让每个学生都参与到班级服务管理，实现"人人有事做，事事有人做"的个性管理模式。

竞聘岗位，即通过民主竞聘的方式，产生班长，学习、劳动、体育、宣传、文娱、纪律等委员，学科课代表，少先队干部，少代会代表等；每个岗位的小干部，根据岗位职责，协助教师做好班级管理，实现班级民主管理模式。

通过这样的方式，实现学生人人参与班级管理，培养学生的主人翁意识、服务意识，也提升了学生的管理能力，同时还增强了班级的凝聚力。

如果说应试教育的评价考核仅仅是分数，那么素质教育的评价考核包括分数，但不仅仅是分数，还有综合素质。在平时的评价中，我以"发现美，会赞美"为评价原则，用多元的评价方式评价学生，引导学生彼此欣赏，彼此赞美。在期末的时候，我会从不同的角度去发现学生、肯定学生，每个学生都能领到一张奖状，人人有奖状，个个都自信。

这些是我面对应试教育围剿所做的一些小小努力。我愿像李镇西老师说的那样，我无力改变整个教育环境，就做我可以做的吧，改变一个算一个。

即使戴着镣铐跳舞，我也绝不做应试教育的奴隶。

◎ 虞 娟

戴着镣铐优雅地舞蹈

从小到大，我们总是渴望得到他人的认可，不自觉地，我们也会以他人的评价来衡量自己。这样的想法，也常常会被带入工作之中。

刚践行新教育儿童课程之初，我在班上开展儿童课程，晨读、暮省、班级共读、共写……轰轰烈烈。孩子们呢，也不亦乐乎，因为他们觉得，这样的语文课学习才是丰富的。

然而，半期考试后的一天，何校长找到我谈话。大意是，有家长写匿名信投诉到学校，说我们班的半期考试成绩很差，和别的班级相比落后了，马上又要调考，老师却很不着调地让学生读那些诗词和故事书，小组还要排练什么童话剧。

听到这个消息的我，心里特别震惊，也满腹委屈。我和这些学生相处近四年，可谓是掏心掏肺，尤其是践行新教育近一年以来，因为没有现成经验可用，我除了备课外，还要花费大量的时间来找资料、准备课程内容，同时还有新教育实验网络师范学院的学习。

我在学生身上花的时间，已经远远赶超我在自己孩子身上的付出。我白天工作，晚上回到家也还是工作。家里人不断埋怨，说我把工作看得比自己的孩子重。再听到何校长转达家长的话，我可就真是"耗子钻风箱，两头受气"！

于是，我也给家长们写了一封信，专门就匿名信中提到的几点一一回应。恳请他们不要只看眼前，学会将眼光放长远。后来，期末考试，我们班成绩突飞猛进，怀疑的声音才渐渐消失了。

下学期，我继续在班上深耕，一边坚持走新教育儿童课程，一边每周给家长写一封信沟通交流。

有时是一些常规的交流，有时候是一些方法的指导，有时候是课程实施过程中的拉家常。那段时间，因为考虑到要调考，我计划最后留出一个月的时间来突击。然而，我也没有参加调考的经验，不知道这样的方法是否可行，是否能取得让家长和学生都满意的分数。

独自一人时，我也常常问自己，这样真的可行吗？甚至也曾问自己，为什么要做那些费力不讨好的事，就安安静静教书不行吗？早上上班路上，听着那首"你不知道该如何面对，可你已经无路可退，你要坚持到最后一刻……"一边听，一边唱，也一边流泪。等到了教室，又接着带学生读诗、排练童话剧。虽然有过迟疑，但我心里其实更相信新教育，因为我自己在新教育实验网络师范学院的学习中就收获了肉眼可见的成长，我相信孩子们也可以！

童话剧课程结束，我们按计划走上了复习备考的日子，孩子们也特别"给力"，每天的作业完成效率都很高。我们原本打算就这样安静地专心复习直到调考结束，然而，一个阅读活动正在全国招募参加的班级，我又心痒痒了，但是，调考在即，怎么办？

我先联系了组委会，他们说这次的参赛方式主要是自己读，然后每天根据阅读提示单打卡，如批注的"大花脸"，梳理的"鱼骨图"，还有一些体会的"朗读者"、角色的"扮演者"，其他不会占用时间。另外，题目也是他们提供，我们只需要准备书籍即可。

参加与否,不是我一个人说了算,我将这个消息告诉孩子们,征集他们的意见。于是,那一周给家长的信里,我这样写道:

家长朋友们,我们都知道,在孩子精神世界的成长过程中,如果教材是母乳,那课外书就是额外需要添加的营养。所以我们班级倡导孩子大量阅读课外书。让人高兴的是,这次,我们班有机会参加了一个全国"班班有读"的儿童阅读活动。当我收到信息后,一上课,我就和小朋友一起商量。我本来是想带着孩子继续开展荷花课程的,现在又想参加这个全国的儿童阅读活动,但因为我们要迎接调考,因此,只能二选一。我交给他们自己决定。他们说:"荷花课程,反正都是虞老师自己做的,如果现在错过了,可以下一次再补上。可是'班班有读'是全国的活动,要是错过了,再等下一次机会就很难了。"后来大家一致决定,我们参加"班班有读"活动。我请家委会帮我们购买书籍,拿到书后会立即发给孩子。

接下来,我还需要大家的帮助。我对孩子的要求是:第一,要有"大花脸"。不动笔墨不读书,用不同颜色的笔圈点、批注,让书上留下思考的痕迹,留下深度的共鸣。第二,要有"鱼骨图"。俗话说,练拳不练功,到老一场空。读书不思考,读后记不牢。我要求每个孩子都要学会用鱼骨图,以便在一个章节结束后,画出情节图、地理位置图等,让阅读变得有滋有味。第三,要发朋友圈。孩子读书需要加油,成绩更需要喝彩。请您帮忙把孩子阅读的身影、进度、大花脸、鱼骨图,随手一拍,发个朋友圈,让众人点赞,以此转化为孩子的持续阅读动力。

相信在这最后的三周里,在大家的共同努力下,我们班依然可以过多彩的期末迎考生活。

于是,我们一边准备调考,一边用阅读进行调剂。每天,孩子们完成作业后,就会发一些自己的读书打卡在班级群里。而我也专门给他们做了美篇,跟踪活动进程。

学期末，我们顺利完成阅读活动，然后参加调考。后来成绩揭晓，我们班的语文成绩，竟然是年级第一！

有时候，人们总是会习惯用眼前的"有效"来形容一件事情的价值。比如，这样对提高学生的分数是否有效，这样对提升阅读理解能力是否有效。然而，作为老师，我们要学着引导家长，从孩子一生的发展来看待，切不可鼠目寸光，只顾眼前。因为很多事，不是立竿见影，而是随着时间的推移，才会慢慢生根，价值也才会慢慢凸显。

◎ 蒋佳川

"萌"娃改造记

第二教学楼的后面，有一片宽阔平坦的农田，一到夏季，绿油油的水稻便放肆地生长其间。透过教室的窗户，时时可见几只白鹭在田间悠闲觅食，一派怡然自得。每见此景，我都心生喜悦。

可今天，这片宁静的农田给我带来了极大的烦恼：平日里安静的上空，突然出现了一架喷洒农药的无人机，可以想见，它会多么引人注意。

果然，第一节课后，徐老师告诉我，看见无人机在教室外飞来飞去，张萌昊很兴奋，整堂课都手舞足蹈、一惊一乍的。我不由得担忧起下节数学课来。我往窗外瞥了一眼，发现无人机已经停飞了，心里泛起一丝侥幸。

没有了引人注目的无人机在窗外飞翔，大家的注意力都很集中，我们热烈地讨论着用假设法来解决比赛成绩的问题。突然，张萌昊高声喊道："快看，无人机！"他伸长了脖子，做出要冲到窗边的准备动作。

在他的惊呼之下，刚刚火热的讨论迅速冷却了下来，大家都扭头望向窗外。张萌昊同学又一次凭一己之力就成功地让一堂课停了下来。

在那一瞬间，他之前破坏课堂纪律的种种行为迅速涌入我的脑海，在课堂上打同学、弄出各种很大的声响、大声接话、讽刺同学……我的怒火瞬间冒起，猛地一把将他拉到窗户边，生气地说："来来来，让你看个够！"

大概是感受到了我积压的怒火，接下来的半节课，他老实了很多。可午休的时候，他又故态复萌，一会儿趴在椅子上四肢腾空做划水状，一会儿哈哈大笑，一会儿把自己的书、文具盒弄出很大的响声……一批评他，他马上又叫又闹，就差没在地上打滚。见他如此，我头疼欲裂。张萌昊呀张萌昊，我该拿你怎么办？

面对张萌昊，硬碰硬是不可取的。其实，我很懊悔今天上午的做法，作为一个成年人怎能如此轻易地被他牵动情绪，继而采用如此简单粗暴的手段来解决问题呢？作为一名老师，我应该采用一些智慧且柔和的方法才是呀。

在全盘思考了张萌昊的性格和问题行为后，我初步拟订了一个改造计划，并决定立即着手实施。

首先，要让他控制自己的行为，不要在上课和午休时大声吵闹。"爱面子"一直是张萌昊的"七寸"，我以此为突破口和他进行了谈话。午休结束后，我把张萌昊叫到身边，对他说："很早之前，邻班的老师和同学就在问我，说我们班有一个学生太吵了，影响他们上课和午休，是哪个学生这么不守纪律呀？你觉得我该不该告诉他们是你在吵闹？"

"不，不，不，不要说！"

"为什么？"

面对我的问题，他陷入了沉默，看来是知道自己吵吵闹闹的行为不好，想要维护自己的形象和面子。

"你放心，我没有说出你的名字。我担心他们知道后会认为你是一个表现不好的孩子。为了维护你的形象，我没有说。但这么瞒着也不是办法呀，世上没有不透风的墙，你再继续吵闹下去，总有一天大家都会知道的。我建议，上课和午休的时候，你说话的声音尽量小一些。好吧？能做到吗？"

"能！"

下午第一节课，他表现得不错，没有在课堂上大声嘲笑同学，也没有弄出大的响声，还举手回答了问题……课上到一半时，他请假去了厕所，我抓紧他不在教室的空隙实施了第二步——用集体的力量来帮助他，用集体的舆论来监督他。

我对同学们说："张萌昊的情况，大家都清楚。我想说的是，作为一个集体，我们要一起帮助他改正这些不足。在这件事上，不能只靠老师，老师的能力也是有限的。帮助他就是在帮助我们自己，我们的课堂纪律好了，才会有一个更好的学习环境。他这节课表现得不错，一会儿你们夸奖一下他，从纪律、课堂表现等各方面表扬他。另外，不仅要在课堂上肯定他的进步，课后只要他做得好，也要肯定他。这样他才会改变得更快。我们现在说的内容是秘密，不要告诉他！"同学们纷纷点头，话音刚落，张萌昊就回来了。

在做课后练习题时，我走到李静颖身边，附耳轻声说道："一会儿要下课的时候，我会在全班问今天谁在纪律方面进步最大。如果没有同学表扬张萌昊，你就站起来表扬一下他，给他一些肯定。"李静颖轻轻点了点头，表示明白了我的意思。

张萌昊呀，这可是我第一次找托儿，都是为了你。

快下课时，我问道："今天这节课，哪位同学在纪律上进步最大呀？"同学们都很上道，把张萌昊一顿夸。有的说，张萌昊今天没有乱接老师和同学的话；有的说，他积极举手回答问题；有的说，他没有把文具和桌椅弄得"哗哗"响；有的说，他没有"哈哈哈哈"大笑；有的说，他没有打旁边的同学。刘笼岳的表扬让我印象最深，他说，张萌昊在这节课上表现很好，乖巧安静。

说实话，这节课张萌昊确实挺安静的，但跟"乖巧"二字完全沾不上边。在同学们铆足劲儿夸奖张萌昊时，我偷偷观察着他，他的嘴角都快咧到耳根子了，估计从来没有得到过如此密集又大规模的夸奖。下课后，我问他："开不开心？"

"开心！"

"你的进步大家都看在眼里，要保持住哟！"

"要得！"

课后，我又迅速实施了第三步，进一步扩大盟军范围。我给语文课徐老师简短分享了我的做法和张萌昊的变化，徐老师立刻明白了我的想法，也加入了"夸夸军团"，在语文课上适时对他进行了表扬。

放学时，我特意到教室门口等张萌昊，故意漫不经心地问他周围的同学："今天下午，张萌昊表现得怎么样呀？"同学们都说他表现很好，徐老师也表扬他了。听了同学们的话，张萌昊喜形于色，一脸骄傲。我拍了拍他的肩膀说："嗯，太棒了，我们明天继续保持哟！"

这几天，张萌昊在数学课堂上的变化是明显的，尤其是纪律方面。为了维持住他这种积极的变化，除了及时给予他肯定、利用集体的舆论监督他外，还应该给他一个长远一些、高阶一些的目标和鼓励。

我课后悄悄对他说："从现在到期末，如果你在纪律方面有明显进步，比如，上课接话、哈哈大笑的次数减少了，不因为一点小矛盾就随意动手打同学，那么期末的时候我和徐老师就推荐你为本班的文明之星。怎么样？"他听了一个劲儿地点头。

看着张萌昊的变化，我既开心又心疼。这孩子大概平日里得到的肯定不多，才会在得到老师和同学肯定时如此开心。我不由得有些羞愧，为什么我以前没有好好跟他谈话，多多发现他的优点？

张萌昊的变化让我明白了一个道理——转化后进生是老师的一场修

行，在转变他们的同时，也在转变着我们自己。后进生不是来折磨我们的，而是来帮助我们修行的。

作为一个老师，遇见任何问题，尽量不要被情绪牵着走，应先控制好自己的情绪再处理问题。而在自己能力有限时，更要学会借助学生、同事、集体的力量来帮助自己解决问题。

◎ 蒋敏怀

理解孩子

理解孩子，说起来很容易，做起来呢？

"我的数学老师很奇怪。有一次在做题的时候，我不想做了，心里很烦。虽然我没说出来，很奇怪，老师好像听到了，对我说，你出去玩一会儿吧。什么？我听错了吧？老师看着我，累了就休息呀，你出去玩一会儿吧。你说我的老师是不是很奇怪？"某天，听到家长和我说起孩子写的《奇怪的数学老师》的时候，我哈哈大笑。

"难道累了不该出去玩儿一会儿吗？"

"那怎么行，老师，他耍心重，怎么能让他出去玩呢？"

我看着家长，认真地说："累了就该休息，再说，孩子想玩才是正常的，我们大人也一样啊。教师和家长都要理解孩子。"

理解孩子，就要理解孩子的难。很多时候，成人眼里的简单和容易，很可能就是孩子心中无法翻越的大山。孩子没做作业，你的第一反应是什么？这种情况，很多家长和老师都遇到过。不要责骂，更不要惩罚，而是问问孩子，听听孩子怎么说。

理解孩子，听听他的心声，这不难。有的时候是孩子想做，但是忘记有这项作业。这时候一定让孩子自己想想办法，有什么好方法，做些什么，以后才能不忘记。当大人愿意让孩子自己想办法的时候，孩子受到尊重和理解，很愿意开动脑筋，想出很多好主意，从一大堆办法中一起找一个简单易行的方法试试看。

如果孩子学会有条理、有计划，做作业的时候知道按照"一、二、三、四"的顺序写清楚，完成一项就在那一项后面做个记号，这种条理性也会让孩子在生活中受益。

有的时候是孩子知道有作业但是没有做，这里面又分很多种情况，无法一一列举。其中一种是"畏难型"，因为孩子不会做，所以有畏难情绪，不愿意尝试，不愿意做。这时候，家长和老师千万不要责骂，对于孩子来讲，学习遇到困难，做不出题目，是一件非常受伤的事。这时候不要简单归因"你上课怎么不听或者你怎么这么笨"，这些话语对孩子的伤害不亚于不会做题。当然，也不是简单地就题讲题，因为题目是无穷无尽的，永远做不完的，我们要关注的是孩子不会做题背后的原因，知道孩子需要提升哪些能力，要有针对性地引导和帮助。

理解孩子，就要理解孩子的痛。和责备孩子同样可怕的是，家长高喊什么"加油你最棒""宝贝你一定行"。什么？这也不行？责备不行，鼓励还不行吗？专家不是天天说"告诉孩子你真棒"吗？

不知道从什么时候起，和家长交流宛若掉进熬鸡汤大奖赛。"老师，我家孩子上课是不是比较调皮好动？""是的，不过不用过分担心"，我打字比较慢，正要打出"七岁的孩子正是天性好动的时期，我们只要关注……"时，还没有打完字，那边家长就回复："老师放心，我们家长一定会静待花开的。"

老师放心，静待花开，好似万能良药。孩子不会写字，不怕，我们静待花开；孩子不会阅读，没事，我们静待花开；孩子不会听讲，不怕，我们静待花开。不记得有多少个家长和我说他们要"静待花开"了。多美的词语，多好的期待，孩子就像花儿一样，我们教师和家长迎着风，沐着雨，陪着那些花花草草，走过四季，穿越秋冬，不急不躁，守着那些花儿静静地开。想想这样的画面多美好，多让人期待啊。

可是醒醒吧，静，是心静，是安静，是不躁动，是不拔苗助长，而不是静止不动，啥也不做，啥也不付出，白白等待好不好？要理解孩子，更要在孩子苦痛困难的时候，扶他、帮他、引导他。请问，你是对孩子的教育啥也不管、啥也不做，不问耕耘只要收获的那种"静待花开派"吗？

理解孩子，就要理解孩子的苦。这个苦，很多时候就是不被理解的苦。哪个孩子不想努力向上？每个孩子本来都有一颗向上的心，很多时候是因为那颗稚嫩的心灵感受不到自己的进步，绝望放弃而已。

有一次，一个家长焦虑地和我说："老师，你看看他，每天吊儿郎当的，我和孩子说，现在中考重点率这么低，你不努力怎么办？"我问他："孩子怎么说？""他啊，一点都听不进去。"

家长朋友啊，孩子听不进去太正常了，让一个三年级的孩子，每天为了六年后的中考忧心忡忡，可能吗？唯一可能的是，孩子连什么是中考都不知道。孩子都无法想象的事情，怎么可能听进去？

很多时候，家长过分的焦虑不是好事。对，竞争激烈，没错。然后呢？人生赛道有那么多，我们看远一点点，看到人生的无穷可能。我们再看近一点点，看见孩子的苦和累。我们心中重要的是什么？重要的是未来孩子有幸福生活的能力。这个幸福的能力，需要当下做些什么？未雨绸缪？不要输在起跑线上？都不是，是做好当下该做的事。

农民是春种秋收，如果春天只焦虑秋天收不到，还不如做好眼下的事，该施肥施肥，该浇水浇水。恶劣天气来袭，我们就做好防风挡雨措施；烈日当空，我们就搭棚防晒。兵来将挡，水来土掩。教师和家长应让孩子真真切切感受每一点努力带来的进步，感受自己每一天的变化。

课堂上，我喜欢问学生，今天学到了什么新本领？每一天，我们都有可能学会新的本领，都有可能有新的发现。与其纠结几年后，还不如就踏踏实实做好每天该做的事，把自己的目标具体化、碎片化，相信累积的力量。不是我们让孩子必须做什么、应该做什么，而是孩子自己内心有愿望想做成什么，对自己有期待，想变成什么样子，孩子才有动力去做、去改变。

　　理解孩子，就要理解孩子的快乐。你能说出几个孩子喜欢做的游戏？你能说出几本孩子喜欢读的书？理解孩子，就要走近孩子。

　　"明天考多少分你会很开心？"午休时候，我问这几个一直绕着我身边玩耍的孩子。"我要考 100 分加 20 分""我考 80 分就行""及格就够了"……爽朗的话语，伴随着跑得红扑扑的脸蛋散发一阵热气。

　　"我觉得你们有这个实力，只要做到……"这可是个多么好的教育契机啊，不是课堂上一本正经的传书论道，趁孩子们玩耍间隙，用聊天问答的方式和孩子们谈论，腹中已经生成一千字的考前注意事项。

　　我正竭力用夸张的语调吸引更多的孩子围过来，准备春风无痕般灌输我的"答题时，注意先把每道题目读懂，遇到关键字可以勾画出来……"长篇大论还没展开，另一个孩子迫切打断了我："分数不重要，考多少分都无所谓。"

　　嗯，这话没错，我心里暗想，分数真的不重要，一个孩子的成长过程中，有多少比分数重要的东西！不说别的，就说健康，健康可太重要了，没有健康，一切都是空谈。

　　可是在考前一天，听到这句"分数不重要"，竟有些恍惚。"那你觉得什么重要呢？"我连忙追问着。"只要努力了就行了，不要在乎分数。""怎样做才是你努力了呢？""每天进步一点点，成长比成功更重要。"一个 8 岁的孩子，一本正经地对我说着。不知道平时她听过多少次这样正确伟大的

"鸡汤",看着他们同样因为玩耍而红扑扑的脸蛋,我陷入了思考。当我们在努力理解孩子的时候,我们更该用孩子能理解的话语交流,更该用孩子能感知的快乐共情。

理解孩子,更要理解家长。家有小学生,每个家庭都有一把辛酸泪。心疼有些家长,每天辅导孩子作业,耐心讲解每道题目。家长会上,我说,如果我是家长,我做不到每天辅导孩子作业,所以作为老师,我不会要求在座的各位,对孩子的作业检查、辅导、签字。很多时候,你们讲还不如不讲,是帮倒忙。奇怪吗?不奇怪。

我知道,好多老师都要求家长每天必须检查孩子的作业,还要签字,可是我不。有一天批改作业的时候,看到一个孩子的作业涂涂抹抹,二年级的题目用到的是初中的方法。我把孩子找过来,昨天作业做得愉快吗?"哎",孩子叹口气,"惨啊,我妈讲了半天我也听不懂,我俩差点吵起来。后来我爸也加入了,他俩又吵起来了。"

孩子短短几句话,我就知道,这背后有一个"血雨腥风"的故事。家长有错吗?没错啊,关心孩子学习。孩子有错吗?没错啊,二年级的孩子听不懂初中的解题方法多正常啊。哪里有错,错就错在我们该理解孩子,让孩子找到自己真正遇到困难的那个点,再同心协力,而不是越俎代庖。

举个例子,在学校里,我欢迎每个孩子课间随时来问题。但是,要说清楚自己做了哪些尝试,现在卡在哪里,遇到的困难是什么,需要什么帮助。因为只有孩子主动思考了,才能说出自己的困惑,而不是简单一句"我不会",师长就把现成的答案送到孩子手边。这样,即使讲过一百道题目,第一百〇一道题目孩子可能还是不会做。我们都知道"授人以鱼不如授人以渔",理解孩子,理解他的不会、不懂,我们一起寻求解决的方法。

理解孩子,看见孩子,说起来容易,做起来也很容易,你我都能做到。

◎ 沈　略

见机行事

"你看到了吗？小豪脸上有伤痕，都是她妈打的。"班主任老杨的一句话，让我将视线转向了小豪。一张白皙的圆脸上的确有一些红色的并不容易被人察觉的伤痕。如果在灯光下，很容易被误以为是少年白里透红的脸蛋。

小豪妈妈，是一位让我印象深刻的家长。一是因为她是班级家长委员会成员，忙前忙后，一直热心为班级服务，是班主任老杨的得力助手。二是八年级上学期，我刚接手这个班级的语文教学时，她就主动加了我的微信。自报家门之后，她上来就是一句："小豪平时很不自觉，不听话，还请您千万不要对他客气，该收拾就收拾，实在不听，棍棒伺候。"这样坦率表明自己孩子的现状的态度，着实让我意外，也让我隐约感觉到家长"苦"孩子久矣。

斗转星移，通过观察小豪平时的表现和小豪妈妈对我多次"深刻揭露控诉"，我发现小豪沉迷手机已经无法自拔，到了成瘾的地步。

沉迷手机让小豪缺乏与他人的沟通，在班上独来独往，朋友很少。即使有三五个朋友，也都是手机游戏爱好者，逐渐远离了老师和其他同学。家庭氛围沉闷，小豪与父母关系冷漠。他曾表示，与游戏朋友一次交流的话语量，都比一学期与母亲说的话多。受手机游戏影响，小豪的成绩下滑得厉害。无节制地玩手机，也让小豪的身体受到了伤害，眼镜度数越来越高，已经有一点驼背，整天萎靡不振，暮气沉沉，没有少年的青春活力。

小豪为什么如此沉迷手机？究其原因，首先是寂寞。原生家庭破碎，父母关系紧张，并且各自重组家庭，使他陷入了尴尬的境地。小豪成为了两个新家庭中的"多余人"。自幼儿园开始，小豪已经习惯与寂寞相处。母亲是一位勤劳的窗帘商人，生意忙碌，自然疏于管理孩子，这让小豪开始去寻找乐子排遣寂寞，而这个乐子就是手机游戏。

小豪的QQ头像是一只头戴礼帽、像迈克尔·杰克逊那样跳太空步的猫，潇洒帅气。这一只猫折射出，手机游戏让他找到了"一切尽在掌握"之感。只要集中注意力，手机游戏永远热情回应你；只要余额还足，它就能提供内容丰富、高强度的感官刺激，不会像学校和家庭生活那么费力。自控力差的小豪，陷入游戏的快乐，沉迷于游戏瘾中无法自拔。

小豪脸上的伤痕触动了我，促使我想进一步了解他。

一个周末，我在QQ上邀请小豪出来玩，请他喝可乐。本以为他会拒绝，没想到他直接问："沈老师，几点？"

于是，我们在学校附近的川乡基见面了。一缕阳光射入餐厅，手握大杯可乐的小豪，居然有一些局促。平时，在校园里，他要么是与朋友眉飞色舞地谈论游戏心得，要么是逃避课代表催交作业、躲着我走。这位14岁少年的稚嫩面庞，本来应该洋溢着青春气息，现在映入我眼帘的却是蓬乱的头发和无神的眼睛。

我问他："周末在家，都是玩手机游戏吧？"

小豪嘿嘿一笑："是啊，没什么事情做，就玩游戏。"

我说："没想到你这么信任我，实话实说，没有骗我。"

小豪："这只是我众多优点之一，沈老师何见事之晚乎！"

这句话彻底把我逗笑了:"猴赛雷①!借用《孙权劝学》的句子,文言文学得不错啊。"

听了表扬的小豪,眼睛竟有些闪亮。

我看准时机,追问道:"你这么聪明,为什么语文考试成绩却在及格线边缘徘徊啊?"

小豪一脸不在乎:"唉,都是耍手机游戏,有时耍得晚,作业没有好好做。睡觉的时间也太短了,上课容易打瞌睡。"

我看他逐渐敞开心扉,就问:"你妈经常和我聊微信,对你玩手机很烦恼。你觉得手游带给了你什么呢?"

小豪:"当然是快乐啊。最近玩《猫和老鼠》游戏,来源于同名动画片,特别有一种重回童年的感觉,而且我的战绩很棒……"

聊起游戏,小豪如数家珍。我一边倾听,一边看着他生动的面庞。听完之后,我问他:"你妈,你的亲妈,看见你这么快乐,照理说,应该更快乐啊。欧阳修不是'乐其乐'吗?你妈不是也应该乐你的乐啊,为什么反而生气了?"

小豪愣住了,一时不知道如何回答。

"原因很简单,你妈并不是想让你痛苦,反而也想让你快乐。目前的问题是,你玩手机游戏已经成瘾。家长都比较忙,而你比较寂寞,自然会去寻找一种刺激,在游戏中寻找陪伴。可是,人的快乐不只手游一种,你对适度玩和成瘾的认知不足,造成了与你妈妈的冲突。现在,我想帮助你。你是很聪明的,有潜力可挖。你愿意吗?"

小豪半信半疑地说道:"沈老师,我管不住自己。你能帮助我,很好,可是怎么做呢?"

---

① 猴赛雷,网络流行词,是广东话"好犀利"的谐音,表示很厉害的意思。

我与小豪商量，学生一周七天要提交五次家庭作业，如果减少不能按时提交作业的次数，减少一次，就可以得到我官方认证的乐高玩具代金券一张，少两次，就可以得到两张，以此类推。如果不能按时提交作业，则扣除一张代金券，以此类推。如果一学期集齐80张以上，则可以在我这里兑换乐高玩具。

小豪对此欣然接受，但是又对我说："沈老师，乐高玩具太贵了，我逛万象城，看到价格都舍不得买。你就买其他品牌就可以了。"我忍俊不禁："没想到你还这么体贴入微。"自从有了约定之后，小豪的语文作业就从每天必催到隔几天或隔周才催一次，最后实现了按时提交。一学期的行为矫正后，小豪按时提交家庭作业已经达到82次，终于获得了他念念不忘的玩具。

不过，小豪的学习还是在粗放型发展。我对全班学生提出了考试成绩有进步可以享受减免暑、寒假作业的计划。

九年级上学期半期考试，小豪的语文成绩没有达到及格线，我担心他无法完成任务。我对小豪说："你需要专门的减免计划吗？如果需要，我就特事特办。"小豪面露难色："我上次也是疏忽大意了，但是努力还是能完成的。不过，我也没有信心啊。"我说："这样吧，先考。用尽自己的洪荒之力，毕竟，九年级与八年级不一样，专题复习频率高一些，效果会不一样。"小豪说："那我先试试。"

不久，九年级"一诊"考试结束。分数一公布，我QQ界面上就开始闪动那只跳舞猫。"沈老师，我是不是可以免作业？比半期考试涨了19分！"我能感受到他的喜悦，只回了一个"免"字。没想到他还不过瘾，将聊天截屏，发到QQ空间："语文作业是啥，可以吃吗？"炫耀之情溢于言表。

放暑假了，又该是小豪玩手机的高峰期了。该如何提醒他少玩手机呢？还得要依靠家长朋友啊。我在淘宝上定做了七只硅胶腕带，一周七天，每天一换。腕带上面有定做的良言，如"沉迷手机　有害健康""珍惜时间　冲刺中考""保护视力　少玩手游"，等等。我让小豪妈妈每天监督孩子佩戴硅胶腕带，如果玩手机游戏超时，就拉开这种极富弹性的腕带再松手弹回去，使孩子感觉到疼痛，逐渐引导他在意志力薄弱时提醒自己。

苏霍姆林斯基在《关心孩子的成长》中说："家庭生活，教育子女是一种既复杂又细致的事情，只有夫妻双方都不断地关心这个幸福之源泉，并使之长流不断，而且不断增加新的内容，才会有一个真正幸福美满的家庭。"离异家庭，父爱缺失，加之母亲简单粗暴的教育方法，是小豪与家长进行冷战的重要原因。"教师最重要的任务是教会家长怎样教育孩子。"我建议小豪主动与父亲联系，将自己戒除沉迷手游计划分享给父亲，争取父亲的支持。

很久，小豪给我发来了QQ截图，是他们之间的对话。

小豪：爸爸，我准备用21天改变自己。首先我慢慢控制我每天玩手机的时间，我看了一下现在平均每天10多个小时玩手机，一下戒掉，很难。我希望逐步戒掉，争取每天玩手机控制在5个小时之内；每天都打扫一次房间，不让房间那么乱；每天也看些书，做好读书笔记，不让我每天沉浸在游戏里。就希望你支持我的想法，也监督我。

小豪爸爸：好的，支持你。你只要有想改变的愿望，然后每天去坚持改变，你就会改变的，不仅成绩会变好，做人处事也会变好。

发完截图，小豪评论了一句："我爸冷静时，说话还是很……"

看到此处，我眼前仿佛浮现出那白皙圆脸上不好意思又有些惊喜的笑容。

◎陈　霖

给孩子恰如其分的自尊

　　魏晓龙是三年级下学期转来我们班的新生，第一次见他是在我们教师办公室。由于开学事务繁多，和他妈妈简单交流了孩子的大概情况之后，他们就离开了。对于这一名转学生，我印象最深刻的，是他那双含着淡淡忧伤的眼睛。

　　连续几次未完成作业，再加上书写潦草，晓龙成为我重点关注的对象。

　　课间，我将晓龙请到了办公室，希望找到他没有完成作业的原因，然后对症下药。

　　"晓龙，你的语文作业又没有完成，能告诉我原因吗？"

　　晓龙双肩耸立，双唇紧闭，两眼低垂，没有任何回应。

　　"晓龙，你是不会做吗？"他摇头。

　　"不会，这个正常，老师也常常会遇到自己不会做的题，那你有没有尝试自己动脑筋去解决呢？"又一个摇头。

　　"为什么呢？"

　　"因为我笨。"

　　都说老师伶牙俐齿，可那一刻，对于这样一个突如其来的回答，我竟一时语塞。

"不会啊，你不笨啊，你只是没找到做题的方法。"看着他自始至终都没有抬起的眼皮，我知道，这句话对于增强他的自尊心没有起到一点儿作用。

晓龙回教室后，我立即拨通了晓龙妈妈的电话，请她和晓龙爸爸下午接晓龙时，来办公室一趟。

在和晓龙父母交流的零碎话语中，我敏锐地捕捉到一个至关重要的信息——"哎，他从小就笨，亲戚朋友们都说他笨，以前学校的老师和同学也说他笨，我们拿他也没有办法。"

"我很笨""亲戚朋友们都说他笨""他就是懒""我从小就成绩差""提到学习就头痛"……这些话语在我脑子里一遍又一遍地出现、放大。将它们串联起来，我基本上确定了一个事实：晓龙的自尊水平低下。

要想他学习成绩提高，我们就必须给他恰如其分的自尊。

在晓龙的成长环境中，父母的爱是内敛的，外显出来的更多是训斥和指责；在亲戚关系中，他经常成为被嘲讽的对象，"笨"这个标签一直跟随着他；在学校，他也不被老师同学重视和尊重；加之晓龙父母自身的自尊水平低下，他容易习得父母的自尊类型。综合而言，晓龙对自己的评价和期待就是负面的、消极的，他在心里就认为自己是个一无是处的失败者，没有能力做成任何事。

找到问题的所在，就朝问题解决迈进了一大步。构成自尊有三大支柱，分别是自爱、自信和自我观。要想帮助晓龙获得恰如其分的自尊，我需要得到晓龙父母、班级教师以及班上同学的支持，重建晓龙的自尊体系。

我值得爱和尊重

　　自爱，是无条件的。无论一个人表现得好或糟糕，内心深处都有一个声音告诉自己："我值得爱和尊重。"自爱在很大程度上取决于儿童时期从家庭中获得爱及情感的滋养。

　　为了在晓龙内心深处根植"我值得爱和尊重"的信念，我与晓龙的父母进行了三次深入交流，交流间隔两周，每次时长两个小时。

　　第一次交流，主要是让晓龙父母谈谈自己小时候父母是怎样对自己进行教育的，哪些值得学习借鉴，哪些需要摒弃。通过交流，晓龙父母都认识到，他们的父母很少涉及智育、情商等方面的教育，多是指责、谩骂或施以棍棒，他们很少会获得认可和鼓励。当我问晓龙爸爸是否记得父母夸奖自己的话时，他双眼无神地摇了摇头。从他的眼神里，我似乎看到了晓龙的影子。

　　当一个人在我们身上施加了不良的影响时，我们要学会理解他，站在他的立场上去考虑他的处境，想想他的无奈又或是无知，原谅他、接受他、同情他，如果条件允许，每一个父母都会用正确的方式去爱自己的子女。晓龙爸爸似乎接受我的观点，他的眼睛里多了一丝生气。

　　认识自己的优缺点，表达对伴侣的赞扬，提出对伴侣的希望是第二次交流的主题。晓龙爸爸和妈妈在分析自身存在的缺点、说出对方的缺点时头头是道，一口气说了好几个。可是在发现自身及对方身上的闪光点方面就显得局促了，像是面对一道难度极高的考题一样。在我的再三提示下，他们发现自身及对方的闪光点都局限在善良、顾家方面。虽然他们在欣赏自我、认可自我方面没能达到我的预期，但是看到他们脸上难得的轻松自在，我也知足了。毕竟"冰冻三尺，非一日之寒"，认识自我是每一个人一生的主题。古希腊德尔斐神庙门楣上就镌刻着这样一个神谕——认识你自己。我所能做的，就是帮助晓龙父母打开认识自己的窗户，尤其是金光闪闪的那一扇。

第三次交流，主要是帮助晓龙父母学习科学的育儿方法。有了前两次的铺垫，晓龙父母能够看到晓龙身上的闪光点，也能够客观地提出对于儿子的期望。

当我问晓龙爸爸是否会夸奖晓龙时，他的回应是该表扬的就表扬，晓龙妈妈也连连点头。我很欣喜他们在对孩子中肯评价方面的进步，同时我也给他们分享了表扬孩子的方法。表扬要基于事实，并且要有一定的指向性，例如："我看到你收拾好了书包，你做事很有计划，你为明天上学节省了很多时间。""你主动帮助爸爸妈妈打扫房间，小小年纪就这么有家庭责任感。"……表扬是父母对孩子的爱，批评也是。

真正的父爱、母爱能够将孩子身上微弱的闪光点放大，大到足以让孩子自己看见，这束光照亮孩子前行的道路。孩子需要从家庭中听到这样的声音：孩子，你不论表现得好还是糟，都要确信爸爸妈妈永远爱你，你值得爱和尊重。这样，孩子的内心才会发出坚定的声音：我值得爱和尊重！

我有能力胜任此事

自信，主要来自我们的家庭教育模式和学校教育模式——通过具体的行动，我们得到反馈，得出"自己有能力胜任此事"或相反的结论。自信需要行动来维持和发展，平日里的小小成功对于维护自信是必需的。

重塑晓龙的自信，我选择借助班集体力量，让他在集体生活中品尝"我能行"的滋味。

一次课间休息，我到班上去"逮"几个没按时交作业的学生，偶然瞥见晓龙和同学在下五子棋。为了丰富孩子的课间生活，我们班准备了书籍、象棋、五子棋、魔方以及一些体育用品。

我走到他们身边，随意地问了一句："你们谁最厉害啊？"

"魏晓龙。"观战的三个同学齐声回答。其中一个惋惜地补充道："我们三个都是他的手下败将。"

当天晚上，我躺在床上一直思索着，感觉自己拾到了开启晓龙自信大门的金钥匙。

第二天午休，我提议，每一个孩子结合自身优势写下1－3个最想在班上开展的比赛清单。

篮球比赛、猜谜大赛、歌唱比赛、舞蹈大赛、乐高大赛、象棋大赛、50米短跑、30米接力赛、拔河比赛、脑筋急转弯还有五子棋大赛……五花八门，各式各样。我刻意关注了晓龙的清单，他只写了一个，就是五子棋大赛。

收到孩子们的比赛清单，我立刻展开行动，分类别、分小组、排时间，忙得不可开交。由于这些趣味比赛不能耽搁正常学习时间，我便将战线拉长，利用两周的课余时间来完成。

不出所料，五子棋的冠军得主就是魏晓龙。当他过五关斩六将最终夺冠时，从未见过的笑容绽放在他的脸上，他的眼睛也散发出了我从未见过的光芒。

这一次趣味比赛，班上涌现出17个冠军。我利用周一的午休开展了"我能行"的颁奖仪式。当我公布获奖人名单时，大概有七八个孩子的名字让我震撼，他们和魏晓龙一样，让我重新认识了"每一个孩子都有他异于别人的禀赋，他们需要的是一个适合他们的舞台"。

晓龙站在讲台上，昂起头，面带笑容。我猜想，这是不是他第一次敢于正视老师和同学的眼睛呢？

我可以认识自己

颁奖仪式之后,我邀请晓龙去办公室聊聊天。

他站在我旁边,和第一次被他妈妈领到办公室报到时不同,这一次,他有了存在感。我看到了他的双眼,我听到了他的呼吸。人就是这样,当你看见了自己,别人看不见你都难。

我请他坐在我身边的板凳上,看着他咧开嘴,我的情绪不由自主地高涨了。

"晓龙,老师刚刚公布名单,当念到魏晓龙时,老师太高兴了。原来你在五子棋方面这么厉害。"

晓龙咧开的嘴又开了许多。

"晓龙,老师看见你在下五子棋时特别认真、专注,你能告诉老师你的取胜秘籍吗?"

"嘿嘿,就是要多思考。"

也许,此时此刻的他,内心是波涛汹涌的,任何语言都难以描摹。

"晓龙,你最想将这个好消息分享给谁?"

"爸爸妈妈。"

"爸爸妈妈一定会很高兴的,你猜猜他们会对你说什么?"

晓龙想了想,说:"不错,要继续加油!"

晓龙出办公室后,我给他的爸爸妈妈都打去了电话,希望他们能在这样关键的事件上,给孩子最合时宜的评价。

后来的晓龙还是有完不成作业的情况,当我询问原因时,他再也没有说过自己笨了。我能感受到,他的身上有一股力量正在生长。

晓龙能否获得恰如其分的自尊,我不能确定。但是我能确定的是,我们作为晓龙身边的重要他人,要创造条件给他恰如其分的自尊。

青春身影

作为工作站的领衔人，我经常被老师们感动。在这物欲横流的时代，他们追求精神的高贵和灵魂的洁净；在一些人怨天尤人的时候，他们却专注于提升自己进而影响学生。他们每一天无非就是备课、上课、批改作业、和学生谈心、处理突发事件……既不显赫也不辉煌，也很少有各种荣誉证书，但幸福比优秀更重要，成长就是最好的奖励。何况，他们的光荣已经刻入历届学生温馨的记忆中……

——李镇西

◎ 李镇西

心灵随新教育而飞翔

刚任武侯实验中学附属小学校长不久的一天,我在食堂吃早餐。一位年轻女教师走过来,说:"李校长,我昨晚梦见你了!"

我一下子感动起来:好纯真的小学老师啊!我说:"谢谢!请问你叫……"

她说:"我叫杨芳。"

我问她梦见我什么了,她说梦见我给她讲新教育。哦,我知道了,与其说她梦见我,不如说是梦见了新教育。

听说武侯区成立了李镇西名师工作室,杨芳找到我,请求我一定要收下她做徒弟。我说:"抱歉,名额早已满了。"但她急切地说:"李校长,您就让我做个编外徒弟吧,只要每次能够参加您的活动我就满足了。"

这样,她果真成了我的编外弟子。

和一般小学老师一样,杨芳特别单纯。她说她之所以想跟着我学,就是看中了李镇西名师工作室是用新教育实验来引领教师成长。"我没其他想法,就想搞新教育,因为我想更快地成长起来。"

我是严格按新教育理念来要求工作室成员的:打造书香班级、缔造完美教室、构筑理想课堂、专业阅读、专业写作……作为"编外弟子",杨芳做得一点都不比别人差，甚至有些方面还做得更好，比如，她和孩子"共读共写共同成长"，一年来，她读了30多本书，写下3万多字的教育随笔，还开发了"舌尖上的川菜""听爸爸妈妈的故事"等家长参与课程。

不到一年，新教育让杨芳有了更多的教育智慧，也让她和她的孩子们享受到了成长的快乐和教育的幸福。新教育的种子在她的心灵深处慢慢开出花来。

一

江腾飞是个成绩不好的男孩。在杨芳看来，比成绩不好更令人头疼的是，江腾飞对成绩不好已经无所谓了。

要尽可能唤醒每一个孩子的希望，这是新教育的理念。杨芳没有泄气，她在等待，在寻找走进这孩子心灵的机会。

一天，江腾飞要添加杨芳为QQ好友，杨芳"受宠若惊"，欣然接受。更让她惊喜的是，她看到了江腾飞的QQ签名——如果世界上没有不及格的试卷，那该有多好！

这看似随意的签名，却让杨芳看到了他真实的内心。"我一定要帮帮江腾飞！"她在心里对自己说。怎么帮呢？杨芳想到，孩子表面上对成绩无所谓，但实际上又渴望"没有不及格的试卷"，这说明他还是在乎成绩的。那我就干脆给他一张及格的试卷吧。因为有时候，成功是成功之母。

批阅试卷时，面对江腾飞那错误连篇的卷子，杨芳一一手下留情，每道题都少扣一点分。结果江腾飞及格了。

拿到60分试卷，江腾飞表现出从未有过的意气风发。接下来，在老师评讲试卷的课堂上，他一直坐得端端正正，听得聚精会神。

杨芳喜上眉梢，随即及时鼓励江腾飞。杨芳坚信，只要孩子有了信心，他就能迸发出学习的潜力。果然，自信的种子在江腾飞身上潜滋暗长，破土而出，他上课专注了，作业认真了……接下来的测试中，江腾飞凭自己的实力考上了 60 分！

"我要考上 70 分!!!!!!!"江腾飞的 QQ 签名后面加了无数个感叹号。这是他的下一个目标。在当初，这个分数看起来是那么的遥不可及，甚至是奢望，但是对现在的江腾飞来说，却像是近在咫尺。后来的事实证明，自信满满、干劲十足的江腾飞的确做到了——他第一次考了 70 分。

"江腾飞，你能考上 80 分吗？"杨芳乘胜追击，试探地问他。

他的大眼睛转了几下，好像有些拿不准："这……"

"行，肯定行！只要你加油。你看原来你只能考三四十分，后来能考及格，现在还能上 70 分了，一切皆有可能啊，你说对吗？老师和同学们都好佩服你！"在他犹豫的时候，杨芳使出浑身的力量鼓励他。

"真的吗？"他问杨老师。

"绝对没问题。"杨老师斩钉截铁地回答他。

江腾飞笑得合不拢嘴："好嘛，我加油。"

杨老师得到了一个男子汉的承诺。

连续考了两次七十几分后，江腾飞终于攀上了他学习上的又一个高峰：考上了 80 分！

江腾飞的高兴可想而知，杨老师却比他更兴奋。江腾飞体验到了学习的成功，杨老师也实实在在地体验到了教育的成就感。

她甚至感谢江腾飞，因为正是这个孩子的进步，让她认识这么一个朴素的教育道理：每个成绩不好、习惯欠佳的孩子都是一朵待开放的花，他们内心深处都藏有一个美好的梦，教师要用心去帮他们开花，帮他们圆梦。

一个长期考试不及格的孩子，居然扔掉了"后进生"的帽子。杨老师的绝招其实很简单，就是一次手下留情，但这是充满人性之光的手下留情，因为她体现出来的是对童心的尊重，对上进心的呵护。从长远看，孩子学业的进步，当然不能完全靠老师的手下留情，但作为过程中的一个小小策略，这样的手下留情是有意义的。意义就在于它是点燃孩子自信心的"引信"。

对孩子来说，很多时候信心的失落比不及格的分数所造成的伤害更可怕。杨老师明白这一点，不惜用虚高的分数来重新点燃孩子心中快要熄灭的自信之火。分数是虚高的，但教育是真诚的，而且是成功的。

二

怎样让家长理解教育并参与教育，这是杨芳一直思考并探索的课题。新教育实验倡导每个班级都要有自己的课程，杨芳便尝试着请孩子的爸爸妈妈来到班上，或给孩子们讲自己童年的故事，或给孩子们讲与自己职业相关的知识，或者教给孩子们各种生活技能。这是杨芳开发的"家长参与课程"。

又到了班会课的时间。杨芳在黑板上写下主题词：舌尖上的四川·抄手篇。

全班孩子兴奋地齐读了黑板上的主题词后，杨芳问大家："你们知道咱们四川的抄手在其他地方叫什么名字吗？"

"饺子！""馒头！"三年级的孩子很天真，答案很好笑。

"馄饨！"总算有个孩子说对了。

"是的，在哈尔滨、北京、上海等地都叫馄饨，在广东叫云吞，在福建叫扁肉。"杨芳说。

"抄手也叫扁肉？"同学们哈哈大笑。

"这节课就让我们一起来了解抄手文化,再自己动手包一包抄手……"杨芳的话还没说完,教室里已经沸腾了。

杨芳提高音量:"下面,掌声有请抄手大师彭叔叔上台!"

"同学们,大家好!"小峰的爸爸大大方方走上讲台,"今天我来给大家讲一讲抄手文化。我们成都的抄手是四川著名小吃,面皮里面包上肉馅,煮熟后加清汤、红油和其他调料即可食用。准备抄手需要哪些原料大家知道吗?"彭叔叔很快开始了提问,和孩子们互动。

"姜、葱!""抄手皮!""肉末!"同学们七嘴八舌。

"是啊,肉是必不可少的,而且要选上好的猪大腿肉,盐也是必不可少的,除此之外,新鲜的鸡蛋也很重要,直接影响口感。"彭叔叔边说边拿出了准备好的鸡蛋打进肉末里,加上调料搅拌起来。

"好香啊!"同学们惊呼。

"下面我讲一讲抄手的包法。大家左手拿面皮,右手拿筷子,先将肉馅放于面皮的中间,将面皮对折,记得要用筷子蘸点肉末粘在面皮的右上角,再拿着对折好的两角,以中指为支撑点重叠,压紧。"彭叔叔一边说一边示范,"你们看,包出来的抄手像什么?"

"像金元宝。""像小船。"同学们兴趣盎然。

彭叔叔把抄手的包法重新示范了一遍,又给同学们分好了小组,一声"开始"后大家立刻争先恐后地动起手来。最后,大家当堂就把包好的抄手煮来吃了。

不少同学在享受自己亲手包的抄手的美味的同时,不由得感叹:"小峰有这样的爸爸,真幸福啊!"杨芳顺势引导孩子:"每个人的父母都有过人之处,大家今天回去找找自己爸爸妈妈的绝招!"

小峰平日里书写很差,表现也不是很好,不是很自信,今天,却迎来了无数羡慕的目光,自信心大大增强。而小峰的爸爸平时算是个内向之人,每次老师找他交流孩子的情况时,他的话都不多,只是点头。而今天他忙活了一个小时,赢得了大家的尊敬,显然也增加了自信,临走前主动找到杨芳说:"杨老师,我们家长做得不好的地方你要指点哦!"

杨芳感到,自己和家长之间的距离已悄然拉近。

而这种家长参与课程在杨芳班上已经成为常态——一位做厨师的父亲曾来班上给孩子们讲"冒菜"的知识;一位在食堂工作的母亲曾被请到班上来,给孩子讲自己每一天辛苦的工作,让孩子们懂得"谁知盘中餐,粒粒皆辛苦"的道理;一位父亲曾到班上来给孩子们讲自己童年的故事,让孩子们在今昔对比中珍惜今天优裕的生活和学习条件……无论家长从事什么工作,也无论家长的文化程度是怎样的,他们都能够在杨芳的教室里成为让孩子们佩服的教育者。

三

暑假里,杨芳和部分家长带着孩子们去大自然赏花。

"哇,荷花!"刚到河边,同学们就兴奋地叫道。

轩轩妈妈立刻纠正:"这不是荷花,是睡莲。"

"是睡莲吗?"大家议论起来。

轩轩妈妈接着说:"它们喜欢强光和通风良好的环境,在晚上花朵会闭合,到早上又会张开,所以叫睡莲,也叫水中女神。"

此刻,家长又成了孩子们眼中的老师。

双双说:"还可以叫它们水中睡美人。"这真是一个富有浪漫情怀的女生。

"你们看,睡美人的叶子好像羊角啊!"小健好像发现了新大陆。

"什么,羊角?怎么会像羊角?"杨老师不明白平时颇有见识的小健何出此言。

"就是就是，真的像羊角。"丽丽也附和道。

"哪里像呢?"杨老师看了又看，实在是不解。

"杨老师你看，每片睡莲的叶子都有一个缺口，就像羊角。"孩子们认真地给杨老师解释。

杨芳定睛一看，的确，每片睡莲的叶子都有一个缺口，可大人们居然都没有发现。孩子们真细心啊!

"不过为什么说像羊角呢?"杨老师问。

"是呀，你看，越小的叶子越像，就像喜羊羊的脚印。"孩子们说。

"哦!"杨芳恍然大悟，"你们说的像羊的脚印啊! 原来你们说的不是'羊角'而是'羊脚'啊! 可是我们一般不说'羊脚'，说'羊蹄'!"

大家笑成一团。

过了桥，一大片荷花池浮现在眼前。

"同学们，你们观察观察，睡莲和荷花有什么不同?"杨芳启发大家思考。

"荷花的叶子和花伸出水面，而睡莲的叶子和花浮在水面上。"心怡思考了一会儿，回答道。

"'伸'字和'浮'字用得非常好!"杨芳大加赞赏，开始不动声色地上语文课了。

"也可以说荷花的叶子和花钻出水面，睡莲的叶子和花躺在水面上。"

"'钻'和'躺'很恰当!"杨芳继续鼓励。

"还可以说荷花的叶子和花挺出水面。"

杨芳真是惊叹于孩子丰富的创造力，她继续发问："睡莲和荷花还有什么不同?"

"睡莲的叶子像羊蹄，荷花的叶子像一把伞!"孩子们说。

提到荷花的叶子，同学们认真地观察起来。突然，阳洋疑惑地问道："杨老师，杨老师，为什么荷叶上的水珠不是很多粒，而是全都滚在一起？"

"就是，就是。"阳洋的问题问出了大家的心声。

"这个问题留着你们回家上网查资料吧。"

这时对外界事物相当好奇的阳洋又指着一朵盛开的荷花喊道："这就是'小荷才露尖尖角'！"小健反驳道："含苞未放的荷花才像尖尖角嘛！""对！对！"大家都同意小健的看法，嘴里还不由地重复"含苞未放"这个对他们来说很是新鲜的词汇。恰巧一只蜻蜓飞过，孩子们激动地喊起来："早有蜻蜓立上头！"

"杨老师，我们就在这里上语文课吧！"小涛十分天真地说。

看着一张张稚气又兴奋的脸蛋，杨芳不由得感慨：大自然真是奇妙。面对草木花鸟，孩子们无疑产生了许多关于周围自然界、关于自然美的遐想，和油然而生快乐。这样的活动有利于激发孩子们对大自然产生鲜明、生动的印象。世界像一部有趣的书，作为教师，应该有意识地带领孩子们去打开这本书。

四

新教育主张教师要善于反思，并在反思中成长。杨芳就是一位爱思考的老师。

在她的博客中，有很多结合每一天平凡工作的思考，或是对成功的分析，或是对失败的追问。

在一篇《换药为汤》的博文中，杨芳把厉言比作"药"，把善语比作"汤"。她这样对比分析"药"和"汤"——

评讲试卷时，思远和思敏注意力很不集中，我扬言："再不认真听就要补考！"不过几十秒钟的时间，他俩又开始走神了，气杀我也。这是"药"的效果。

语文课上，思远和思敏又在搞小动作。怒火"噌噌"地往我头上蹿，在即将爆发之际，我灵机一动："这节课我们来比一比思远和思敏谁更乖？"几乎一整节课的时间，他俩都坐得端端正正……这是"汤"的效果。

测试前针对同学们粗心的情况，我出台了"高压"政策：必须认真读题，因为没有审题导致出错，要接受惩罚。测试结束，十几个人把"抄写句子"看成是"照样子，造句"。气得我吐血……这是"药"的效果。

"这节课我们来评选细心大王！"我的话音刚落，教室里就炸开了锅。"啊？细心大王！""哈哈，怎么选哦？"我挑了几道很简单但是容易看错要求的题进行专项训练，评选的结果让我很为难——我准备的奖品远远不够！全班57个孩子，竟然没有一个人出错！这是"汤"的效果。

结论：把"药"换成"汤"吧！如果不是非要"吃药"的话。

在《怎样做一个快乐的教师》中，杨芳这样写道——

首先，清楚自己的职业特点，降低对待遇的期许，脚踏实地地干好工作，而非整日牢骚满腹，这是教师快乐的第一要则。

其次，杜绝"专制"的念头，公正、民主地对待每一个学生，赢得学生的尊重，这是教师快乐的基本要素。

做快乐的教师第三条：对工作负责，但不做工作狂。

"工作狂"无意之间大量挤占了学生的学习时间；"工作狂"只是机械、忙碌地备课、上课、批改作业，并没有真正地关心学生。花费了时间和心血，工作却没有突破，也得不到学生的喜爱，意义何在？快乐何在？

做快乐的教师第四条：坚持阅读、坚持思考、坚持写作。

坚持阅读，会让教师对世界保持一种新鲜感，在无形中提升知识品位，强化人格魅力，从而影响学生。经常思考，并且随时记录，这是宝贵的精神财富。我们成不了作家，成不了名师，但我们平淡、充实又快乐。

做快乐的教师第五条：千万要控制自己的情绪。

不要对学生生气：对学生的无知生气，而不悉心教导，一切都无济于事；对学生的叛逆生气，而不因材施教，只会火上浇油。不要对家长生气：因家长袒护孩子而生气，而不真诚相待，只会南辕北辙。气生了不少，问题没有得到一点解决，那就是伤身又伤心了。

综上所述，平静、积极的心态加上对工作的热爱，才能给教师带来永恒的喜悦！

"抄三年教案只可能依然是一名教书匠，而坚持写一年反思则可以成为一名优秀的教师。"杨芳是这样说的，更是这样做的。

在期末的新教育实验活动日里，杨芳面对前来参观的老师讲述了自己的成长。她说："一朵花开需要等待，于等待中细听花开的声音；一盏浓茶需要品尝，在品尝里静观茶叶的沉浮。一年的时间不算长，但我却能清晰地看到润泽未来的新教育，在孩子们身上焕发出来的活力。而我的生命，也因为新教育变得美丽。"

生命因新教育而美丽，心灵随新教育而飞翔，这也许就是杨芳的梦想。

我已经并将继续见证，杨芳让自己的梦想开出美丽的生命之花。

2013 年 1 月 29 日

◎ 李镇西

幸福比优秀更重要

一

刚当校长不久,一位漂亮的女教师来找我:"李校长,我不想当班主任。"我一看,是工作不久的唐燕。

请她坐下后,我问她为什么不想当班主任,她说:"我第一次当班主任,就遇到班上一个叫方舟的男生,我实在受不了了!"她喋喋不休地给我数落方舟的种种恶劣行径。"迟到旷课,打架斗殴,批评他便跟我顶撞,还动不动就说要跳楼!"她气愤地说着,脸涨得通红。说完了,她望着我,期待着我的答复。

且让我暂时"穿越"一下——十年后的2016年5月,在武侯区新教育开放周的讲台上,面对来自全国的新教育人,唐燕在讲述她的成长时也讲到这次和我的对话。她说:"当时,李校长听完我的诉说,对我说的第一句话是,唐燕,我恭喜你有了一个科研对象!"

下面的代表们全都笑了。

好,让我再回到当时我听了唐燕诉说后的那一刻。

是的,我的确是这样对她说的:"唐燕,我恭喜你有了一个科研对象!"我说,"开学这么久了,怎么可能给你调整工作呢?动你一个人就得动其他老师。"我首先明确断了她不想当班主任的念头,然后说:"换种眼光看方舟吧。换种科研的眼光看他,那样你就不会生他的气了。他是你的科研对象啊!"

她惊讶地看着我,好像没听懂我的话。

我说:"你看,有哪个科学家反感过自己的研究对象?一个都没有。别说科学家,医生也是如此。每一个病人,无论其病情如何严重,医生从来不会生气,因为他在研究,因为每一个病人都是他的科研对象。所谓'名医',就是通过研究无数疑难杂症的病人成为名医的。所以说,我要恭喜你有了一个科研对象!"

唐燕似乎明白我的意思了,若有所思。

我继续说,"最好的科研就是转化后进生,而你当班主任居然遇到了这样的学生,真是好福气!"我建议以研究的眼光看方舟每一天的表现和变化,思考其为什么会有这样的现象和变化。"比如过去他打架了,你会怒火万丈,但现在他打架了,你就应该研究:他为什么会打架呢?他的性格如何?他的生活经历如何?他的人际交往如何?等等。然后把这一切都记录下来,包括你和他打交道的过程,以及你的琢磨和感悟,都记录下来。这就是教育科研。"

二

从那以后,唐燕再也不在我面前闹着不当班主任了,她开始很投入地研究方舟,而且几乎每天都把"研究成果"发到网上。于是,那段时间我每天晚上都上网读唐老师的帖子,时不时还评论几句,心里一直惦记着方舟的成长。一年后,唐燕生孩子回家休产假,交给我一篇两万字的教育手记《方舟的故事》，完整地记录了自己与方舟打交道的过程，其实这也是唐燕成长的过程。正如她说："方舟促使我快速成长。"

这篇手记夹叙夹议，有故事，有思考，故事呈现出生活本来的面目而波澜曲折乃至跌宕起伏，让我在读的过程中，时而忍俊不禁，时而掩卷沉思，时而焦急不安，时而舒心长叹……从这个长长的故事中，我感受到的东西太多：教育的爱心与智慧，复杂与无奈，还有教师的倾注与坚韧，彷徨与坚守……

比如，唐燕在研究方舟与其父母的关系时，这样写道——

方舟这孩子缺乏最起码的荣誉感和上进心，也缺乏正常的情感。他曾直言不讳地告诉老师："我到学校来干什么？耍！"而缺乏情感则主要体现在他对待父母的态度上。

记得以前我曾经说他最害怕他的父亲，最看不起的是自己的母亲，曾经在大庭广众之下对母亲大呼小叫，甚至有大打出手的冲动，而我认为造成这样的现状是因为父亲管得少但管得狠，母亲管得多但管得乱，至少我感受到的是他比较敬畏自己的父亲。曾经为了改善他与母亲的关系我找他聊过，他对母亲颇有微词，但从来没有表现出对父亲的不满。然而这学期似乎一切都变了，可能是因为家庭里的某些变故，我发现他对父亲的感情一落千丈，言语中甚至充满了仇恨和轻蔑。

当然我知道其中的原因，这种变化主要是源自于自身的经济利益，因为母亲说要将一套房子给他，但父亲没有说这话。别人的家事我们不能妄加评论，但一个十二三岁的孩子因为一套对现在的他来说并没有多大影响的房子居然如此对待自己的亲人，这让我不寒而栗。

想象一下，一个本来应该很单纯的孩子，内心充满的只是"利益""仇恨"诸如此类的东西，仅仅因为一套房子而抛弃了自己的亲情，仅仅因为经济利益而完全忘记了此前父亲对他的种种爱，推翻了此前父亲的所有付出，哪怕以前是如何的崇拜。这种行为放在一个市侩的成人身上，我们都会谴责，怎么能出现在一个半大孩子身上？

我时常想，造成这样的局面，他所受的家庭教育，他的家庭环境应该承担怎样的责任？如果从小他生活在一个稳定的、充满温暖的家庭之中，那么还会有今天这些令人头疼的问题吗？他的父母不爱他吗？肯定不是，但他对父母的感情却如此淡薄，我不得不说："自己酿的苦酒只好自己喝吧。"

写到这儿，心头竟涌起了一丝心痛和怜惜，突然觉得这孩子其实挺可怜。

……

三

其中，最打动我的，是唐燕和方舟之间的情感与信任。我认为，无论教育对象如何顽劣如何桀骜不驯甚至看起来多么不可救药，只要教师和学生始终保持一份情感和信任，教育就永远希望不灭，就永远不会山穷水尽。

方舟可谓顽劣至极且屡教不改，但有一点让唐燕不会绝望，那就是孩子对自己的情感、信任以至依恋，甚至孩子有时犯错误也是为了取悦于他所喜欢的唐老师——他威胁要跳楼后对唐燕说的是："我不想被你认为没有勇气……"因为唐燕无意中说了家门外面被没有教养的邻居堆满了垃圾袋，他竟然就去为老师"报仇"！其实，在和方舟打交道的过程中，唐燕对他该训就训、该罚就罚，有时甚至拍案而起，"劈头盖脸地骂了他一通"，但方舟就是不恨唐燕。为什么？因为他信服唐老师呀！

无论方舟多么顽劣，唐燕的内心深处都秉持着一个信念：方舟绝非不可救药的坏孩子，只是顽童而已；而且这个顽童的心灵深处依然纯真未泯。凭着这个信念，唐燕从来都没有把方舟当敌人，而且始终和孩子保持着感情与信任。师生之间的这份情感，制约着方舟，让他无论如何都不可能坏到哪里去，因为他心中有唐老师呀！

所以，我经常说，只要和学生有了感情并建立了信任，嬉笑怒骂皆成教育。后来，因为唐老师工作的调整，她不再做班主任了，可师生之间依然彼此牵挂着。教师节，"他笑笑，满头大汗的，望着我。我想，够了，他还能记得我这个老师，值了！我正想向他表示感谢，谁知他继续在书包里掏着东西，拿出来的居然是一罐孕妇奶粉，感动猛地冲击我每一根血管！相信这是我今天收到的最细心、最真诚的礼物。"读到这里，我的鼻子发酸。企图让方舟在短时期内有翻天覆地的变化，是一种教育的天真，但方舟的的确确在不知不觉地变化着，这就是唐燕的成功。其实，即使这些变化微不足道，就凭在方舟离开唐燕之后，唐燕"每个月准能接到他打来的电话"，唐燕就不仅仅有教育的成功，更有职业的幸福。

手记结尾时，唐燕写到了少年马克思的一段话："我们的事业并不显赫一时，但将永远存在。而面对我们的骨灰，高尚的人将流下热泪。"这是镌刻在我们学校教学楼台阶前的一段话。唐燕通过刻骨铭心的教育经历，真正理解了这段话并不是什么"豪言壮语"，而是一种普通人可以感受并享受到的朴素情怀。

其实，唐燕所面对的方舟，我们每个老师都碰到过，或者正在遭遇；但并不是每个老师都像唐燕这样从容。须知，唐燕的性格其实是很急躁的，但她面对方舟时却表现出让我惊讶的坚忍与柔韧，从容而宽容（当然，偶尔也气急败坏），其根本的原因，还是她和孩子之间的感情与信任。唐燕记录的这个惊心动魄、扣人心弦、跌宕起伏、妙趣横生的故事，为苏霍姆林斯基的一句朴素名言提供了一个中国版的诠释：对孩子的依恋之情——这是教育修养中起决定作用的一种品质。

四

唐燕休完产假后回校,便没有再当班主任,而是在继续上语文课的同时,又担任教务处的干事。但上学年快结束的时候,她找到我:"李校长,下学期还是让我当班主任吧!"我问为什么,她说:"不当班主任,心里空空的。"我说:"那你的工作量就太重了。"她说:"不要紧,我愿意做的事,再累心里也踏实。"于是,新学年开学,唐燕如愿当上了初一班主任,又开始有滋有味地研究着每天的一个个具体的难题,用实践书写她自己的教育故事。

过了几年,学校办公室主任贺兵调到另外一所学校去当副校长了,何书记便动员唐燕参加办公室主任的竞聘。唐燕不太愿意,但经不住何书记多次劝说,她便报了名。谁知——其实应该是"果然"——她一竞聘便成功了,当上了学校办公室主任,自然也就不再担任班主任。

唐燕就是唐燕,虽然她不是特别愿意当这个办公室主任,但一旦就任她就非常认真。宣传、接待、工会、人事……样样她都做得很棒,渐渐地,连教育局领导都注意她了,觉得这是一棵好苗子,便吸收她进了教育局办的未来教育家研修班,这个研修班是专门培养校长的。那一段时间,所有人都为唐燕前途看好。

但做了办公室主任仅仅两年,在一个学期快放假的时候,她到办公室找到我:"李校长,我有个想法,请您理解并同意。"

我心一惊:她又有什么"想法"了?但表面上还是很平静地问:"什么想法呀?但说无妨。"

她说:"我想辞去办公室主任,退出未来教育家研修班,我对当校长搞学校管理一点兴趣都没有,我就想当班主任,我觉得还是当一名班主任老师踏实些。"

我一下想到我的年轻时代，想到当年在成都石室中学时，也曾对老校长说过类似的话。当即便说："我同意，以后我给你创造条件，让你朝教育专家方向发展。"这话也是当年老校长对我说的。

唐燕脸上露出来舒心的笑容："谢谢李校长！真的很感谢！我还有，一个，一个愿望……"她欲言又止，好像不太好意思说。

我说："还有什么愿望呀？不要紧，一起说出来。"

她鼓了股勇气，说："请您看看目前学校哪个班问题比较多，我就去担任那个班的班主任。不是我有多么高尚，也不是我多有能耐，我就是想，想搞研究……"她还要求我给她这个想法保密。（几年过去了，我现在"揭秘"，唐燕老师不会怪我吧？）

当时，我心里非常感动。我说："这个，学校要通盘考虑，但我支持你！"

五

从那以后到现在，唐燕一直作为一个普通的班主任和语文老师行走在她的教育成长之路上，尤其是在新教育实验方面，她可以说是走在了许多老师的前面。她自己说："我的教育行为很多时候会自觉不自觉地呈现出新教育的特点和气息，因为我对新教育又有一种深入骨髓的爱。"

比如，她的书香班级就特别有声有色。

唐燕每新接一个班当班主任，同时也担任语文教学。她的教室里有一样东西必不可少，那就是班级书柜。作为语文老师，唐燕非常倡导学生阅读，很多时候她宁可学生少做一点作业，也要多一点时间阅读。因为她始终认为，阅读不仅关系到学生的现在，而且对于孩子们的一生都会产生重要的影响。她曾说:"一个不爱阅读、不会阅读的人是没有什么生活质量可言的。"

具体说来,唐燕推动书香班级建设主要采用了以下几种形式。

第一,全班共读:每月共读一本书是唐燕班上的惯例,也可以说是传统。共读的书目除了课本上推荐的青少年必读的经典书目外,她还会跟随教材推荐相关的读本,如史铁生的《我与地坛》、林海音的《城南旧事》、曹文轩的《草房子》等。一般来说课本上有节选的,唐燕认为又适合初中生读的,她都会组织全班共读。

第二,个性阅读:班级书柜的主要作用在于方便全班同学的阅读交流,唐燕班上的书都是孩子们从家里带来,在班级内部漂流的,每月一换,尽量保证"血液"新鲜。每天中午的午读时间都是同学们进行个性阅读的时间。

第三,班级创编:对于阅读而言,小说、散文、传记之类同学们读得比较多,但对于古典文学、国学经典反倒涉猎得比较少。为了弥补这个不足,唐燕指导全班同学一起自编了三本文言文选刊,复印出来,每个语文早读孩子们就读一则,这样日积月累,同学们在文言文方面的积累还是颇为丰富的。

第四,师生交流:"师生共写"是师生之间、同学之间读书交流的主要途径,通过这样的方式,启发思维、增长见识。但除了共写之外班上还经常开展读书交流会,以班会的形式来展现阅读成果。比如在阅读了史铁生的《我与地坛》之后,唐燕把全班同学带到院子里的银杏树下,开展了一次读书交流活动。正是秋季,满地金黄的银杏树叶,与史铁生书中描写的某些场景颇为相似。那天的读书会同学们交流了整整两个小时,气氛非常热烈。

六

我至今记得一个秋天的中午,唐燕的学生们来邀请我参加他们的读书会。当天,我在博客上有这样的记录——

昨天,初一(11)班的孩子给我送来一个自制的精美邀请函,邀请我今天参加他们的读书会。

今天,成都出现了难得的秋高气爽的天气。中午,我来到操场边,参加了初一(11)班的读书活动。

在一排枝繁叶茂的树下,孩子们围坐成一个半圆,两位小同学站在中间大方地主持着。今天,他们交流的书是《青铜葵花》。我校图书馆买了许多名著,而且有的书买的是复本,就是说,同一本书买了很多本,比如这本《青铜葵花》就买了120本,这样方便两个班的孩子同时阅读。

今天的读书交流活动,形式活泼、内容丰富。有知识抢答,有心得交流,有佳句赏析,有情景表演……特别是最后的"情景表演",几个孩子分别扮演书中不同的人物,展示了"葵花认亲"的感人情节。

中途,主持人即兴抽我发言,要我说说对这本书的看法,我刚好以前读过这本书。所以我说——

"我是几年前读《青铜葵花》的,故事我已经不能完整讲述了,但我记得当时我相当感动,尤其是那一个个细节,比如青铜为葵花做冰项链,他在风雪中卖芦花鞋,他为妹妹捉萤火虫做萤火灯,他让妹妹骑在自己脖子上看马戏,葵花为了不给家里增添负担而有意考不及格,她为给奶奶治病去拣银杏果……让我不止一次热泪盈眶。"

"关于善良,关于纯洁,关于坚韧,关于勤劳……这些现在看来似乎已经很稀罕的精神元素,在青铜、葵花、奶奶以及爸爸妈妈的身上非常自然地呈现出来，这种呈现以贫穷和苦难的故事为载体得以实现的。"

"作者坦言，这是一部写苦难的作品，但作者并不是一味歌颂苦难，而是希望通过对苦难形象的诠释，告诉读者——特别是少年读者，有些苦难，其实是我们成长过程中的一些无法回避的元素。我们要成长，就不能不与这些苦难结伴而行，就像美丽的宝石必经熔岩的冶炼与物质的爆炸一样。"

"我再一次被作者纯美的描写所征服。对于中国最近一二十年的小说，我同意这样一种评价：有故事，没文学。的确，现在许多小说，作者太注重一下子抓住读者，可以编织惊心动魄的情节，却忽略了或者不屑于文学——美的情感，美的形象，美的景物……这一切当然都是通过美的语言来实现的。"

我说着，随手从身边一个孩子手中借一本《青铜葵花》，翻开第一页给大家分析——

"曹文轩的小说是纯美的，因为他的语言是充满诗意乃至富有一种梦幻的色彩。请看小说开篇的几句：七岁女孩葵花走向大河边时，雨季已经结束，多日不见的阳光，正像清澈的流水一样，哗啦啦慢泻于天空，一直低垂而阴沉的天空，忽然飘飘然扶摇直上，变得高远而明亮。这样的语言太富有画面感了，而且还是刚刚完成的还散发着墨香的水墨画。"

"再看作者写哑巴男孩隔着大河和小女孩对视：这是一个无声的世界，清纯的目光越过大河，那就是声音。这样的语言难道不就是诗吗？"

"还有——"

"起风了，芦苇荡好像忽然变成了战场，成千上万的武士，挥舞着绿色的长剑，在天空下有板有眼地劈杀起来，四下里发出杀拉杀拉的声音。"

"一个女孩，一只鸟，在空阔的天底下，无言相望，谁也不去惊动谁。只有大河纯净的流水声。"

"夜晚的大河,平静地流着。月亮挂在天空,水面上犹如洒满了细碎的银子。几只停泊在水上过夜的渔船,晃动着渔火。你看着那渔火,看着看着,渔火不再晃动,却觉得天与地、芦荡与大河在晃动。大麦地的夏夜,很梦幻。"

……

最后,我充满情感地对孩子们说——

参加你们的读书活动,我很感动。我在想,现在,就是此刻,你们的许多同龄人正在打电子游戏,或以种种无聊的方式打发时间,而你们却在交流富有诗意的《青铜葵花》,特别是在这么一个富有诗意的秋天的中午,在这么一个富有诗意的美丽的校园!在我的眼里,你们每一个人都是一首美丽的诗!我禁不住遐想,若干年后,你们长大了,甚至三十年五十年后,你们回忆自己在武侯实验中学的岁月,一定会想到这么一个富有诗意的秋天,和秋高气爽之下的这么一个富有诗意的读书活动,当然,也会想到我们共同读过的手中这本富有诗意的《青铜葵花》!

七

唐燕班上的"培养卓越口才"活动也做得很不错。她培养学生的口头表达能力,很多时候是通过节日活动或专题活动进行的。比如那次班级辩论会,唐燕走进教室,见多媒体上赫然打着一行大字:嗟来之食,我们该不该吃?这是学生自己组织的一次辩论会。

"这个辩题不错,尊严和生命哪一个更重要呢?连我这个成年人一时都想不明白呢!"唐燕心想,暗暗佩服孩子们。当她的目光扫向教室后排的时候,还吃了一惊:好家伙阵势还真不小,只见班上的数学、英语、物理、政治等好几个学科老师坐在后面向她招手,唐燕一下觉得,这些猴孩子们把辩论会办得还挺有模有样的。

辩论开始，唐燕被安排在"主席"的位置，其他老师则作为评委。只见双方各有四个辩手，四个辩手相对而坐。首先正反方一辩发言，看得出俩孩子都做了充分准备，手里拿着便条，引经据典，从"嗟来之食"的典故，到近代、当代的实例都搬了上来。接着双方进入自由辩论阶段，主要是双方的二辩、三辩发言，采用"点杀"的方式当面提问，这个环节是最为精彩的环节，双方针锋相对，你一言我一语，妙语连珠。

随后是双方四辩作总结陈词，四辩的总结其实非常考水平，因为这个总结并不是简单地查点资料、做点笔记就可以形成的，他必须根据辩论场上对手的发言来适时进行，要懂得抓住对方的漏洞来支撑本方的观点，因此唐燕很担心这两个总结陈词的孩子有没有这种随机应变的能力。结果他们牢牢抓住了总结陈词的精髓，这让唐燕非常的惊讶和欣慰。想一想这些孩子们多年以后回忆起中学时代的这一幕，该是多么激动呀！

八

在唐燕成长的过程中，我也尽我所能帮助她。其实，我的所谓"帮助"，无非就是给她推荐书并督促她阅读呀，提醒她随时写教育随笔、课堂实录呀，或者应邀去她班上给孩子们上班会课呀，有时候帮她推荐文章发表，还曾带着她去福建、广安等地讲学，等等。

毫无疑问，唐燕已经是一名真正意义上的优秀青年教师。但由于种种原因，好几次评优选先，她都没能够胜出。我心里为她惋惜，但她好像从不为此烦恼。其实，按人之常情，我想她也许感到过一丝遗憾和失落，但她都能及时调整心态，乐观前行。在我的眼里，唐燕就是那么大气、淡泊、坦荡。她用自己的人生态度，演绎着我常常说过的一句话："幸福比优秀更重要。"

上学期期末，我卸任了校长。那一段时间，我手机里满是老师们发给我的表达不舍情感的短信，其中也有唐燕的短信："李校长，听到您要离开的消息很震惊，也很不舍。非常感谢您在这九年中给予我的帮助和厚爱，您不在就再也没有人问我读没读书、写没写文章了，我害怕没人监督和引领自己会变得懒惰。心里好失落呀！离开我们学校您的压力会小一些，注意身体，希望您能天天开心。我会来看您的！"

离开武侯实验中学后，至今我还没见过唐燕一次，但每次想到唐燕——还不只是唐燕，还有学校许多像唐燕这样的老师——我就想到和他们在一起的温馨的日子。

于是我心里也就温暖起来。

2015年11月8日

◎ 李镇西

怒放的生命

2015年9月29日，成都市红牌楼小学的黄雪萍老师，在武侯区教科院学术报告厅对全区老师讲她的新教育实践。她的第一句话就"跑题"了："首先请大家猜猜我的年龄。"

大家愣住了。因为黄雪萍老师已经人到中年，虽然有着年轻人的朝气，但怎么也有四十好几了吧？

没人回答，黄老师自己说："8个月零21天。"

这下老师们乐了，知道她是在开玩笑，但她怎么说自己只有"8个月零21天"？大家还是不解。

黄老师继续说："对！就是8个月零21天。因为自今年1月8日邂逅新教育后，我才真正感受到教育生活的幸福，我把这一天确定为我的一个生日，我的新教育生日。这8个月零21天，是我20多年教育生涯中最精彩的265天，新教育让我一路快乐一路感动，好似一种重生的幸福。"

她说的"1月8日"那天，指的是2015年1月8日在北京师范大学礼堂举行的新教育生命叙事报告会。会上，来自全国各地的新教育榜样教师讲述了他们的新教育生活，以及新教育带给他们的成长与幸福。

当时我带着武侯区的一群老师在下面听，黄雪萍是其中之一。听着听着，她被"击中"了：原来还有这么好的教育，自己从教20多年了，一直就期待着这样的教育啊！散会了，黄雪萍还沉浸在激动与向往中。她走出礼堂，在北师大的操场上一圈一圈地跑着，以此来释放自己的兴奋与激动。那天，北京气温－4℃，但天空却格外晴朗。阳光瀑布一般打在黄雪萍的脸上，她感到是新教育的阳光扑面而来……

黄雪萍从小就有一个梦，那就是做一名小学教师。这个梦想在25年前就实现了。凭着善良、勤奋，从教25年的黄老师拥有了一般她这个年龄的小学女教师所希望有的一切：荣誉、职称、待遇……按世俗的眼光看，她完全可以不用那么卖力了，只需"守着摊子"再过几年就可以退休了。但黄雪萍老师觉得自己还可以更幸福，而新教育实验可以让自己更幸福。

她对老师们说："从教以来，真正让我为之怦然心动的、为之燃烧热情的还是去年1月与新教育的相遇。它就如一道清风吹进我的教育世界，让我的生活焕然一新。以前也做班级管理也搞教学，但往往是想到一点做一点，也不曾想这样做到底要有什么结果，冥冥之中只感觉这样去做，能给学生们带来快乐。日子就这样一天天过去了，直到2015年1月8日邂逅新教育，我教育生活的心灯就此点亮。让师生、家长过一种幸福完整的教育生活，这是多么美好又实在的教育理念和愿景啊！营造书香校园、缔造完美教室、开发卓越课程、每月一事、戏剧课程……就如一颗颗珍珠，串起了我的教育生活，激发了我的教育热情，感觉到未来的日子将有很大的不同。"

回到成都，黄雪萍就行动起来了。从哪里入手做新教育呢？黄雪萍首先选择了新教育实验十大行动之一的"缔造完美教室"。

回到成都不久便放寒假了。但黄雪萍却没有放假。她利用假期，和家长、孩子们一起构想着他们的"完美教室"——他们将自己班命名为"破壳班"，并确定了班徽，班徽说明是这样的："以红色为底，红色，寓意着孩子们的热情、活泼、奔放、激情，红色还象征着光明；在红色的包裹中，一颗绿色的幼芽正在汲取力量，等待破壳而出；黄色和白色的图案就像一双温暖的手，它寓意着绿色的幼芽在老师、家长温暖双手的呵护下茁壮成长。"黄雪萍和孩子们还一起创作了班诗、班歌，甚至还设计了班服。

还没开学，黄雪萍便率先开启了破壳班的共读课程。她带着学生一起阅读《我和小姐姐克拉拉》《木偶奇遇记》《鼹鼠的月亮河》三本书籍，一起分享读书的快乐。开学后，她引导家长创办了一个共读展报，激发家长回家以后利用一些时间陪同孩子一起，享受亲子共读的乐趣；孩子们读完书中的故事后讲述自己的故事，并撰写成文。黄雪萍将这些文字一一修改、点评后汇集成册，希望孩子们长大成人以后再回头看看自己的每一个脚印是多么的扎实和清晰。

黄雪萍和孩子们还开展了晨诵课程。3月1日报名那天，全体家长和孩子们聚集在一起，以吟诵金波编写的《花朵开放的声音》的方式为晨诵课拉开了新学期的序幕。从此，黄雪萍每天早上都和孩子们提前20分钟走进教室，坚持晨诵，一个学期里，他们共晨诵了金波的《愿站成一棵树》《会飞的花朵》《让太阳长上翅膀》《如果我是一片雪花》《听春》等，还晨诵了日本金子美玲的《奇怪的事》《全都喜欢上》《我爱洗澡》等10首诗，对每一首晨诵的诗，黄雪萍都认真写下教案、课后札记、教师随笔。孩子们晨诵后创编了《柳树发芽的声音》《破壳种子成长的声音》《小鸟歌唱的声音》《会听课的蜘蛛》等诗句，黄雪萍也将这些稚嫩的诗句一一整理成册。

在学校，破壳班进行晨诵和共读；在校外，他们则开展了亲近自然的户外活动：3月的清明前夕，走进近郊的茶园，在家长和孩子们的共同参与下一起采茶，开启了茶文化之旅。黄雪萍的丈夫为孩子们讲解茶的采摘和分类，演示手工制茶的全过程，孩子们用稚嫩的双手，将一芽芽嫩叶制成了茶叶，一人一小袋成品茶是孩子们的劳动成果。4月，黄雪萍和家长们利用星期天带领孩子一起爬山，既锻炼了身体，又亲近了自然。爬山回来后，师生一起办爬山展报。5月，他们一起到农村的稻田里插秧，让孩子们从小就体会到"汗滴禾下土""粒粒皆辛苦"的真正含义。6月，当学习了冰心的《雨后》那天，正巧下雨，黄雪萍索性让孩子们到雨中疯了一把，孩子们乐了，有趣的诗歌和雨中的身影交融在一起。雨后，展现在黄老师眼前的，是孩子们一篇篇快乐的日记和一首首灵动的诗歌。7月，师生再次一同走进书海，共读《中国神话》《彼得潘》等书，然后把一份份读书小报汇集成册。到了8月，黄老师建议家长们根据自己的实际情况，自行组合，带着孩子们踏上旅途。暑假结束开学那天，《抚仙湖之旅》《青海湖之旅》《日本之旅》《沙巴之旅》等旅游展报成了破壳班教室里一道风景线……

新教育实验让黄雪萍的每一天都充满诗意，也给孩子们的每一天带去了快乐。黄雪萍实施了"生日赠诗课程"。每一个孩子在生日的当天，一定会收到黄老师送给自己的生日诗歌。黄雪萍为每个孩子写下属于他们自己的诗，这些诗有赞美、有鼓励，更有希望。孩子们在老师的影响下，还兴致勃勃地为自己写生日诗，甚至还有几个孩子饶有兴致地为黄雪萍写诗。

从北师大回成都，仅仅过去了一学期，8月暑假里，黄雪萍闭关10天，梳理着半年来缔造完美教室的旅程，她被孩子们一篇篇文字和一首首诗歌所打动。她萌发了一个美好的愿望，让破壳班孩子的童年充满故事！因为有故事的童年才是动人的童年，有故事的童年才是孩子们出彩的人生。当然，破壳班已经有很多故事了，但这些故事应该"凝固"下来，并保存下去。于是，黄雪萍将孩子们的一篇篇文字装订成册。这是破壳班的班级史册。她还将近郊的一套房子作为破壳班的博物馆，用以陈列破壳种子的故事。在破壳博物馆成立那天,我还遵嘱语寄破壳班:"永远保持一颗纯真、善良、美丽的童心!"黄成凤校长提笔写下"博学笃志"四个字,给予孩子们以殷切的希望。学生的硬笔书法、毛笔书法,以及采茶的水粉画和茶韵的国画,还有他们办的各种小报,以及一切蕴含着破壳班故事的物件,都陈列在这个班级博物馆里。

一年后,黄雪萍面对全国的新教育同仁这样说:"回首走过的379个日夜,我感觉到自己经历了一场蜕变,收获了比过去25年还要多的教育幸福!通过教育,促进学生成长,通过教育,促进自我成长。感谢新教育,让我明白了教师的幸福从哪里来——从学生中来,从实践中来,从阅读中来,从写作中来,从反思中来,从心态中来……"

我知道,黄雪萍说的是肺腑之言,新教育的确改变了她。2016年寒假,农历大年初一晚上,我看到微信上黄老师晒出了她的读书笔记,是用钢笔写成的读《和青年校长的谈话》《幸福比优秀更重要》等书的感想,落款是"大年初一晚23:32分"。那几天她每天晚上都晒出这样的手写读书笔记,让我大为感动:春节期间她为什么不去打麻将,却要读书?别人看来也许不可理解,但对黄雪萍来说,这是她自己选择的最快乐的过年方式。

她后来在演讲中说:"以前我是一个对阅读不怎么感兴趣的人。当加入新教育后,我从阅读中感悟到了生命的价值,感受到生命的幸福。追逐新教育的旅程,我习惯性地从书中去汲取营养,来缔造我的完美教室,读书便成为我每天生活的课程。内心的富足是我更大的收获,汲取的教育理念让阳光透进了我的心灵,让我更清晰地明白:一定要做一个点灯的人,让孩子爱上阅读,为童年播下最美的种子。"

在做新教育之前,和许多老师一样,黄雪萍是不太爱写作的。但新教育教师成长的途径便是专业写作,就是不断记录并反思自己的实践。所以特别提倡写教育案例、教育故事和教育随笔。何况，每天精彩的教育生活，也感动着黄雪萍，她情不自禁地拿起了笔，记录每一天点点滴滴的精彩。

比如，在生命叙事剧课程中，每一个孩子都是奇迹，每一粒种子都在发芽。孩子们体验着成功和自信的快乐，体验着超越自我的幸福，这些都是孩子们生命成长的礼物。于是，利用假期，黄雪萍将开展的生命叙事剧整理成册，长达7万多字。

她说："直到现在，我都无法相信自己，在大家都在微信圈里'暴晒'旅行之乐的假期，我能静心坐下来敲击键盘，要将一段旅程进行梳理。我既没有对写作的痴情，更没有可以写作的资本，只是因为踏上一段新的旅程，要将别样的风景赠予不惑之年的自己。有些路，如果不走，就永远不知道会遇到什么样的风景；如果走了，在欣赏风景的同时，领悟生命的意义，然后就迷恋上这样的生命。"

到现在，黄雪萍已经写作万字。

曾经有人问黄雪萍："你开展新教育课程，不影响孩子们的学习成绩吗？"

黄雪萍坦然而自豪地回答："恰恰相反，因为这样的课程，孩子们更加自信，理解和写作能力更强，童年生活更加美好。我们破壳班的孩子，以前因为不自信，无论是学科学习还体育锻炼成绩，都在年级倒数。后来在新教育的引领下，开展各种课程，孩子们越来越自信，越来越阳光，学科成绩由倒数第一变成正数第一，体育锻炼成绩也连连获得第一名。暑期孩子们参加成都市第十五届少儿才艺大赛，有8个孩子荣获一等奖，这些数据和奖状，是对一些老师的担心的最好回答。"

新教育会不会影响教学质量，这是很多人关心和担心的事。但迄今为止，所有搞新教育的学校没有一所因为新教育而降低了教学质量。黄雪萍的班只是其中一个小小的例证。而她所在的成都市红牌楼小学，因为新教育教学质量也大幅度提高。校长黄成凤这样对我说："以前我们学校参加区里的各种调研统考，成绩都不怎么样，但最近两年，因为搞了新教育，我们学校的教学质量稳步上升，最近的一次区里调研考试，我校名列全区第一！"

黄雪萍很美丽，随时都洋溢着青春的气息，所有见过她的人都说简直看不出她的年龄已经"奔五"。她说："在'奔五'的生命途中遇见新教育，我感觉到我的生命在怒放。"

是的，因为新教育，黄雪萍的生命在怒放，而怒放的生命自然永远美丽而年轻。

2017 年 3 月 23 日

◎ 李镇西

生命被新教育改写

那天中午，我接到王兮的一则微信："今天是9月18日，2012年的这一天，是您把我领上了新教育之路。往事历历在目，谢谢您！"

陡然间，这条短信让我想起了2012年的9月18日，我在武侯区教育局做新教育培训时的情景。那天，当我在讲述一些新教育人的成长故事时，王兮听得特别专注。当天晚上她就写下了这样一段教学日志——

今天，注定是不平凡的一天，不仅仅是因为是国难日，举国哀恸，更重要的是，今天我第一次近距离地接触了新教育——一种朴实无华的教育，一种浸润孩子心灵的教育，一种折射着教师宗教情怀般的教育理想，充满了对人性的温情关怀。

当天晚上，我在李老师的建议下在网上看新教育榜样教师的故事。看着看着，我哭了，因为我想带着我的孩子们去走这条路。

要知道，在这之前，王兮有着严重的职业倦怠，她甚至想辞职去当网络作家。但正如几年后王兮在其专著《做有温度的教育》中所说："从那天开始，我的教育生命被改写。"就在王兮流泪的那一刻，她做出了一个庄严的决定——要做一个新教育实践者！就这样，王兮开始了她的新教育之行。

知易行难。

在接下来的几个晚上，王兮失眠了，脑袋里翻腾的都是新教育的信息。躺在床上她总是在想：我要怎么做？要知道当时她所在的双楠实验学校还不是新教育实验学校，没有一点新教育氛围，周围也没老师搞新教育。王兮只能自己摸索。

她想到了教育在线论坛，这是新教育的一个网络平台。她注册了会员，阅读学习了有关新教育的帖子。渐渐地，她有了些眉目了，决定从阅读入手，营造书香班级的氛围，并着手"缔造完美教室"。根据一些相关的网帖理出了一个简单的思路——

（1）利用百度等网络资源，收集了一些绘本资料，将每周五的一节语文课固定为阅读课给孩子们讲故事；

（2）全班统一购买两个笔记本，进行读写绘作业和晨诵作业的记录；

（3）启动读写绘作业和晨诵评价表；

（4）通过校讯通联系家长，让家长获悉班级即将开展的阅读之旅，并且及时指导家长和孩子共同参与；

（5）请同学们给班级取一个响亮又富有意义的名字，设计独一无二的班级标识。

第二天一大早，王兮就迫不及待翻开了家校联系本，家长和孩子们为班级取了好多有趣的名字呢：葵花园、毛虫班、阿凡达班、星星班、起航班、蜜蜂班……

究竟确定什么名字呢？孩子们争论不休。"那就举手表决吧！"王兮对孩子们说。一双双小手臂像田地里齐刷刷的秧苗。最后，"星星"以最高票数成为班名，孩子们鼓起掌来。

那一刻，王兮怦然心动。她想：是啊，星星，这个名字多响亮，多有意思啊。你看，孩子的眼睛多像天空中闪烁的繁星，每一个孩子，就是班级里一颗充满无限幻想的智慧星、聪明星……这就是民主吧。尊重孩子，从每一点做起。

在接下来的很长的日子里，王兮和孩子们一起把"星星班"这个名字变得真正富有意义。

星星班的孩子们在王兮的指导下，围绕着"星星"的主题设计了班徽——打开的书里夹着一支笔，象征着热爱阅读的人能妙笔生花；那支笔似乎在记录，记录着孩子和老师的收获和成长。笔的一端是花吧，书本笔墨是香的；笔的一端是星星吧，因为星星班的孩子将通过书本走向美好的未来。

他们选定了班歌——《星星的心》，同学们还为这首歌曲自编自创舞蹈动作呢。每一次班级的庆典上，这首歌作为结束曲一再被同学们唱响，成了一种特别的班级仪式。

运动会上，全班同学在家长的帮助下手工制作了飞翔的小星星头饰，作为班级运动会的标识；QQ群和微信群统一命名为星星班；给孩子们制作的成长册、定制的小印章、班级的班牌以及后来发行的星星币都印上了这个响亮的名字。当然，班级文化墙上也少不了关于星星的文化符号……

而班诗，是直到二年级的时候孩子们才选定的。二年级时，当同学们读到谢尔的诗歌，大家眼前一亮——这正是班集体里每一个孩子的心声啊！

总得有人去擦亮星星

〔美国〕谢尔·希尔弗斯坦

总得有人去擦星星
它们看起来灰蒙蒙
总得有人去擦星星

>   因为那些八哥、海鸥和老鹰
>
>   都抱怨星星又旧又生锈
>
>   想要个新的我们没有
>
>   所以还是带上水桶和抹布
>
>   总得有人去擦亮星星

就这样，王兮和孩子们不断"擦亮星星"，并赋予了它属于班级的每一位成员的独特价值。

正如王兮给孩子们写的第一封信——

亲爱的星星班的孩子们，你的梦想是什么？

星星班的孩子啊，你走到窗前，看看远处的天边。你看得见那颗星星吗？或许你会茫然地说："那是白天，怎么看得见呢？"可是有个小男孩却说："就是那颗星星啊！我真的看得到，它依然高挂在天边，不分日夜，一直为我而闪烁着，那是属于我的希望之星。只要它存在一天，我的梦想就永远不会破灭。"那个男孩长大后带着他的士兵席卷整个欧洲，成为真正的法国皇帝。他就是拿破仑。

星星班的孩子啊，寻找你的理想之星吧，或许它就藏在你内心深处，等待你的唤醒。你要相信，只有从小就种下梦想的种子，相信种子，相信岁月，坚持不懈，美梦就能成真。

种下梦想，够吗？不够，那只是种子。

种下热爱，够吗？不够，那只是阳光。

种下坚持，够吗？不够，那只是营养。

我们还要——

你的相信以及岁月。

从每一天清晨，用美妙的声音唤醒黎明开始——

从每一个故事，用高尚的德行唤醒心灵开始——

从每一个反思，用深刻的铭记唤醒自己开始——

就这样，被新教育重新点燃职业理想的王兮，开始了她一个人的新教育实验，带着40个孩子扬帆起航，踏上了共同成长的道路。

后来，王兮回顾所走过的道路时写道——

这段道路的意义，绝不仅是为了抵达目的地，这段路途中的风景也是道路的一部分。而这种风景就是体验的世界，就是每天发生的一个个故事，就是我们的经历，它揭示了成长的时时刻刻的各种关系。课程就是创造了丰富的情境，就是创造了故事，创造了经历，增强了师生的黏性。只有在这样的条件下，课程才是有生命力的，才是有血有肉的，才能让每一个生命在课程中拔节。

在这条道路上，课程创造了情境、故事和经历，而"每一个生命在课程中拔节"。在王兮的星星班里，有多彩的课程，有生动的情境，有精彩的故事，有丰富的经历。我这里只简单说说她的"笔记大自然课程"。

这门课程的灵感来自王兮和女儿踏青的经历。当母女俩在郊游中呼吸着来自大自然的清新空气时，她突然想到班里的孩子们似乎并没有自己女儿那么幸运，因为他们时常抱怨：周末的补习班已经把亲近自然的时间压榨得所剩无几了。能否将学习与自然结合呢？抱着这样的想法，她觅到了一本有趣的书《笔记大自然》。该书作者克莱尔是美国著名的艺术家、教育家和环保学者，而这本书也被誉为梭罗《瓦尔登湖》的现代教学版，它详尽地教授了日记的布局方式，各种不同风格的日记主题和技巧范例，怎样指导他人写自然日记。

读罢，王兮颇受启发，决定将书中介绍的极具操作性的小课程融入班级的教学里。于是，自然笔记课程就这么简单地起航了。

那天早读课时，她给孩子们欣赏了克莱尔的自然笔记练习——三月长叶的车前草，黑橡树的芽叶开始胀大，雪雁从空中飞过，朝不远处的野地飞去；四月老白蜡树的种子横躺在校园的石板上，小朋友拿它当作直升机玩耍，蚯蚓和它们的孩子在土地里微微隆起；五月的木兰花开得正旺，这个春天看到的第一只蝴蝶正翩翩飞过大街……还有什么比这些美妙的文字和图画更具有吸引力和说服力呢？孩子们看着投影仪里的图片发出一阵阵赞叹之声。

随后，她给孩子们具体介绍了自然日记的写法。比如，在图画的右上角写上姓名、日期、地点、时间、天气、第一印象、风向、云相和云量；在地面观察时，聚焦于一个固定的观察目标，再描述周围的环境，将目标事物与周围的环境联系起来。

那天的第一节正是语文课，孩子们便拿着自己的图画本、铅笔，端着小板凳，来到了四楼的种植园里。这是学校新辟的一块种植园地，三十多平方米的小花坛里种植着各类蔬菜和两棵黄葛树。中间有一个椭圆形的小池子，里面有些水草和浮萍。

孩子们或坐或站，有的孩子干脆趴在用瓷砖砌起的半米高的隔栏上，按照王老师上一节课教授的方法开始画起来。孩子们专注于植物的根、茎的形态，用尺子或用手估量着植物的高度、叶片的宽度，孩子们彼此小声地交流："你看，水池的底部的青苔泛白。为什么呢？""这个是什么？"

虽然王兮戏称自己四体不勤，五谷不分，但她为了这门课程虚心求教，请来了学校种植园的管理员孙师傅。孙师傅耐心地跟同学们介绍："这是小白菜，这是黄瓜，这是金鱼草，这是厚皮菜……"

"除了观察具体的某一样事物外，还要观察周围的环境。"王老师细心地走到孩子们中间提醒着。大伙便抬起头来，看天上的云朵的形状，看几只麻雀扑棱着翅膀飞过楼顶。于是，孩子的自然笔记上便有了这样一段话:"今天是9月的最后一天,上午9:00,气温20℃,观察地点为学校四楼数学办公室对面的小花园。天空是灰白色的,阴沉沉的,空气很潮湿,几只麻雀振翅飞过,我觉得很冷,可能要下雨了。"

你可以从孩子们的作品中感受到这个课程的生命力——

康吉晔在观察黄桷兰的笔记中写道:"这株植物好像跟普通的树没什么两样,唯一不同的是它比别的树更小一些,树皮呈棕色,叶子扁平,椭圆状,大约有2米高,树干和树枝都很细,最大的枝直径大约2厘米,两根指头就能捏住。"

刁玉洁的画面里用铅笔涂抹的线条表现天空,那是背景;天空下用铅笔勾勒出一方池塘的轮廓和水纹,这是前景。在池塘中,她画了金鱼草、浮萍和青苔,并打上箭头——注明。水位:7－12厘米;金鱼草的叶子软软的,有细毛;一种绿色的不明植物,像浮萍;水里有透明的水蜘蛛在奋力划动双脚。

王兮说,那天虽然只是初步实践,但她惊喜地发现,连最基础的画技通过细致入微地观察也能描绘出生动形象的图画作品,而这些图画作品通过数学的测量又最大化地将孩子们的记录变得科学、丰满、翔实。第一次的课程尝试给她以莫大的信心,一节课的观察日记时间同学们竟然意犹未尽,于是,她趁机提出,10月的国庆大假,作业便是一篇自然日记。她想,很多孩子跟随父母出门旅游,这份作业不是正好为他们提供了一个与大自然亲近的机会吗?

果不其然,孩子们听说这样的作业都欢呼起来,一个个喜笑颜开。开学后,同学们齐刷刷地交上一沓作业。王兮惊讶地发现,班上竟然有一半的孩子做了七篇自然日记,再配上漂亮的封面,便成了一本自然手绘书。孩子们主动超额完成任务,足见这样的课程多么具有吸引力啊。

这样的自然日记课程能不能做得更深入,与其他课程整合呢?王兮又开始第二次尝试,这一次的实践便更具有语文学科的味道了。

那天早上,下着蒙蒙细雨。要是平时,王兮和孩子们都会躲在教室里晨读。但是不同的季节,不同的天气正是用另一种视角观察大自然的绝好机会。于是,她带着孩子们打着伞,拿着笔和纸蹲在石坎上,围在小池子旁看植物的变化,孩子们的观察视角也从菜园里的小小植物扩大到观察大自然的昆虫。

"你看,那是什么?"一个叫唐桦的孩子嚷着。她蹑手蹑脚抓住了她的第一个战利品。

"哇,一个蝼蛄的壳!"同学们聚拢在她的周围,发出惊叹。这些平日里躲在《昆虫记》里的玩意儿竟然活生生地出现在孩子们面前,大家甭提多兴奋了。

回到教室里,王老师指导孩子们如何把观察日记变成一篇作文。大家进行骨架图的梳理,孩子们有的说:"我准备重点写我观察到的池塘变化,把平时没有下雨的情形和下雨后进行对比"。有的说:"我要重点写黄瓜,前几天黄瓜花在开呢,今天我就看见了一个小小的果实躲在叶子后面。"那天的作文,王兮几乎没有进行任何修改,每一个孩子写的都不一样,每一个孩子写得都很生动。

"今天下雨了,水池里的青苔绿得发黑,平时挺直了身子的金钱草不知怎么的全部一股脑地匍匐在水池的底部。水池没有积水,我猜想是因为发白的青苔吸收了雨水吧!"

"昨天无精打采,快枯萎的小黄瓜,今天又长出了新叶子。有一朵黄桷兰还开了花,真漂亮。这些植物真顽强,下雨的时候在长,没下雨的时候也在长。"

"一大早,我就被屋檐下滴落的水珠暗算了。下雨,昆虫都躲了起来,蜗牛却趁机占领了它们的地盘。"

孩子们的语言真实、细腻、风趣又生气蓬勃，平日里业已成形的词语通过孩子们的观察力的雕琢一下子就鲜活起来，他们变得敏锐，驾驭文字的能力也迅速提高。

最重要的是，孩子们对这样的日记乐此不疲。不同时节、不同天气、同一地点进行比较、记录，还可以在同一时节、不同地点进行对比。

"王老师，这是什么？"笔记大自然课程带动了孩子们写作水平的提高，也带动了孩子们的好奇心，他们经常指着各种植物或动物追着询问她。王兮这位语文老师常常被孩子们问得哑口无言，于是她把照片拍下来，向科学老师求教，或放在班级群里请孩子们的爸爸妈妈帮忙解答，或变成作业让孩子们查阅资料、寻找答案、写调查报告。渐渐地，孩子们教王老师辨认积雨云、层云、卷云，教她认识龙葵、车前草……周末王兮带着孩子们去白鹭湿地观察植物和动物，一起在科普长廊里了解湿地的形成过程，以及动植物的物种，孩子们成了王兮的老师，这样的课程也不知不觉竟有了科学、生物学的意味。

在晨诵《诗经》时，王兮发现《诗经》里出现了很多植物的名称，于是她在百度搜索栏里输入"诗经里的植物"，没想到，里面的资料应有尽有。于是，她带着孩子们读《关雎》时认识了荇菜——那不正是水池里像浮萍一样的不明植物吗？读《芣苢》时认识了车前草，那可是利尿清热的常见药物……就这样，晨诵与笔记大自然又有了新的契合点。

王兮说："我只是把孩子们带进了自然里，让他们专注于一花一草的形状、纹理、气息，让他们感受大自然植物、动物之间的关系，他们通过观察、画画把事物具象化、细节化，捕捉到偶然闯入我们眼帘的一只菜粉蝶、一只蜗牛、一只水蚊子的刹那感觉，他们的眼睛、耳朵、鼻子、嘴巴、心灵便打开了，他们便真正成了大自然的一部分。"

不经意间，王兮找寻到一种学习的新途径，一种整合数学、科学、艺术、语文等多学科的方式。她感到自豪，因为她觉得自己为孩子们打开了一扇通往真正学习的小窗。

除了笔记大自然课程，还有新父母课程、生命课程、经济学课程、甲骨文课程、吟诵课程……王兮将新教育实验做得有滋有味，有声有色。

王兮，从一个曾经有过职业倦怠的普通教师，成长为一名新教育实验的践行者。三年后的2015年7月，在一年一度的全国新教育年会上，王兮被评为全国新教育榜样教师。组委会的颁奖词是这样的——

一场不期而遇的邂逅，一次点燃梦想的追寻。从初始到深谙，从懵懂到热爱，她选择了新教育的路，一条注定不平凡的路。这里，有她愿意为之奋斗的理想；这里，有她倾心呵护的孩子。听，那清越激昂的晨诵清音，不正是她和学生们共同吟诵的生命之歌吗？

2017年3月24日

◎ 李镇西

风景总在转角处

2016年6月3日,我应邀去成都市华兴小学观摩该校的新教育展示。

最后是一个毕业班孩子的毕业典礼,这个典礼也可以叫作课程,没有表演,没有朗诵,没有歌舞,就是一个班的孩子站成队列观看他们的老师——一位年轻漂亮的女老师,通过照片和视频给他们展示四年来他们走过的足迹:"毛虫家族"的诞生、原野郊游、第一堂绘本课《爱心树》、第一次生日送诗、芦山大地震后的晨诵……在局外人看来,不过是看照片和视频,可对这些孩子来说,这是他们四年来和卢老师一起度过的每一个精彩瞬间,而仿佛昨天才发生的这一切,却马上将成为记忆,成为历史,孩子们流泪了,最后泣不成声。坐在下面的家长们流泪了,情不自禁上去拥抱着孩子。

孩子们不是在悲伤,而是在惜别。不只是惜别小学时代,也是惜别他们亲爱的卢晓燕老师。

卢老师和孩子们的第一次见面是在2012年的9月开学第一天。那年暑假,她参加了在山东临淄的新教育年会。一个个新教育的精彩故事,一位位新教育的榜样教师的成长,感染着感动着年轻的卢老师。她被新教育打动了。置身会场的她不止一次编辑短信发给校长:"我要教一年级,你看我才送走一个毕业班，重新接手一个一年级，不是正好吗？反正我要做新教育，我要带着孩子们一起走进绘本，走进诗词童谣……"

校长回复："待商量。"于是，卢晓燕开始了揪心的等待，当新学期开会分配工作时，她听到的却是"卢晓燕，三年级四班！"这声音让她愣住了：三年级？又是接手别人的班！说好的开始进行新教育呢？她感到了失落，本来构思酝酿并跃跃欲试了一个暑假的"一年级的新教育"顿时成了泡影。

但是卢晓燕转念一想：谁说新教育非得从一年级开始呢？尽管接手的是三年级，但是我还是要开始新教育实验——如果不从这个班开始，真不敢想象正式实践的时间会被推后到什么时候。

在临近开学时，为了给三年级四班的孩子们在开学第一课有眼前一亮的感觉，卢晓燕在网上找相关资料，做成PPT，于是她和孩子们见面第一堂课便是《爱心树》。看着孩子们对绘本故事充满好奇的眼睛，她坚信自己的选择是正确的。当即，她在黑板上用这样简单的格式让孩子们写一写：谁像爱心树？因为什么？仿写两小节，并且在一旁配画，于是孩子们的第一次写绘作业也开始了。

几年后，卢晓燕老师已经是一名优秀的新教育榜样教师了。她在给武侯区的老师讲述自己的成长历程时，回顾了她的新教育第一课，这样说道："属于我自己的新教育，就在这样一个期盼、等待、纠结、憧憬的转角处启程了……"

从2012年9月到2016年6月，从三年级到六年级，卢晓燕这个从三年级接手开始进行新教育实验的毛虫家族，四年间有太多足以让人感动的点滴和瞬间，有了太多已经嵌入卢老师和孩子们生命的故事。

故事一：涌动在晨诵中的眼泪

那是一个周六的早晨，突然大地剧烈摇晃，原来是雅安芦山发生了地震。尽管经历过"5·12"大地震，但卢晓燕仍然惊魂未定。她首先想到了"毛虫家族"的孩子们，他们和自己一样经历了两次地震，会是怎样的感受呢？于是，她临时将周一的晨诵内容更换成《孩子，快抓紧妈妈的手》，紧接着做PPT，搜寻资料，目的只有一个：让孩子们在这样的晨诵仪式下，感知生命的可贵、亲情的珍贵！

4月22日周一早上的晨诵，卢晓燕简单地讲述了雅安芦山地震和汶川大地震危害性之后，便开始播放《孩子，快抓紧妈妈的手》这首诗歌的朗诵视频。在当时那样的氛围下，听着朗诵者声情并茂的朗诵，班上好多孩子的眼眶都湿润了。而当卢老师请孩子们一起起立朗读全诗时，他们好多又哽咽着——

> 孩子快
>
> 抓紧妈妈的手
>
> 去天堂的路
>
> 太黑了
>
> 妈妈怕你
>
> 碰了头
>
> 快
>
> 抓紧妈妈的手
>
> 让妈妈陪你走
>
> 妈妈
>
> 怕

天堂的路

太黑

我看不见你的手

自从

倒塌了的墙

把阳光夺走

我再也看不见

你柔情的眸

孩子

你走吧

前面的路

再也没有忧愁

没有读不完的课本

也没有成长的烦忧

你要记住

我和爸爸的模样

来生还要一起走

……

这样的晨诵是有意义的。它比单纯地进行安全教育来得实在，也让孩子们懂得亲情的可贵。而这次涌动在晨诵中的眼泪，告诉了卢晓燕，班上那些善良的小毛虫们，在危机时刻是能正确应对的。

故事二：以"信"为媒，开启交流的另一扇窗

"毛虫家族"在常规的晨诵写绘、班级共读之外，也利用其他更多的

资源，来创造学习的可能性。

三年级下册有一个单元主题是"书信"，其中就有一篇课文是来自金波的诗歌《信》。教学完诗歌后，卢晓燕布置孩子们进行了相应的仿写，但是她总觉得少了些什么——既然本单元的主题是"书信"，那何不利用这个机会，在简单讲解书信格式要求外，让孩子们在这样一个网络时代，来一次真真实实的书信交往呢？于是她想到了可以和以前实习学校的孩子们联谊。当她将想法告诉她的实习指导老师后，得到了大力支持，正好那位老师所教的班级高一个年级，在学习上也能对"毛虫家族"班孩子起到带动作用。

就这样，华兴小学"毛虫家族"和簇桥小学"蜗牛家族"的书信来往便开始了。卢晓燕要求孩子们亲手贴上那枚代表等待的邮票，到邮局将信件放置在邮筒里，让他们有一个实实在在的书信往来的体验。后面来往的信件，卢晓燕就安排家住得离簇桥小学近的同学，担任小信使，大概两周一次往返信件。到了四年级时，簇桥小学有一个和卢晓燕班同年级的班级也加入了书信交流，于是"毛虫家族"的小毛虫们就拥有了两名笔友。这样的书信交流进行了两年，笔友们快毕业了，为了画上圆满的句号，卢晓燕和对方老师组织了一次笔友见面会，孩子们带着礼物和节目，和家长代表一起前往簇桥小学，家长们深感这样的活动真的是将教育落地了。

在当今这样一个通信发达的时代，互联网缩短了人际间的距离，而书信这种慢节奏的生活方式，在书写时给孩子们带来内心的平静。它所特有的那份温馨、那份亲近、那份甜蜜，让彼此都感受到了等待和时间的力量。

故事三：走出校园，且行且绘

"毛虫家族"每周一次的晨诵写绘进行到了两年多，但是到了高段，对于选择怎样的儿童诗，似乎进入了瓶颈期。卢晓燕除了选择适合他们的绘本故事外，结合泰戈尔的《飞鸟集》进行辅助，但到五年级下册她就感到有点勉强了。到了六年级，这个问题依然困扰着她，甚至有一小段时间停滞不前，仅仅依靠"班级共读"来维持。

但是，卢晓燕无意间的一次经历却带给了她"突破"的灵感——

成都市人民公园，每年都会在11月举办菊展。卢晓燕突然想到，何不让家长在下一个周末带上孩子前往呢？赏菊、写绘、小练笔……刚好卢晓燕那几天正在进行"战争"单元的教学，再加上寻川军"保路运动"的资料，一举两得，何乐不为呢？

于是卢晓燕的毛虫家族行走课程之秋菊篇便应运而生。而这样的亲子活动，在这个班还是第一次。华兴小学是一所位于三环路的学校，在读学生1231人，其中外来务工子女就有1045人，而本地户口学生只有186人，卢晓燕班上当时有48名孩子，本地生只有5人。所以绝大多数的父母对于孩子们的照顾仅限于温饱，而疏于指导他们对大千世界的观察理解。毛虫家族不可能像其他学校的学生那样去远足，观日出赏云海，戏海水游长城……对于这些孩子们说，他们对"外面的世界"的了解大多仅限于电视媒介。

所以当卢晓燕在班上宣布了这一消息时，孩子们表现得相当惊喜、兴奋，当然也少不了志忐。他们在议论着：怎么前往呢？要做什么准备呢？卢晓燕一一解答指导，家长们也很支持。

那一周的周六和周日的晚上，卢晓燕陆续收到孩子们发来的赏菊照片，看着他们惊喜的眼神、家长们满足的微笑，她深感此次活动是成功的。孩子们随后完成的写绘作品和小练笔，也相当不错！

吴钰铃的写绘是这样的——

问菊

是什么，让你出落得超逸？是什么，让你如此惊艳？绰约多姿的身影，曼妙的身形是否是你养精蓄锐的最终目标？

刘佳慧的写绘是这样的——

咏菊

是谁这样豪放，大笔大笔地把彩墨挥洒？是谁这样手巧，一针一线绣得如此精致？

此后十二月份，毛虫家族由卢晓燕和15名家长带队，集体前往电子科技大学欣赏了银杏，此行孩子们实实在在体会到了"满城尽带黄金甲"的壮观场景。

刚好，六年级上册第八单元主题是"岁寒三友"，卢老师又结合花中四君子，还拟定了"冬品梅""春观竹""夏赏荷"的活动。行走课程就伴随着毛虫家族的毛毛虫们顺利毕业了，而那一次次行走，成了他们美好的回忆。

这回忆也是属于卢晓燕的。毛虫家族的新教育历程，让卢晓燕也收获满满。她这样写道——

首先认知程度在增强，对于阅读我也随着学生的脚步不断扩充，真正地潜下心来在自己的教学上。这几年阅读的书籍不仅有关于新教育，更涉猎了其他领域的：童喜喜老师的《新教育那些花儿》、马玲老师的《手心里的光》、许新海老师的《做新教育的行者》、吴勇老师的《漫话新教育》、李镇西老师的《给教师的36条建议》……此外，更是跟着班上孩子们一起，又走进童书中，再次找回孩提时代的那种纯真。从《窗边的小豆豆》

中，孩子们了解到巴学园的与众不同，感受到小豆豆的转变是充满着欢声笑语的。从《夏洛的网》里面，体会到了友情的可贵。在《昆虫记》当中，孩子们开阔的眼界，走进了丰富多彩的昆虫世界，了解它们的生活习性。在《查理和巧克力工厂》里面，孩子们明白了善良、克制、友爱、分享等充满正能量含义的种种。这几年来我们还共读了《我和小姐姐克拉拉》《时代广场的蟋蟀》《绿野仙踪》《长袜子皮皮》《宝葫芦的秘密》《青铜葵花》《小王子》……

但是，最大的收获我觉得是我在性情上的转变。

记得当初才开始实践新教育时，我是性子急、易怒的一个人，在此前的那个班，总是恨铁不成钢，对学生的要求也严，稍不如意就发火了。记得第一个毕业班的孩子，在六年级下册的一篇课文《一个这样的老师》的课后畅谈中，对我的评价就是一个字——火！言简意赅又直击要害。

而在上个毛虫家族新教育实践的过程中，我逐渐慢下来、静下来了。每天的晨诵课上，我们都很享受那样一种仪式感；每每看到他们的写绘作品，我都很欣慰；每每在我们午间共读、共赏电影后谈论时，我又觉得对语文老师的教学来说，课本之外的才是大天地！

慢慢地，卢晓燕的新教育故事感动了许多人，一些学校请她去讲自己的故事。她的讲述题目总是《风景总在转角处》。我问她怎么理解"风景总在转角处"，她对我说："我觉得就是一个选择，一个坚持，就会有意外的光景。"

毛虫家族毕业了，卢晓燕主动向学校提出申请教一年级，她和孩子们一起为自己的一年级三班取了一个别致的名称：点点三班。

为什么班名叫点点？晓燕告诉我，她特别喜欢一首诗，这首小诗的题目就是《一点点》——

一点点种子，一点点泥土

一点点整理,一点点这个那个

一点点阳光,一点点雨水

一点点等待,然后——

一朵小花……

2017 年 3 月 27 日

◎ 李镇西

不怪你们，是我没教好

放假第一天，我听到的最让我感动的话就是这一句：

"不怪你们，是我没教好。"

这话的背景是，期末给孩子们布置寒假作业，许多孩子的语文成绩都没考好，语文老师对他们说："这一次我们确实考得不够理想，这不怪你们，是我没有教好，下学期我们从头来过，好好努力，往更好的方向去，好不好？"

这位语文老师是去年九月才踏上中学语文讲台的，教书刚刚半年，她叫邓茜媛。

长期关注"镇西茶馆"微信公众号的朋友，对这个名字应该不陌生。我以前多次提到她，写到她。茜媛曾经是新教育办公室的老师，是我通过网上招聘的一位助手。在我身边两年，我见证了她的单纯，她的勤奋，她的才华，她的认真，她的善良，还有她不服输的执着……她本科并不是学师范专业的，而是毕业于一所著名的211及985大学，是中文系的高才生。

在我这儿两年，她说她知道了什么是教育，什么是新教育实验，于是，她跃跃欲试，想当老师。于是，她通过公招，离开成都，去了很偏远的一所乡村中学教书。

半年后，也就是前两天，有了她和学生说的那一句话："不怪你们，是我没教好。"

当初告别我的时候，我专门和她谈过话，我告诉她，在中学教书是很苦的，不要把一切都想得那么浪漫。但永远不要忘记初心，还是要有爱心，在爱的基础上积累智慧。我说，理想和现实往往并不协调，需要把握好度，但永远不要因为现实的无奈而放弃内心的理想追求。我说，我相信你，你会成为一个好老师的，我会一直并永远注视你、支持你！我送给她我的著作《爱心与教育》《做最好的老师》《幸福比优秀更重要》《听李镇西老师讲课》《李镇西与语文民主教育》……

其实我心里对她并不放心，或者说，对她是否能够驾驭课堂、征服学生，我没有把握。我并不担心她的才华和能力，说实话，以我的视野，目前中学语文教师中像她这样有才华的人并不多。她的古典文学功底，她富有灵气的文笔，是许多中学语文教师缺乏的。但是，我担心她真诚的理想幼芽会很快被应试教育的狂风暴雨摧毁。想想吧，纯真无邪地走上讲台，怀着满腔热情立志要做一名人民教师，最后因为种种有形的挫折和无形的打压，渐渐心灰意冷……这样的年轻人还少吗？

茜媛任教的学校在成都远郊的大邑县城以外很远的董场镇边——我觉得这个句子很拗口，但没办法，她的学校就是这么偏僻。从她的微信朋友圈发的照片上看，学校周围都是田野，她一个人住在学校宿舍。我们都暗暗为她叫屈，那么个穷乡僻壤！但我们还从她微信朋友圈看到，茜媛每天早晨出去跑步，回来手上便有一束在路边采摘的格桑花，她将花插在房间里的矿泉水瓶子里，满屋便明媚起来。她就是这么阳光心态的女孩，这份阳光会从她心里放射出来，照耀着她的课堂，和她的学生。

果然，她教两个班的语文，面对陌生的学生——全是农家子弟，几乎都是留守儿童，茜媛倾注着她的爱。因为她肚子里装着太多唐诗宋词，装着中国古典文化，所以她的语文课信息量远远超出了教材，让学生很着迷，哪怕是最不愿意学习的顽童，也乖乖地听他们邓老师的话。茜媛给孩子们拓展阅读面，和他们一起背诵古典诗文，也给他们补习功课。因为孩子们的基础实在太差，为了给孩子们多补点知识，她竟然去跟学校领导商量，能不能给她安排晚自习。因为按常规，学校只有数学课才有晚自习的。结果她的要求自然没能满足，但只要哪一天的晚自习数学老师请假，茜媛就喜出望外，赶紧走进教室。虽然上这样的课是没有一分钱的报酬的，但是，孩子们的喜欢和开心，就是对她最大的奖励。

在2017年10月14日发的微信朋友圈中，茜媛这样写道：

自从发现孩子们的字词不过关后，本周开始，我便努力地挤出一点课堂时间和晚自习时间再次对前面学过的字词，进行全班听写。听写完毕后，让大家立即翻书核对、更改，然后再收上来检查。可是，在检查过程中我发现，好些娃依然是懵的，照着书改都改不对，依然是错的。于是这些再次改错都没有改对的娃，就在周五下午最后一节班会课后，被留下来重新听写了。

从这段文字中，我们可以想象她的学生基础有多差。有一天晚上，当最后一个孩子终于过关时，天已经黑了。这孩子回家得走五公里，茜媛担心他路上不安全，决定步行送他回家。

黑漆漆的公路上，茜媛用手机电筒照亮，两人并排而行，边走边聊。聊天中茜媛知道了孩子来自单亲家庭，父亲在临镇沙渠打工，家里虽有爷爷奶奶，但是一直是他自己在照顾自己，自己煮饭，自己洗衣服。他喜欢阅读科幻作品，喜欢琢磨宇宙星空，还和二班的一个自称"文学天才"的同学一起合写科幻作品，一人写一周，一周写一篇。茜媛鼓励孩子，也为了让走路不枯燥，一边走，一边和孩子一起背书，从朱自清的《春》背到《从百草园到三味书屋》。她发现孩子的确背不熟，有很多都忘记了。茜媛就在旁边当提词器，学生自己也感到惭愧，连连说："哎呀，看来还是要复习啊，不复习就忘了。"茜媛想，这么难忘的背书经历，他之后肯定会记住的。

就这样，一路聊天一路背书，茜媛把孩子送回了家，然后又打着手机电筒往回赶，一路走回学校。因为她穿着七厘米的高跟鞋，回到学校，脚都快走不动了。

我是从她的微信朋友圈知道这件事的，当时我非常感动。我知道茜媛曾经徒步三个月，只身一人从都江堰走到内蒙古大草原，但那都是白天走，而现在是晚上，把学生送到家后，还要在乡村小路上走五公里回学校，多危险！

后来见面时我问她："你怎么想到要送那男孩回家？"她说："怕他回家不安全啊！"我说："那你就没想过，你一个小姑娘还要独自一个人回学校，更不安全啊！"她笑了，说："我没事。"

茜媛以前经常和我一起去武侯区各新教育实验学校，所以武侯区的许多老师和校长都认识她，而且都非常喜欢她，听说她要离开武侯区都很舍不得。这学期我去一些实验学校，老师们每每提起茜媛，总要说："多乖的一个小妹妹啊，可惜去其他地方了。"大家要我想办法把茜媛调回武侯区。我说："现在逢进必考，我哪有办法啊！"后来我给茜媛打电话："茜媛，过几年你也可以通过公招考回成都来！"电话那头，茜媛不假思索地说："这里的娃儿也需要老师啊！"

我竟一时语塞。是的，她那所学校非常缺老师，因为一般的老师都不愿去那么偏僻的地方。学校尤其缺语文老师。茜媛很想当班主任，可学校领导说，如果她当班主任，语文老师就更不够了。只好"委屈"她不当班主任。

很长一段时间，茜媛那真诚自然而毫不做作的声音一直在我耳边回响:"这里的娃儿也需要老师啊!"

可茜媛的爱心和才华,并没有取得让她自己满意的语文考试成绩。其实,她教的班在年级是第一名,但问题是全县排名,她班就很靠后了。人家不管你的学校是不是最薄弱的学校,反正只看成绩。想想刚刚工作半年,除了吃饭睡觉,全部时间都花在孩子们身上了,花在语文教学上了,却没有得到让自己满意的结果。换了一个人,会觉得憋屈,会觉得命运不公,会觉得素质教育是虚的,还是死抓分数才是王道……

可是,我们的茜媛不是这样,她反思自己。她这样写道——

"知耻而后勇""知不足,然后能自反也",这是我常跟学生说的,也适用于我自己。学语文,需要有感觉,需要有兴趣,但更需要扎实的基础。我几乎忘了,当年我的初中语文是怎样从课文标题背到课下注释,怎样从课后练习题做到每课练习册,怎样从每周写周记到考试写作文……看来,还需要再严格一点。

有一次我和她见面,一起吃火锅。我说:"你这么温柔的人,能够镇住学生吗?学生听你的话吗?"她说:"没问题,他们都很听我的话呀!"她眨巴着美丽的大眼睛,看着我,好像觉得我这个问题很奇怪。我想,哦,是的,孩子们虽然调皮,但这么美丽又有爱心的老师,又这么有学问,孩子们喜欢她,愿意听她的话,那是很自然的。

谈到这次期末考试,她依然说:"是我没经验,没把学生教好,下学期我会改进的。"她觉得自己注重了学生的兴趣和阅读,但严格要求还不够,特别是基础知识的掌握还不够扎实。她说:"我会努力的!"同时,她也说,因为其他科的老师都把时间抓得特别紧,学生用于语文的时间就少了。

我说:"不怕,你要用语文本身去吸引孩子们。千万不要和其他老师抢时间,那样最后是孩子们吃亏。你让学生对语文学习感兴趣,他们自己回家都会学语文的。"我还跟她说，日子还长，把心态调整好，从容不迫地教语文；要采用多种有趣的教学方法，让孩子们觉得语文课有趣、好玩儿，在玩儿的同时又能够学到知识。"你要尽量让学生自己动起来，比如，你可以用竞赛的方式组织学生以小组为单位抢答，让孩子们在紧张有趣的过程中学语文；又比如，你可以把文言文分成几部分，让几个小组的学生分别起来讲解，大家比赛看谁讲得最好，这样逼着学生自己去钻研；还有，你还可以让每个学生都出一套单元考试题，还要设计答案。学生在设计考试题的过程中，会把教材研究透，把所有的基础知识都梳理了；然后互相做考试题，并批改试卷，评讲试卷……这是一种非常好的学习方法。总之，学生最好的学，就是给别人讲！"

她听了很兴奋："好，我下学期就试试。"

我在写这篇文章时，为了核实一个细节，便给她打电话："茜媛在家吗？正做什么呢？"她说她在家，正在看书。我问她看什么书，她回答我："《语文有效教学设计技能训练》。"我乐了："你果真开始研究下学期的语文教学如何改进了！"她说："是的，没考好，我就找到原因改进嘛！"

如此平和淡然，却有一种内在的自信。

茜媛给我截图她和孩子的聊天，从这些聊天中可以看到，这些刚刚小学毕业的农家弟子，和邓老师聊天也很有境界的——

学生："老师，我正在看《红楼梦》呢，我一定会把它拿下的！里面的诗词真的很好，只是人物太多，关系太复杂，绕得我有点头晕。"

茜媛："贾家两座府，荣国府，宁国府，大部分人物都是荣国府的，这个东西要慢慢理。你会有进步的！"

学生："谢谢老师的鼓励！在寒假里，我一定会好好用心，争取把阅读能力提高。"

茜媛："可以可以。下学期看你能不能考上120分啊。"

学生:"请老师放心,我一定朝着这个目标奋进。平时我就是学得太粗糙了,没有好好汲取精华,阅读和写作我也没有好好用心去读和写,我要努力改掉这些毛病,把语文成绩提高起来,不辜负老师您对我的期望。"

茜媛:"行,看你行动啊。"

学生:"老师送你一张照片,这是我这次参加冬令营和一个哥哥合拍的,帅不帅?"

茜媛:"帅!"

学生:"老师,下学期开学,咱们也合照一张,好不好?"

茜媛:"好,我寒假好好减个肥,下学期跟你照个好看的照片。"

学生:"老师不用减肥,您现在就很漂亮!"

茜媛:"不行不行,要有高追求。"

……

茜媛的"高追求"当然不只是和学生调侃的减肥,更有她的教育境界,包括对自己的反思与追问。

我见过这样的老师,学生没考好,便斥责学生"不用心学""懒",在家长会上抱怨家长"不配合",还埋怨班主任"不支持自己",埋怨其他科任老师"抢自己的时间",埋怨学生"基础差""小学老师没教好",等等,总之学生没考好都怪别人,唯独不反思自己。但我们的茜媛不是这样的。

我那天对茜媛说:"你说'不怪你们,是我没教好',我很感动,但不必过分自责。学生考得不好,不能完全怪老师,学生自己的努力程度,甚至孩子的读写天赋,以及家庭的文化氛围,等等,都是决定成绩的重要因素,如果孩子不学,那老师也无可奈何。"我这话当然是对的,但这只是一方面,另一方面就是作为老师,我们应该反思,是不是把自己能够做到的完全做到了,而且做得很好。茜媛正是在这个问题上,表现出了可贵的反思精神,这也是一种担当精神。

既不一味埋怨别人，也不因此失去信心而悲观失望。真诚反思教学，努力调整心态，树立教育自信，从容不迫前行。这就是令我敬佩的茜媛！

茜媛在她的微信公众号上写道——

尽管种种不理想，但不知怎的，我依然觉得教语文是挺好的一件事，我喜欢它，我也希望更多的孩子喜欢它。虽然目前还做得不够好，但是总还有希望，还有空间。

万事万物都有一个衡量的法度，但很多事情是要到很久以后才能开花结果。不念过去，不畏将来，我能做的只是耕耘现在，尽我最大努力做好，其余的事，交给上天。

是的，茜媛有理由自信，她那么有爱心，那么有才华，心态又这么好，经验不足不要紧，相信种子，相信岁月。孩子不会辜负她的爱心，语文不会辜负她的才华，教育不会辜负她的智慧，理想不会辜负她的初心……

2018 年 2 月 3 日

◎ 李镇西

她颠覆了我们对乡村教师形象的印象

一

我第一次知道她，是2015年春天在首届"马云乡村教师奖"的评审现场。

作为评委，我从一位现场记者口中知道了"陈秋菊"这个名字。这个名字朴素得有点土气，但一想到人家本来就是乡村教师，也就觉得不奇怪了。记者说她是个"90后"，特别美丽，特别优秀，特别爱孩子。

后来我应邀给荣获"马云乡村教师奖"的老师们讲课时，第一次见到了陈秋菊。正如评审时那位记者所说，美丽的陈秋菊完全颠覆了多年来一般人们心目中所形成的乡村教师憔悴、苍老的形象。她面容秀丽、个子高挑、身材苗条，走在大街上，完全就是一个都市时髦女郎，至少她去做服装模特是可以的。但她并不浓妆艳抹，美丽中有一种源于朴素的清新自然。尤其是和她交谈，能够感受到她的真诚、朴实。

她说她是第二次听我报告了。"嗯？"我有些意外，"你第一次是什么时候听的？"她说："2006年您到乐至县来讲学，地点在乐至中学，我就坐在最后一排听。"我心里一算，不对呀，十年前她才16岁呀！我问她：

"你当时就参加工作了?"她说:"没有,当时我在读中师,还是学生呢!我们老师去听您的报告,我就跟着去了。"她说她还保存着当时的听课笔记。

二

后来秋菊成了李镇西博士工作站的成员。

第一次上课,我让她给大家讲一讲自己的故事,她开始还不愿意,说"我是来学习的"。我说:"学员之间互相分享教育故事和教育智慧,这本身就是工作站的学习方式之一。"于是,她走上讲台,给老师们讲她的经历。

结果,她把我和所有学员都征服了。

她是这样开头的:"我是个'90'后,爱逛淘宝,爱摄影,爱旅行,爱美食美酒,爱'拈花惹草'。我是一名教师,一名乡村教师。2011年开始真正意义上的旅行,从北到南,从东到西,爬过清晨六点的八达岭长城,看过鸣沙山十点的日落,走过西北大环线,也曾一个人自驾新疆,欣赏过西藏林芝的桃花,拦过顺风车,逃过票。因为我属马,用朋友的话来说,我是一匹野马,也是父母眼里一放假就脚底抹油的人。都说旅行会上瘾,所以一发就不可收拾。我是十足的'吃货',一个人可以吃完五斤小龙虾,喜欢做好吃的,也喜欢美酒,家里泡着各种酒,如果有三五好友相聚,那最喜欢的方式一定是在家里做一桌好吃的,聊聊天,再喝一点酒,一顿饭四五个小时也就过去了。我还是一个喜欢'拈花惹草'的人,家里种满了各种各样的花草几十种。不仅如此,每年春天,我还带领学校的孩子在校园的花坛撒满花种,家里的花瓶几乎没断过鲜花,并不是什么名贵的花儿,有的就是山坡上随意摘的一束野花,因为我相信花儿会提升人的幸福感，未来的目标就是有空回我乡下的老家把那些土地打理出来，做一个实实在在的种花人。"

三

这么一段开场白，不但把大家逗乐了，而且的确颠覆了我们心中的乡村教师形象。传统意义上的乡村教师，总是和清贫苦寒、坚韧不拔、咬牙坚守、春蚕到死、蜡炬成灰等词汇连在一起的，可眼前的她，令我们佩服，而且开心。

然后她介绍她的乐阳小学："学校坐落在一个半山坡上，前不着村后不着店，学校外面是泥土操场，石头房子教学楼，20世纪70年代的老宿舍，只有一间，煮饭睡觉都要在里面完成，厕所在学校外面，晚上只有打手电筒出去上厕所，没有洗澡的地方。停水停电是家常便饭，因为学校老师都是用电做饭，所以一停电就只有吃泡面……"

她讲到她刚到学校校长便给她一本《做最好的老师》，这是她工作后读的第一本教育著作，"李老师的这本书给我非常多的启示，好的句子我还摘抄了下来，回去还写了几千字的阅读心得……"说着，她展示了十年前她手写的读书笔记，还有她抄写的《做最好的老师》段落。

那一刻，我非常感动。不仅仅是写读书笔记，她还开始对每一堂课写心得，即教育反思。就这样，年轻的秋菊开始了伴随读写反思的教育生活。

当然讲得最多的，还是她刚送走的毕业班："我从2011年9月一年级就开始教他们，一直陪伴着他们直到毕业。这个班有36个娃，18个男生，18个女生。中途来了几个，走了几个。我在这六年的时间里找到了职业幸福感，对这份职业有不灭的热情，真正爱上了这些留守儿童，也深刻体会到那种浓浓的师生情,我甚至觉得,这世上没有什么能比教师这个职业更幸福的了,真的。"

秋菊想方设法让孩子们有一个开心的童年:"在这六年的时间里,我尝试着对普通教学课堂进行一些改变,带领我的学生开展了很多的活动,从悄悄话到各种主题班会、小小老师,从动手种花草到野炊,每一次大家都很开心,也从中有了许多收获,他们变成了一个个阳光开朗的人,我们的班级也成了一个团结友爱的大家庭。"

四

她带着孩子们在花坛种满了向日葵,因为向日葵像太阳一样,代表着阳光,我一直跟他们说要做一个阳光的人。六月的时候向日葵就开了,非常漂亮,秋菊借此机会召开关于爱的主题班会,学生们回忆在成长的过程中关于爱的小故事,秋菊引导他们懂得了什么是爱。

她组织孩子们举行朗诵比赛,为的是激发他们对朗读背诵的兴趣。最后获奖的学生得到的是秋菊去旅行的照片,用相框装好,背面还画了不同的画,全是秋菊亲手画的,孩子们特别高兴。秋菊还教他们叠千纸鹤,一起来装扮教室,等等。

每年春天,秋菊都和孩子们一起劳动,给校园的花坛松土。"因为我们要做一件很有意义的事情,那就是让校园充满花香,我从网上买了各种花草的种子,孩子们带着锄头,我与他们一起松土、撒籽、盖土、浇水……有时候手都磨起了泡,脚上沾满了泥土,但是大家觉得很快乐,因为一想到整个花坛都开满了花的样子就觉得一切都值得了。"

还有野炊,还有郊游。"我们在那个满是草地的山坡上闹啊,跳啊,玩游戏,笑声回荡了整个山谷,给大家留下了十分美好又难忘的记忆。"

秋菊还给我们分享了她写的几则随笔。其中一则是这样的——

从小就对孩子们说，一定要记得生命中那些特别的日子，这时间一晃啊，他们就从一年级读到了六年级，我也从二十一岁陪伴他们到二十七岁了。这六年的时间里，他们变成了一群特别喜欢分享懂得付出的孩子，尤其是在他们眼里特别重要的日子里，比如今天，我的生日。一早到学校，教室门关得紧紧的，推门而入是给我的惊喜，苏桂红端上来蛋糕，其余孩子已经开始唱起来："祝你生日快乐……"讲台上堆满了小礼物，黑板上密密麻麻的全是祝福，泪水已然在眼眶里打转了。和他们一起许愿吹蜡烛，每个人都要吃到蛋糕，盘子不够，张健飞跑到我宿舍拿了所有的碗筷盘子，以小组为单位每小组一盘，筷子、勺子都拿出来了，没有餐具的由拿餐具的喂着吃，孩子们吃得好高兴，我也觉得好开心。在乡村里来说这算是规格很高的过生日了，我不知道他们去哪里搞到的蛋糕，也不知道他们花了多少时间自己做卡片，更不知道他们是几点钟起床就揣着那么可爱的毛茸茸小动物来到学校送给我，再在黑板上写满祝福，这一切我毫不知情，就是为了给我一个惊喜。

……

她还给我们讲了几个特殊孩子的故事，有听力残疾的女孩，有极度自卑的女孩，有性格暴躁的男孩……每个故事都充满教育的艰辛，也蕴含着教育的智慧，而从艰辛到智慧，都是源于爱。

五

一转眼几个月过去了，我们决定去秋菊学校搞一次活动，亲身去体验一下秋菊所在的乡村学校的山野之风。

2018年5月10日早晨六点过，工作站的老师们便一一来到了武侯区教科院上大巴车。约定的时间是六点五十集合,七点钟准时发车。这意味着所有老师都得至少五点过就起床,所以我看不少老师都还一脸倦容。我说:"大家现在一定体验到了每次秋菊来成都参加学习的不容易了,她每次不也是很早就要从家出发吗?所以,我们今天是以'秋菊精神'去看秋菊。"

大巴在高速路上跑了一个多小时后,陈秋菊在中天镇高速出口等我们了。她邀请我坐她的车,然后继续前行。她告诉我,她所在的乐阳小学离县城还有一段路,大概有25公里,比以前的路好一些。车在山路上缓缓行驶,弯道多,而且又狭窄,这就是"好一些"的路,我无法想象以前的路是怎样的。

可我们的秋菊,在这里一干就是十年。天下着小雨,车只得缓缓前行。从淋着雨水的玻璃窗看出去,山坡上绿油油的,不知名的小花在细雨中摇曳着。山路上,峰回路转,翠竹、小河、池塘、菜畦……如一幅幅湿漉漉的油画一闪而过。

经过一个叫"桂林"的小镇时,秋菊说:"我当年去学校报到时,大巴只能开到这里,我下了车,跟着一个比我早两年参加工作的老师,徒步走到学校。"

讲到这里,秋菊笑了:"我现在都还记得,当时我一路上不停地问他,还有多远?还有多远?"

听着她的回忆我想象着,十多年前,一个还不到17岁的小姑娘拖着个行李箱,一步一步朝学校走去。就这样,一步一步,一个多小时后,小姑娘用稚嫩的双腿把自己送进了山坡上的乐阳小学。

"那天是2008年8月28日,我一直记着这个日子。"秋菊说。

六

聊着聊着，秋菊说："到了。"我看窗外没有校园啊，只有一块坡地和一大片黑色的瓦房顶。她让我往下看，哦，原来公路下面的确有几座房子，貌似学校。以前我也去过一些乡村学校，但其实是镇上的学校——当然，这些镇本来也地处乡村，所以将镇上的学校称之为乡村学校也没错。而秋菊所在的乐阳小学，则是纯粹的标准的乡村学校——离最近的镇都还有十多公里。

天还下着雨，秋菊给我撑着伞，和其他工作站20来位老师一起朝学校走去。乐至县教育局局长听说我来了，也特意赶来参加我们的活动，他和校长前来迎接我。我没有看到校门——可能学校根本就没有校门，便直接走进了校园。一群孩子在教室门口迎接我们，摇着小手臂，七嘴八舌地叫："老师好！"秋菊说，这是她班上的孩子。

我们在一间屋子里坐下，校长说，他们学校只有17个老师，学校是第一次有这么多的人来参观，算得上是大型活动了。校长和局长致辞欢迎后，我说："我们这就是一次普通的活动，主要是同伴互助，让工作站的老师互相分享各自的教育智慧、经验或故事。"于是我们又到楼上一间可以放幻灯片的教室，准备分享。

第一个做分享的是秋菊，她讲她刚刚开始的新教育实验。她从12年前说起："12年前，李老师第一次来乐至中学做讲座，当时我才16岁，会场里座无虚席，我坐在后面，记得李老师和大家打招呼说，乐至，乐至，既是快乐到来，也是快乐至上。今天，李老师第二次来我们乐至，还是和'乐'扯上了关系，因为十年来我一直很快乐。当时的我是二八年华，16岁，现在的我还是二八年华，28岁，看来这注定就是让人感觉快乐的嘛！"

就这样，在快乐中，秋菊开始讲她的新教育故事。她先从自己为什么要做新教育说起："刚加入工作站，李老师便建议我做新教育，但我一直在想我为什么要做新教育呢？李老师说，新教育是为了让师生过一种幸福完整的教育生活，可我从未想过要过什么幸福完整的教育生活，也不知道怎样的教育生活才算是幸福完整的。我问了自己很多遍，是因为很多人开始做新教育，所以我也要做吗？是因为大家都觉得好，所以我也要开始做吗？还是因为李老师让我做，我就做吗？"

这几个问题，一下就让我看到一个非常诚实务实的秋菊。她不追潮流，不赶时髦，也不盲目从命，只有自己真正想明白了的事，她才愿意去做。这不正是我期待的"真教育"吗？

秋菊非常真诚地说："这是我工作的第十个年头，我听许多人说，有些老师教书教到这个地步便产生了职业倦怠，觉得日子不也就是这样过的么，教一天书如撞一天钟一般，就像一颗被蒙上了灰尘的星星，可我特别怕自己变成那样的老师。日复一日年复一年，更可怕的是曾经我也这样认为，教书不过也就是这样的。现在我意识到，我要做一点特别的事情，一些伴随他们成长的有趣的事情，一些在他们生命里留下美好回忆，也给我留下美好回忆的事情。就在那一瞬间，我想，即便是走得很艰难，我也要去尝试一下，正如有人所说，梦想是要有的，万一实现了呢？抬头看窗外的白杨树，已然发芽了，沉寂了一个冬天的我，开始慢慢地苏醒了。"

七

就这样学习思考了整整一个冬天，秋菊于 2009 年 4 月 11 日开始做新教育："我打算把营造书香校园变成营造书香班级，从师生共写随笔、推进每月一事、缔造完美教室开始。围绕着这几个板块，我总是想怎么来行动,有时候想得出了神,我能感觉自己的脑子里总是想着我们的小小太阳班。通过和朋友聊天,关于写绘和晨诵,关于读绘本,有了一些头绪。那么,从阅读开始吧!"

秋菊首先带着她的小小太阳班读绘本。但孩子们没钱买绘本书呀,她便从网上买了绘本的电子档版本,通过班上的电子白板给孩子们看。她还挑选了一些故事书,留在空余时间给孩子们读。新教育推行的"晨诵、午读、暮省",她根据教学实际和学生的情况,结合晨诵写绘,没有图画本,就把A4纸裁成两半,自己打印出来,让孩子写写画画。秋菊自己买了一套晨诵书籍,抽时间教孩子们读,有时候诗歌一天读一遍他们就记住了,因为朗朗上口,他们也比较感兴趣。这样下来,不仅是秋菊感觉到了变化,就连孩子们都期待着老师什么时候给他们讲故事,什么时候读绘本画画。孩子们对晨诵写绘很感兴趣,但没有彩色笔,秋菊便自己掏钱买了一大把彩色笔放在讲台上,孩子们想画就去拿。每天大家交上来的晨诵写绘,秋菊都给了评分,然后把一小本用夹子夹起来挂在了墙上,写绘最好的孩子在封面,这样他们下课会时不时去看看,谁的又排在了第一。孩子们的信心越来越足,兴趣越来越浓。

还有绘本课、小小管家活动、班级叙事……秋菊和孩子们初步感到了幸福完整的教育生活。她说:"践行新教育的日子里,我期待着给孩子们展示有意义的晨诵午读,我思考着怎样让我的课堂更受孩子欢迎,我也企盼着孩子们一天一点的变化,更多的是让我知道要每天面带微笑地面对孩子。有孩子说开始喜欢上我的课了,说我开始变得温柔了;有的孩子每天都期待着读写绘……我真正感受到了我和孩子们是一个整体,我也开始理解为什么李老师说一生都在和教育恋爱了,我好像有一些懂得什么是过一种幸福完整的教育生活了。"

她刚一讲完,热烈的掌声就响起来了。

我简单点评道:"秋菊是从 4 月 11 日开始做新教育的,到今天快一个月了,刚好是和新教育的蜜月期。她尝到了幸福,我想她还会体验到更多的幸福。我会继续关注着秋菊!"

八

秋菊讲了之后,是工作站其他成员的讲述,除了中午吃饭的半个小时,一直到下午两点半,共有十来位老师讲了他们各自的教育实践和智慧。每一个老师都那么真诚,那么智慧,他们的教育理念朴素而富有创意。

我在总结的时候说:"刚才听了大家的讲述,我有一个强烈的感受,就是我没有白收你们!"后来,有老师说,她们听到我说这句话,眼泪一下就涌出来了。

我提到了《总得有人去擦星星》这首诗:"今天听了你们的讲述,我突然对这首诗有了新的理解。为什么要去擦星星?因为星星上蒙了许多灰尘。那如果把星星比喻成教育,我们的教育现在也蒙上了许多灰尘,新教育人就是要把教育的灰尘擦去,恢复教育本来的样子。所以我说,所谓新教育,就是教育本来应该有的样子。今天你们所讲述的你们平时所做一切,就是让教育回到真实、朴素而又美好的原点。"

三点过,我们得返回了。她开车送我去高速路口。

雨还在继续下着,车开得很慢。我继续和秋菊聊着。

我问她老家在哪里,她说就在乐至农村,从小在农村长大,父母以前都是农民。她说她乡下的老房子还在,希望明年工作站的老师们都去她老家玩儿,空气新鲜、风景美丽。

她给我看了手机里存的农村老家的照片:她在地里干活,在家里劈柴、做饭……

我说:"你真是勤快呀!"

她笑了:"不只是勤快,我还喜欢玩呢!"

我又说:"我也喜欢玩呀!我年轻时,和爱人每到暑假都去旅游,那时工资不高,但平时都把钱省着,一到假期就往外跑。"

她说:"对对,我也是的。我也特别喜欢旅游。虽然我每个月工资不过 3000 来块钱,但因为我是一个人,没有负担,平时一个人住在学校也没有什么开销,因此我就把钱攒起来。每到假期去旅游前,我都要做攻略,尽量省钱,所以我是穷游,呵呵,但很开心!"

九

我对她说:"你还年轻,未来的路说不准。以这现在的情况,以后肯定会有更好的学校要你。以后有机会走而你又想走,你完全没有必要被舆论左右,也不要被自己绑架。留在这里很光荣,走了也并不可耻。这小小的村小,虽然偏僻,但很自由,你相对可以做一些自己想做的教育;而大都市的名校,虽然条件好,但教师受的束缚更多,压力更大,很多时候并不自由。当然,在城里的名校,你的舞台更大,视野更广,你可能在教育上会做出更多的贡献。总之,你留在这里,令人敬佩,但以后你到了条件更好的学校,也没有什么不对。只要心里装着孩子,在哪里都会是一名好老师,一切服从于自己的内心,同时又顺其自然。千万不要被道德绑架。"

她说:"现在也有更好的学校要我,但我现在真不想走。我现在的经验还不足,水平也有限,就想多积累多学习,不断提升自己。再说,校长对我挺好,很支持我,同事们对我也很好,我在这里挺好的。至于以后我会不会一辈子在这里,我现在不去多想,我现在只想过好每一天,就想认认真真上好每一堂课，对得起每一个孩子！"

我知道，有不少非常善良或不那么善良的人都期待着秋菊一直在乐阳小学待下去，最好到退休。在网上就有人说："现在且慢说敬佩，我们看她在乡村小学能够待多久！"言下之意，就是如果她走了，就背叛了自己的初心。秋菊已经在这里待了十年了，我想问那些企图道德绑架她的人，你能够在这么艰苦的地方待十年吗？

有时候，一个人一旦成为典型成了标兵，他就不能按自己的方式生活了，一切都有期待，都有规定。风光的形象里面，是一颗被禁锢的心，失去了精神自由。我希望秋菊冲破这个桎梏，永远保持自由的心灵，做一个真诚而真实的自己。

因此，假如哪一天她突然决定离开乐阳小学甚至不当老师了，而去开火锅店或者搞房地产，我们千万不要痛心疾首，舆论千万别谴责她堕落了，因为她有选择自己生活道路的权利。即使到了那一天，我依然对她在乡村小学工作十年的经历保持敬意。

高速路口到了，我和秋菊告别。

我上了大巴，脑子里还想着秋菊的话——

我们乐阳的孩子，虽然身处边远乡村，但在我内心深处，我坚信，他们都是天上纯洁的繁星，我想做一个麦田里的守望者，去擦亮这些星星。

在中国，像秋菊这样的乡村教师还有千千万万，像她一样自强不息、奋斗不止的乡村教师还有很多很多；但毋庸讳言的是，并不是每一个人都像秋菊一样乐观向上。有的人老爱抱怨环境恶劣，抱怨收入低下，抱怨领导专制，抱怨家长愚昧……甚至仗着自己是乡村教师或一线教师就觉得自己占着道德高地，有着天然的抱怨资格，每天都愤世嫉俗地郁闷着。

又想到我曾经在一篇文章里这样由衷地赞美有情操的一线教师——

环境昏暗，内心却始终燃着一盏明亮而温暖的灯；身居一隅，目光却

始终投向诗和远方……

突然觉得，这几句话正适合于秋菊。

2018 年 5 月 25 日

点评成长

    与绩效无关，与职称无关，与荣誉无关……没有任何功利，这群可爱的年轻人却甘愿在繁忙紧张的工作之余，到我身边学习。他们总说"感谢李老师"，我也发自内心地感谢他们！这是一种情感享受——和他们相处，我好像又置身于孩子们中间；这更是一种共同成长的幸福——我从他们身上汲取了青春的力量，我好像又回到了风华正茂的年龄。我们一起寻找那个让自己吃惊的"我"，而这个寻找永无止境……

——李镇西

◎ 周 强

一路有您，一起努力

从2006年知道李老师开始，我便依葫芦画瓢学着李老师做了很多事：读书、思考、写博客、办班刊、搞各种丰富多彩的班级活动……如果你现在要问我当老师这几年最骄傲的是什么，我的回答一定不是获得四川省赛课一等奖，不是获得成都市赛课一等奖，也不是获得成都市优秀班主任、成都市教坛新秀这些所谓的荣誉称号。我觉得最骄傲的应该是在过去这几年中积累下来的十多本班刊和几十万字的博文，当然还有90多个孩子及100多位家长对我的感念。每每想起这些，我都由衷地感谢李老师带给我的教育财富和精神动力，也一直渴望有一天能够近距离接触李老师。

过去的2016年，是我教育生涯中具有里程碑的一年，因为这一年我真正走近了李老师。回顾过去的一年，我的收获不再仅仅停留在形式上的模仿，也不是盲目的崇拜，而多的则是对教育问题的思考，对目前我教育工作的重新审视。在送给李老师的笔记本上，我写了20个字：感谢垂怜，感动付出，感恩生命，一路有您，一起前行。每一个字都是肺腑之言，饱含深情。

感谢垂怜。至今依旧记得2016年1月4日，我怀着忐忑的心情走了李老师的办公室。李老师如此亲切，如此和蔼，李老师的笑容感染着我。感谢李老师留下了我，让我鼓起勇气做回自己。回顾过去 6 年的教育生涯，虽然不长，但是也不短，我正处在一个教育的高原期。没有了新老师的干劲和激情，也看不到未来方向和目标。究其原因，是因为我不会拒绝和说"不"，所以各个部门的工作都向我涌来，日益繁杂的各种事务都压在我的身上，让我有一点喘不过气来，可谓苦不堪言。很多时候我都觉得对不起学生，对不起课堂，毕竟花的时间太少了。

正当我迷茫之际，遇到了李老师。从聆听了李老师第一次讲座开始，我便被李老师的儿童视角所打动，被工作站这群积极向上的老师们感染。于是，我暗暗下定决心，2016 年不能再做加法，而应该做减法。过去的一年，我主动放下了学校许多工作，真正回归班级，回归孩子身边，捧起书本，畅游书海。一年下来，我发现我更充实了，我更快乐了，我更幸福了。这让我想起李老师的那句话，成长比成功更重要，幸福比优秀更重要。

感动付出。2016 年，我一共加入了三个名师工作室，除去李镇西博士工作站，一个是××区名师工作室，另一个是全国性的骨干班主任工作室，前者只是在去年 9 月份召开了一个启动仪式，自此便杳无音信。后者只是一年中有一两次象征性的聚餐交流的机会，没有涉及任何专业成长事宜，更谈不上什么学习和成长。究其原因，无外乎是工作室领衔人工作太忙，无暇顾及，疏于管理。其实这点我特别理解，就连我们这些一线老师每天都忙得团团转，更别说校长和名师们。

但是话又说回来，大家都很忙，李老师不忙吗？作为武侯区新教育的负责人，他还兼任全国新教育研究院的院长，另外还有各种社会兼职。李老师几乎每周都要乘飞机到各地讲学，每天还要读书、写作、思考……应该说没有几个人比他忙，但是他依旧坚持每月召集工作站的成员，请专家给我们开讲座，自己上示范课，给工作站成员张罗出书等，往往都是这个月就把下个月的活动安排好了。一年下来，工作站开展了10余次活动，要么是大家讲坛，要么是读书分享，要么是人文行走……张华、蓝继红、杨东平、冉云飞、宋石男、王崧舟、陆枋……每一位都是传说中的人物，每一位都是真真实实地出现在了我们工作站的课堂上。总之，每一次都让人流连忘返，每一次都让人受益匪浅。

我翻看了2016年的请假记录，除了几次外派出差，我所有的请假都是因为参加工作站开会。对于一线老师，开会应该是最头疼的，但是我却特别向往参加工作站的活动，而且还盼着尽快开展，因为每一次都是心灵的洗礼，每一次都是思想的提升。感谢李老师，2017年，回报李老师的唯一方式就是争取不落下任何一次工作站举办的活动。

感恩相遇。缘分真是一种奇妙的东西，缘分让我们相遇，遇见了这么多有教育理想和情怀的老师。过去的一年，我们围绕在李老师身边，读书、写作、思考。在李老师的引领下，在同伴的督促下，我看了诸如《夏山学校》《课堂上究竟发生了什么》《面向个体的教育》《蒋勋讲宋词》《大江大海1949》《我的梁山兄弟》等书籍。这些书让我不断反思，让我回归儿童的视角，回归教育的本质，关注学生的需要。

举两个前段时间发生的例子。最近的成都总是被雾霾笼罩，这原本和每一个孩子都息息相关，但是很多小朋友并没有感觉，认为戴口罩上学似乎是天经地义的事情，甚至有孩子因为不能到室外做课间操而欢呼雀跃。我觉得应该跟孩子们聊一聊这个话题。为此，我专门用了一个下午的时间和孩子们聊雾霾。从雾霾是什么到雾霾是怎么形成的，从伦敦的雾霾事件到洛杉矶的光化学烟雾事件，然后落脚到孩子们应该怎么做，讨论、分享、汇报。最后，我让大家以"假如我是环保部长"为题，写一篇作文。通过这个举动，我希望传递给孩子们的是：虽然我们无法改变大的环境，但是我们可以用自己的实际行动来保护环境，最重要的是我们不能对此无动于衷。

再比如，我让孩子搞了一场辩论赛，辩题是"当男生好，还是当女生好"。孩子们辩得非常激烈，我注意到在辩论中，他们无意中提到了例假、乳房、青春痘等词汇。很多孩子听到这些词语以后都发出了"坏坏"的笑声。如果换做以前我可能无动于衷，但是我现在对此很敏感，我在思考我应该怎么解决孩子们的顾虑，他们对青春期的身体发育已经有了一些粗浅的认识，同时还有很多孩子对异性，甚至对自己的身体都缺乏了解。于是，我主动邀请了班级做医生的家长朋友，让她来学校给孩子们上一堂关于"青春期生理卫生"的家长课程。上完课后，很多家长反响非常热烈，并且开始关注孩子的青春期发育问题。

前两天，我在微信上看到了一句话："教育不仅是在渡人，更在渡己。有时候会很痛苦，也很悲哀，但当我承受着一些委屈，吃了一些苦，历经艰难曲折的时候，我们自身的人生修养也在不断提升，总有一天我们会找到最好的自己，带给我们美好。"我想，在过去的一年，我不仅是在渡人，更是在渡己，只有自己变得更好，学生才能真正受益。

从2016年到2017年，从一路有您，到一起努力！这句话非常贴切，非常温暖，2016年，有李老师的引领，我们一起走到了2017；李镇西博士工作站从2016年1月7日第一次活动，到如今2017年的1月7日，一年的时间已经过去，幸运的是我们还将继续走下去。也许，在工作站的学习有一天会结束，但是我们跟随李老师的脚步会一直延续下去。

李镇西点评：

周强，你总给人以激情焕发、朝气蓬勃的感染，和你在一起不知不觉都感到年轻起来。你从不缺席工作站的活动，盼望着工作站活动，这是一种可贵的上进心。从总结看来，你的确收获不少，不但加强了读书意识，还在行动上做了不少教育教学方面的探索，逐步树立起"儿童视角"的理念，关注孩子的需要。这正是我想教给你们的东西。老师们很尊重我，其实我也从你们身上学到不少。比如，我就从你那里汲取了青春的力量，还有你的善良、你的热情、你的质朴，等等，都常常感染着我。新的一年，我们继续同行！

2017 年 1 月 25 日

◎ 陶雪梅

这一年，谢谢自己

一年忙到头，此刻，我最想闭着双眼对着自己的心灵轻轻地说声：谢谢自己。

谢谢自己，幸运地掉进了新教育的土壤里。

还记得李镇西老师说："我们要记住人生重要的时间，重要的人物，重要的事件，重要的书籍。"这一年，对于我来说是重要的，也是幸运的。在刘卫东校长的推荐和自己的自荐下，我于2016年1月7日加入了李镇西博士工作站，遇到了我人生中重要的人物李镇西老师。聆听了李老师及他为我们邀请来的教育专家、学者的教育见地，吸纳他们的教育思想，感受他们的教育情怀，结识了一群热爱教育、乐观向上、充满智慧的同伴们，让我在新教育的土壤里静静生根。

谢谢自己，在最累最苦的时候，没有放弃。

"流过的泪可以成为渡你的河，受过的苦可以照亮你前行的路。"微薄的收入、年幼的孩子、患眼疾的婆婆、曾因车祸而失去斗志的老公，还有烦琐的教育教学工作……一切生活的压力摆在我面前。虽然累，虽然苦，但是我没有放弃对生活的追求，对新教育的热爱。我依旧摆正心态，朝着明亮的方向前行！因为我深信生活是美好的，一切困难都会过去的。

谢谢自己，在最孤单的时候，一个人勇敢地往前走。

有些路，只能一个人走；有些事，只能默默去做。我是学校最先搞新教育的老师，孤单的我在前行中摸索。除了在工作站汲取营养，我还从网上、书上学习，从而带领着我的学生和家长们一起思考班名，创作班歌，设计班徽、班服，缔造完美教室，开展各种班级活动；与孩子们一起读书、一起写作、一起排演课本剧，等等。渐渐地，我感受到了教室、学生、家长，还有自己身上的变化。

后来，我从同伴那里得知学校领导悄悄地在我的教室开德育会议，看到其他老师来参观我的教室，听到隔壁班的学生羡慕我班学生们的话语……所以，谢谢自己，勇敢前行。

谢谢自己，带着微笑接住了每一个挑战。

无论挑战有多少，有多难，都应该微笑面对，因为开心的人才是这辈子最大的赢家。在这一年里，无论学校的事务有多忙，我都积极参加工作站开展的活动。在这一年里，我上校内公开课，上接待课，组织学生开展一系列活动，承担新教育成果汇报任务，等等。我没有抱怨，微笑面对。

新教育成果汇报上，孩子们完美的《人鸦》生命叙事剧表演，家长、孩子同台唱响我们的班歌《相信自己》让我感动，同时也让我想起了排练时的一幕幕难忘的画面：每天中午，当有些老师在办公室午休时，我却忙得不亦乐乎，带领着我的演员们来到多功能厅排练。有些老师关切地问我："你不累啊？""不累，因为我的内心是快乐的！"我笑着回答。是啊，想想，你一个人像一员大将站在偌大的多功能厅，指挥着三十五个小兵。小兵们那么听话，偶尔，一些滑稽的表演让他们笑得那么灿烂。休息之余，有些孩子还不忘学习：趴在地上看书的，坐在舒适的椅子上做作业的，投入练台词的，当然也有那些好玩者，在过道上追逐跑闹。但当你一声令下，他们又认真地投入表演之中。其他老师是感受不到的，只有置身其中的我才有这份幸运。

谢谢自己，跟着时间的脚步又成熟了一些。

孔子说："三十而立。"那三十而立，立的到底是什么呢？是结婚生子？是事业有成？我想是的，但更重要的是思想上的成熟。目标的明确，视野的开阔，胸襟的宽广，情操的高洁，多修炼，多读书。

李老师告诉工作站的研修员，要多读书、多思考、勤动笔。这一年是我读书最多、动笔最多且最勤的一年。在时间的脚步中，我努力地耕耘着。没想到我还收获到了意想不到的惊喜，我写的后进生转化的故事《我和我的这群孩子》编入李老师主编的《教育的力量》。

这一年，谢谢自己！

这一年，感恩新教育，感激李老师，感谢同伴们！

新的一年，我们继续前行。

李镇西点评：

雪梅，如果要我数出工作站一年中最让我感动的老师，你无疑是其中之一！你的淳朴，你的坚韧，你的隐忍，你的从容……不仅让我，也让你学校的校长和同事敬佩。你做新教育不但做得早（在你校），而且做得很真，很实。我知道你的困难，但你从不抱怨，而本来你有一千个理由抱怨，或者消极应付，但你没有，而是低调而积极地做好自己每一天的工作。因为你不是为别人，而是为自己的职业幸福。继续前行吧，我们都会为你加油的。有什么困难说一声，工作站的兄弟姐妹都是你的亲人！

2017 年 1 月 26 日

◎ 马 莉

走在朝阳的那一面

2016年是我已经拥有的人生中最令我感到幸福的一年。这一年里，我和我少年时代的偶像相遇，他就是李镇西老师。

记得那时父母离婚后，我与母亲生活在一起。父亲打拼着他的事业，根本无法照顾妹妹。于是，父亲每个月拿几百元钱给母亲，妹妹也搬过来和我们一起住。那时，母亲还在做着她的服装定制的生意，这手艺是从父亲那里学来的，竟然成了她在成都这个城市立足的资本。母亲在收发室租了一个房间做她的铺面，而收发室后的空地，搭建了我们的居住地。住在隔音糟糕的屋子里，街上有人说话我们都能听得清清楚楚。隔壁是停车棚，我们每天能清清楚楚地听到他们的谈话内容，想必他们也能听清我们的谈话内容吧。停车棚旁是老式楼房的垃圾处理点。每隔几个星期垃圾车都会来打开垃圾通道的门，把垃圾铲进垃圾车带走。每每这个时候，一股股恶心的臭味就会飘进我们的小屋里，我们只得落荒而逃。在这样的环境里，我们居住了10年。

妹妹虽然和我一起居住，但是父亲却把她安排到另一所小学。我们读不同的小学，又差了两个年级，因此每天大家都会有新东西相互分享，最常分享的就是书。每次逛书店，我们都毫不犹豫地从书店买回一本又一本的书。因为我们觉得别人的一本书只能一个人看,而我们是两个人看,再贵的书也被我们直接从心里打了半价。那天,妹妹从她的学校带回来了一本书,说是老师送给她的。我接过了书,首先进入眼帘的是一只黄色的稚气的雏鹰,它待在窝里嗷嗷待哺的样子,很是可爱。书名是《爱心与教育》。还是小学生的我就这么拿着书,一个故事接着一个故事地看了起来。记不清那时看书后的感受了,依稀觉得那些故事里的孩子都是好幸福的一群人,还有那个幸福的老师。

  初中毕业时报考了师范。除了自己本身对做教师的朦胧的喜爱外,母亲的想法也很真切:"读师范有工作,可以早出来工作几年。"那时的我不知道,一个离婚的女人要在成都让一个孩子每天吃饱、吃好,没有限制地买自己喜欢的书,和别人在物质上没有一丝差距地读完初中,她的手需要裁剪多少衣服,她的脚要踩多少下缝纫机的踏板。

  面试结束后,我顺利地开始了中师的学习,教育类书籍成了我们需要去读的书。教育家陶行知、优秀的杂志《人民教育》、成都的特级教师张玉仁……就是那时开始知道的。"北有魏书生,南有李镇西"的口号也蹦进了我的耳朵里。少女时期的我认为书生儒雅,镇西霸道,于是先看了魏书生老师的教育书籍,后来工作的时候有幸参加了区上举行的城郊小学骨干教师培训,听了李镇西老师的讲座。在感叹他是多么好的一位父亲,一位教育者、教育家的同时,蓦然回首,发现自己儿时读的《爱心与教育》就是他写的。于是,从 2006 年开始,李镇西老师成了我的偶像,每每有开会如果听说他要讲话,就会认为不枉此行。

  一个偶然的机会看到网上有李镇西博士工作站的招聘活动,我主动找到了刚进学校自己还不熟悉的新校长,询问是否可以帮忙推荐。后来,校长说李老师要求所有人按照规定写资料,于是我立刻把资料写了,在忐忑中静静地等待。最终我成为他工作站的一员,可以近距离地向他学习了。

说实在的，近距离地向偶像学习是有风险的。最大的风险莫过于由于太近的距离，优点缺点完全暴露，你是否还会像以前一样喜欢你的偶像。

一年的接触，让我收获最大的是李镇西老师对教育的热爱与信念。他因为热爱，在接近退休的年龄，应教育局的要求，开设了这样一个工作站。每次都请来大腕级的专家给我们开讲座，自己也亲自上阵为我们上课。

2015年我被评为成都市十佳班主任。也许，谁也没有想到排名12的我能最后在专家评议中胜出。单位里不认同的声音大过认同的声音，各种版本的流言蜚语应运而生。2015的12月，李老师的橄榄枝将我拉出了那份喧嚣。我静下心来阅读，我遇到了许多美好的人，从流沙河老师、张华老师、程红兵老师、宋石男老师、王崧舟老师，到今天的陆枋老师……每一个人都在用他们的故事点燃我们的教育理想，激励我们去阅读更多的书籍。这一年里，我阅读了心理方面的书籍《持续的幸福》《教出乐观的孩子》《活出最乐观的自己》《不要用爱控制我》《孤独症谱系障碍儿童关键反应训练掌中宝》，教育类书籍《教育学机智——教育智慧的意蕴》《陪孩子一起幼小衔接》《孩子的早期阅读课——新教育实验儿童课程——"读写绘"项目用书》《课堂上究竟发生了什么》《和青年校长的谈话》《怎么上课，学生才喜欢》《幸福比优秀更重要》《夏山学校》《顾随诗词讲记》，人文类书籍《自由在高处》《观念的水位》《民主的细节》《旧制度与大革命》，其他书籍还有《我们仨》《烟雾弥漫你的眼——我在火葬场学到的生命学》《话说中庸》《干校札记》《干校六记》《三体》《时间移民》《失落的一角》《失落的一角遇见大圆满》《时间简史》。

这一年里，我快乐地享受着阅读，最大的变化莫过于我不再着急了。成长是一辈子的事，不管是我还是班里的孩子们，我们都需要汲取足够的营养慢慢成长。

2015年的10月7日，我们做了"爱晋小，送健康"活动，2016年10月7日，我们做了"爱藏区，送温暖"活动。我们的班徽和班名都还在设计中，我们不慌不忙，一个班级的成长，班级文化的建立需要从孩子们的内心中生长出来。也许，一年级可以做出班名和班徽，但是有多少是孩子们的想法呢？记得2016年12月的中旬，班里的一个孩子得腮腺炎了，于是我们班需要隔离。早听说过我们学校的隔离教室在五楼，十分简陋。为了让这群孩子顺利过渡，我在搬家前一日给他们放映了我们已经阅读了好几章的小说《草房子》的同名电影。心里盘算着，和草房子里的教学环境比，我们学校五楼的环境可能要好许多吧。放学时我又在校门口当着家长的面，用我们班流行的积极心理学思维模式鼓了鼓劲："明天，我们就要搬到隔离教室去了，我们课间的活动场所就只能是五楼，不能随意下楼，也不能去大家喜爱的秘密花园打篮球了。悲观主义者可能会想，我太惨了，不能畅快地玩了。而乐观主义者会觉得，太好了，我拥有了更多复习的时间，说不定期末能取得更好的成绩。"在隔离的那两周里，平板电脑的录像课需要如期进行。五楼是不可能录像的，因为除了一台什么都收不到的电视机外，黑板也只有一小块，还好有网线插口。而我们原来的教室里的桌椅已经被抬上了五楼，老教室里没办法上课，我将计就计把平板电脑借了过来，评讲试卷时就用平板的屏幕播放功能投射到每个孩子手中的平板电脑上……很快，在五楼没有多媒体的二年级孩子们，学会了使用平板电脑进行辅助学习。然后，我们把五楼学校闲置在音乐教室的小椅子搬到了老教室，又请食堂的叔叔阿姨帮我们把9张方桌子搬到了老教室，就这样完成了录像课的录制。有人问我为什么要做录像课，我说："现在是信息化的时代，以前和六年级的孩子们一起上过平板课，现在班里的孩子们二年级，也可以体验一下了。再说，那些平板放着也是放着，放坏了不如让孩子们玩坏。"

两周后，得腮腺炎的小朋友带着医院开的健康证明回来了。我把医院开的证明给学校卫生室的老师看，卫生老师到五楼隔离教室把每个孩子的脸摸了一遍后悄悄告诉我，其实当时这个孩子得的腮腺炎是不会传染的，但是为了保险还是让你们班上来了。现在既然康复了，那就明天下去吧。送走卫生老师，我对孩子们说："刚才卫生老师说了，明天我们就可以回老教室了。"孩子们一阵欢呼。我接着说，"之前学校得腮腺炎的班级都要隔离三周，而我们两周就可以了，说明我们班的同学的身体十分健康。我们是年级最优秀的班级，请大家今后继续认真吃饭、认真锻炼，好吗？""好！"孩子们齐声说。我这个也许还不够优秀的班主任，带着一群现在还不够优秀的孩子，树立着信心，走向更好的自己。

这一年是我们学校的百年校庆年，行政部门忙着准备百年校庆的工作。而我作为学校的语文大组长，接替他们负责了学校"普通话推广周"和"经典诵读"的活动策划与组织。于是，中午校园广播站的广播响了起来，老师们送给孩子们的声音礼物"为你读诗"播放着……在大家的努力下，我校第一次获得了区"经典诵读系类"活动一等奖，我们班孩子的"演经典"节目获得了二等奖的好成绩。而我自己在这一年里有一篇文章在《教师博览》（原创版）6月刊发表，一篇文章在《教育的力量》一书中结集出版。自己的学习笔记与感悟《为自由而自由》和《芳草碧连天》也在"师道无华武侯教师"公众号上发表。

跟着李老师学习的这一年里，我有了那么多的相遇——聆听专家的讲座、参观学校。而最美的是在这个前行的过程中，我越来越清晰地看到前方那个更美丽的自己，褪去浮躁，静心教育。在家访的过程中，我发现班里有居住三居室跃层房子的学生，也有居住在狭小房间的学生。而我小时候既住过那恶臭连连的小屋，也住过两层的别墅。所以，我想我更能走进班里每个孩子的内心，而我自己也正在渐渐地与最美的自己相遇。

儿时那个住在收发室光线不好的小屋里捧着《爱心与教育》阅读的是我，工作后与事业成功的父亲居住在两层的别墅里的是我，结婚后与调皮的儿子、有个性的丈夫一起居住在普通社区里的是我，每个我都是那个最真实的我。

不管何时何地，我都努力走在朝阳的那一面，沐浴着阳光……也许，有一天，我还能成为那最亮的光点，照亮我爱的人们。即使没有成为最亮的光点，我曾沐浴阳光，我曾茁壮成长，我也无悔我的一生。因为我知道幸福比优秀更重要！

2017已经来临，阅读、行动、记录，走在朝阳的那一面。

李镇西点评：

马老师，读你这篇总结，感到了你沉甸甸的收获。读那么多的书，还做了那么多事，关键是还有思考。前面写你从教的文字太多，没必要。重点写一年的进步和收获就很好了。有人对你评上最佳班主任不服，没关系，让自己做得更好，是说服那些人的最好方式。当然，也许有人永远不服，那就由他去。我们的成长不必顾及别人的脸色，我们就做最好的自己。为你骄傲，为你祝福。我还要特别感谢你，长时间关注我的微信公众号。在教育的路上，我不可能陪你走得最远，但能陪多久算多久，至少新的一年，我会继续与你前行！

2017年2月1日

◎ 张梦玉

开启一种不同的人生

荀子说"蓬生麻中，不扶而直；白沙在涅，与之俱黑。"人的一生最幸运的事情就是能"与智者同行，与高人为伍"。走进"李镇西博士工作站"的第一天起就开启了我不一样的人生，就决定了我整个学习样态的改变。还记得面试当天的场景，李老师介绍了最终进入工作站的人员名单，介绍说有的老师在前期因为资料上交不充分所以联系不上，就没法进入工作站，我们在座的就是能够进入工作站的最终人员。

我怀着激动与忐忑的心情从教科院回到了学校，激动是因为不曾想过自己也能进入工作站，在李老师的带领下与一群那么优秀的老师为伍；忐忑是因为自己该如何才能融入这个环境，如何才能与大家一起成长。现在回望初来工作站的自己，感觉虽然平时没有意识到，但却在一天天地被改变着。

第一阶段：感知、认同

工作站的活动就是我的强心剂。

幼儿园的工作是烦琐的，幼儿一日活动的组织、开展，班级需要不断丰富的环境创设都在考验着老师。熊孩子的调皮常常让人很头疼，但是最让人心累的还是社会和家长带来的压力。新建的幼儿园面临清水房到教室的改变，虽然在暑期完成了墙面环境的打造，但是根据"主题活动"开展进程而改变的各个游戏区材料投放才是重点。所以开学的第一个学期，大家几乎每天下班后都需要留下来制作班级主题墙及区域材料等。新开的班级，很多家长对于刚见面的老师不放心。而正好开园的时候又遇到"红黄蓝事件"，家长们人心惶惶，担心老师们会虐待孩子，所以每天都会有家长一直询问孩子的情况，甚至要求老师每天将幼儿园一日生活各环节拍摄视频发给他们。那一学期的整个工作感觉就是"忙、抱怨、心累"，同事们只要一找到机会就开始各种抱怨，慢慢地越抱怨越找不到工作的方向和动力了。而那一学期支撑着我的也更多是工作站的活动。

每一次参加工作站的活动都感觉自己被注入强心剂，在疲惫、抱怨、心累交织的工作环境中，稳定住左摇右摆的心；每每觉得自己能量耗尽的时候，参加工作站的活动就是在补充、积蓄能量。每一次活动后我都深深地为讲课的大师们所折服，每一次回校后我都会思考着如何将他们说的融入自己的工作中。我是一个非常感性的人，想好了就会去努力做好。我还记得在听完陈岳叔叔的讲座后我的第一个想法就是一定不能让孩子们丢了国学，所以在回幼儿园的路上一直在思考该如何将国学融入幼儿园教学中，回到幼儿园后做的第一件事就是将自己的思考告诉了园长。园长也非常支持我的想法，于是在第二周我便将筛选出来的古诗词融入晨间游戏的环节，让孩子们进行渗透式的诵读，并且一直坚持到了现在。幼儿园所有班级的晨间游戏，也开始逐步变成了融入古诗词教育的晨间游戏。

第二阶段：探索、尝试

阅读，从毫无章法地读到有针对性地读。

对以前的我而言，阅读更多可能是无聊的时候打发时间的一种方式，平时我只花生活中很少一部分的时间来阅读，而且更多是围绕着故事类书籍来阅读的。在工作站的开班仪式上，李老师给大家推荐了一份阅读书单，我便开始从中挑选了部分书籍进行阅读，同时也会搭配一些专业类书籍进行阅读。慢慢地在书籍的挑选上我也开始有了自己的思考，选择的书籍更有针对性了。

现在的我，虽然还是不能保证每天读书，但是已经逐渐养成了较好的阅读习惯。当遇到困难的时候，我会去书中寻找答案；当有空闲的时候，会拿起书来读一读。

写作，从无到有的变化。

以前，我的写作更多是任务型或无意识的写作，需要交随笔或资料的时候我就写一篇。参加工作站以后尤其是在开班仪式上听到工作站的陈秋菊老师跟大家分享自己的写作故事后，我的心里也激起了一股写作的热情。所以我也开始尝试写作了，但大多以观察、记录的方式进行写作，有的时候发现孩子们的有趣之处也会写一写教育随笔。2017年12月，我的教育随笔《鼓励与支持催生儿童发展能量》一文在《教育导报》刊登了，这是我的文章第一次目前也是唯一一次登报，所以特别激动。这篇文章主要是以叙事的方式描述了我与孩子们相处的感人瞬间以及我对孩子们行为背后的分析。有了这次成功的体验，慢慢地我开始学着写更多的文章，但是大部分都是记叙文。虽然写作的积极性和愿望相较以前更强些了，但是目前我的写作水平还是比较低的，在写作的文章中口水话比较多、精炼的内容很少，所以还需要不断地阅读、不断地写作、不断地反思才能有所提升。

第三阶段：内化、改变

与大师面对面就是洗涤心灵。

在工作站的活动中，我们常常能够与教育大师们面对面地交流，深入了解大师们的成长经历，连我们幼儿园的园长都在羡慕我有这么好的学习机会。她说："你和这么多大师都见过面，与他们进行了深度沟通，相信他们对你的影响就像你曾经吃过的食物一样深深嵌入你的身体，谁也拿不走。我们都没有你的这些经历，真的太羡慕你了。如果李老师愿意接受我，我都想申请到工作站去学习。"确实是这样，每一次与大师们面对面地交流，我们就像站在巨人的肩膀上在看世界一样。

我自己的真切感受是，与大师们每一次的接触都在洗涤、净化我的心灵。以前的我对教育看法是狭隘的、不全面的、粗浅的。才进入幼儿教育行业的时候，认为教育于我而言就是一份为了糊口的工作而已。工作几年后发现自己对教育的坚持更多是源于对孩子的爱，但仍然会有想要放弃的时候，因为社会中有许多的职业待遇比幼儿教师待遇更高、面临的问题更少。在工作站的一次次学习中，我开始体验、感受大师们的成长，感受每一位大师是如何在职业中找到自己的方向，如何更加坚定地走下去。慢慢地，我也在工作中找到了乐趣、成就感以及被需要的感觉，于是逐渐调整自己的生活与工作状态。现在的我，虽然仍有不少缺点，但是却愿意不断地改进自己的工作方式，只为达到更好的彼岸。

第四阶段：自省、升华

上海之行——思想的又一次升华。

如果说在工作站一年多的时间，都是在帮助我不断地调整心态、改变想法、刷新思维，那么上海之行一定就是自己不断拷问自己的过程，就是在不断丰富自己后的一次职业新思考。

去上海以前，我对学前教育的认识仅仅停留在学前教育阶段，就像坐在井里的青蛙一样。虽然工作站也组织我们参加过小学开展的教学活动现场观摩，但是我对学前教育的认识却仍然没有实质的提高。上海之行，我们从看高中、初中、小学再到看幼儿园，其先进的教育理念真正地改变了长期在我心里形成的学前教育的条条框框。以前在学前阶段，认为老师重要的是要把集教活动设计好、开展好，总是对于时间过于苛刻，评课的时候总是会对某某老师时间没上够、某某老师又超过了时间等进行评价；总是喜欢用一堂活动的好坏来衡量一个幼儿园老师的优良。但是不可忽视的是，幼儿园的活动并不是只有集教活动，还有很多可开发的课程资源。

我们从高中学校一路走到幼儿园。在观摩宛南实验幼儿园的活动时，我问自己："在幼儿园，对孩子来说，到底什么最重要？我应该怎么教他们？"思考着这些问题，这些天考察、学习的画面不断地出现在我的脑海中，从高中、初中、小学学校到幼儿园，它们正好是一个人一生要经历的几个教育阶段的场所。通过一天天的学习，我好像找到了些许我要的答案：孩子就如一艘大船，老师则如一个舵手，大船不断地行驶着，舵手一批批地更换着，最终大船行驶到彼岸也就不再需要舵手。小学、中学乃至大学的老师都是操控方向的舵手，而幼儿园的老师则更像是造船厂的工人，我们将一艘不能入水的小船变得更加牢固，我们为它增加能掌握方向的舵、能承载更多物品的空间、防止碰撞事故的安全装置，做这些都是为了能让小船更好地入水，为了它入水后能行得更远。虽然我们不是真正意义上掌握航行方向和速度的水手，但我们是作为基础装备的船厂工人，船能否航行得更远，与我们有着直接的关系。

我常常会想如何才能将这些小孩教得好，今天突然发现自己好像错了。幼儿园的孩子最重要的不是上几堂课学一些知识，这些在今后的人生他们都会慢慢获得，而是对他们生活态度、行为习惯、求知欲、好奇心、探索欲望、礼仪礼节的培养，这才是长久之计。

幼儿园一直实行"一日生活皆教育"，我们也都明白在幼儿园孩子的一切活动都是教育，但是重点应该如何落实。仅仅是落实在让孩子学会技能、知道原理、了解知识，还是应该更多地落实在以孩子为本，了解孩子的兴趣上。我想我更倾向于后者。

成长就在不经意间发生

回想着在工作站发生的点点滴滴：初见李老师时他的幽默、和蔼，听陈秋菊老师讲乡村教育故事时的感动，每次听专家讲座时的激动，听同学们分享自己故事时感叹大家的优秀，想要懈怠时胡艳老师给予的支持，媛媛老师每一次给予的帮助及温暖，大家一起聚餐时的快乐……这些温暖的瞬间都会一直留在我的心田，让我慢慢回味。

真的特别幸运，能够走进这样一个学习共同体，与非常优秀的人为伴。在这近两年的时间里，大家在陪伴着、见证着我的成长。如果没有加入工作站，也许我早已因职业倦怠离开了教师这一行，也有可能还在按照老旧的一套教学方法机械地教着幼儿园的孩子们，还有可能一直埋头苦干不曾抬头望望天；如果没有加入工作站，我不会知道教育的天是广阔无垠的天，教师在课堂中有无限的可能；如果没有加入工作站，我也许不会走上新教育种子教师之路，更不可能站在台上与大家分享我的教育故事；如果没有加入工作站，我可能还处于每天按照上级安排组织活动的状态中，我不会有自己的想法，也不会有自己的教育理想，更不会为了自己的教育理想而努力。因为加入工作站，我正在慢慢地觉醒，开始逐步寻找到工作的价值与意义，开始在心中建立起自己的工作动力系统。也许以后的自己在工作中还会再一次像刚毕业参加工作时一样迷茫，但是我知道，就算迷途了，我的心中依旧有一盏明灯在照着我前行，那就是在工作站我所感受、理解、自省后所建立的根植于心的教育理想……

李镇西点评：

"90后"梦玉其实还是一个孩子，所以她的心很容易和幼儿园的小朋友贴得很近很近。我估计在小朋友的心里，"张老师"不是老师，而是姐姐。爱孩子，也被孩子爱，这是做好一个教育者最重要的前提。但这不是优秀老师的唯一条件，更不是必然条件。教师的专业成长需要自身强烈的上进心，和持之以恒的学习力。这两点梦玉都有。

在工作站，梦玉是一个不起眼的小姑娘，但每次上课或听讲座，她那双明亮的眼睛总是目不转睛地凝视着讲台上的老师。我想，她不仅仅在凝视，而且也在思考，之后更有行动。她的园长告诉我："张梦玉是一个很有教育情怀、发自内心热爱教育热爱孩子的人！"我特别欣慰的是工作站给了梦玉一臂之力，助她成长。因她的成长，我感到了自己退休后依然忙碌的价值。

她自己说："成长就在不经意间发生。"是的，是这样的。我想补充的是，这"不经意间"其实也是"经意"的，这"经意"便是自己对自己的提醒、反思、点赞和激励，是我经常所说的"不停地实践，不停地思考，不停地阅读，不停地写作"——所谓"自己培养自己"。只是这一切都呈现为教育生活中自然而然的点点滴滴，所以"不经意"。

我特别感动于梦玉在这篇文章结尾时说的："因为加入工作站，我正在慢慢地觉醒，开始逐步寻找到工作的价值与意义，开始在心中建立起了自己的工作动力系统。也许以后的自己在工作中也会再一次像刚毕业参加工作时一样迷茫，但是我知道，就算迷途了，我的心中依旧有一盏明灯在照着我前行，那就是在工作站我所感受、理解、自省后所建立的根植于心的教育理想……"

梦玉小姑娘，我相信你，并会继续关注你的成长！

2019 年 5 月 28 日

◎ 王　川

我自盛开，管他蝴蝶来不来

参加李镇西博士工作站的研修学习已经快两年了，不由得感叹时间过得好快。这两年，在李老师的指导下，和各位老师一起学习，我觉得没有虚度。

这两年的收获是非常大的。第一个巨大的收获是思想上的。我是教物理的，工作了十多年，物理的教材体系很熟悉了，各种考试的题型也已烂熟于心了。学校环境也再熟悉不过了，和学校领导也非常熟悉了——一般来讲，工作中没有大的问题也不会被批评了。可是我潜意识里感到了危机。就这样等着退休么？我是不是该有些突破呢？该朝哪个方向走呢？多少个夜晚，我一次次问自己。

直到有一天，朋友给我推荐了一篇李镇西老师的文章。我开始关注"镇西茶馆"微信公众号，每天到茶馆里阅读、留言，和李老师交流。通过网络，李老师给了我很多启迪和指导，我的教育思想也在慢慢地改变。当我第一次看到公众号里发布的工作站召集令时，我也只是随意一瞅而已——毕竟，成都和绵阳相距一百多公里呢。

某一天，当我再一次感受到"可怕的熟悉"之后，我萌发了加入李老师团队的想法。犹豫再三，我发出了申请书。但是李老师明确说只招成都本地的老师，我表示很受伤。爱人知道后，无意间说，要是你在成都工作就好了。我灵光一闪——我为何不到成都去工作呢？我这个人的行动力是很强的，马上查询哪些学校要招聘老师，然后就开始和一些用人学校取得联系。同时，我再次写了申请，明确表示"下学期我就要到成都工作了"。这下李老师被我感动了，通过了我的申请。我也就到了现在工作的学校。

到了新的学校，我面对的一切都是陌生的——新的工作压力、新的工作流程、新的工作规范，我也曾感到不适应，感到巨大的压力和挑战。在工作站的学习中，我找到了方向——不停地阅读、不停地思考、不停地实践。面对新的教育问题，我才多了一些从容。所以，我第一个巨大的收获就是在工作站的学习中，自己在思想上没有安于现状，找到自己努力的方向。

第二个巨大的收获就是开阔了眼界，我现在更加侧重对教育的思考，而不仅仅是对学科教学工作的关注。我原来在绵阳的一所私立学校工作。绵阳的教育从某种意义上讲，和李老师倡导的"新教育"相去甚远。我们一周上六天课，成天研究的是如何考试、如何出题。确实有大量的学生在高强度的练习下成绩取得了巨大的进步。但同时也有一部分学生出现严重的厌学，甚至辍学。我们曾经认为是这些孩子不适合到私立学校读书，很少用教育学的理论去分析问题。在李老师的指导下，读了《陶行知文集》，我才知道我们的教育能有如此多的方法；读了苏霍姆林斯基的《给教师的建议》，我才开始思考学生学习过程中出现问题的各种对策；读了李老师的《做最好的班主任》《自己培养自己》，我才发现我们的教育活动可以如此的波澜壮阔。每次活动，聆听各位前辈、各位大师的讲座，自己的灵魂都接受一次洗礼；到上海的研修学习，更是让我们看到了学校可以这样办，校园可以如此漂亮，课程可以这样设计，老师可以如此有思想。

第三个收获是自己改变了，一切都在发生改变。我们班长曾说中年教师都有职业倦怠。对于这一点，我是深有体会的。原来自己也有一些想法，但是囿于环境和自己的认知，不敢去大胆地尝试——因为担心这些尝试会影响自己的教学业绩。

这两年来，我开始一些新的尝试和改变。比如，我开始让学生办班级报纸，我们组建了编辑小组，每周出一期。孩子们自己采写新闻，自己用电脑编辑，然后打印出来。每周的报纸张贴出来后，班上都仿佛过节一般。我们创立了班级的微信公众号"飞扬的班"，记录班级活动的点点滴滴，也记录自己写的教育随笔。比如我和孩子们商量，每个同学轮流在班上做讲座，我们命名为"百家讲坛"，初二的时候升级为"高峰论坛"，孩子们自己做选题，自己上网查询各种资料，制作幻灯片，每天在固定的时间分享。我把这些资料全部收集起来，整理成册，作为班级活动的记录。比如我开始大胆地设计活动，吃了杧果，我们一起把杧果核取出来，培育成杧果树。物理教学上，我开始大胆让学生自主完成实验、拍摄物理实验，创新实验，我发现孩子们越来越喜爱物理了，成绩也越来越好了。在学校的支持下，我把自己的做法开发成课程，准备进一步推广。我更加热爱物理教学了，有时间就研究教法、写文章，也继续写我的微信公众号"物理好好学"。这些事情都是自己很开心地去做的，很忙碌，但是我感觉很充实。我发现自己没有倦怠感了，这或许就是新教育所倡导的"过一种幸福完整的教育生活"吧。

现在，我的空余时间几乎不打麻将了，就是看书写作。这一切的改变，都是在进入工作站之后开始的。昨天在学校听了一节班会课，题目是"你若盛开，蝴蝶自来"。班会课上，我的感受是，新教育让我感到如此充实了，蝴蝶来不来又有何妨呢——我自盛开，管他蝴蝶来不来。

感谢李老师，您是我们的心灵导师，感谢您给我们的引领。同时也感谢朱老师为我们做了那么多事。尤其是我们的精神家园——"让梦想开花"微信公众号，更是倾注了朱老师的大量心血。我希望我们齐心协力，把这个公众号继续做下去，我们可以组建编辑小组负责营运，大家轮流提供稿件。

李老师说，用一生的时间去寻找那个让自己吃惊的"我"。希望在以后的教育生涯中，我们大家一起努力——努力阅读、努力思考、努力实践，努力地去寻找那个让自己吃惊的"我"。

李镇西点评：

王川是工作站少有的几位男教师之一——大家总爱调侃我"喜欢美女"，所以才只招女教师，其实不是。现在教师队伍女教师占绝大多数，尤其是小学，我没得选呀！好，扯远了，还是说王川。虽然王川是男子汉，可他性格温和，举止很有修养，甚至课堂上说话还有几分羞涩，然而他的确是一位真诚的教育者。

作为一个优秀的年轻物理老师，"各种考试的题型也是烂熟于心了"，他似乎可以安于现状，但他没有像一些年轻人一样，站在"不知道自己不知道"的"愚昧高峰"盲目自信，而是感到了危机，很快意识到了"知道自己不知道"，他说这是他加入李镇西博士工作站的原因。顺便说一下，王川本来在绵阳市工作，为了进入工作站，他居然硬是离开了绵阳原来的学校，到成都重新找了一所学校，就是为了方便在李镇西博士工作站学习，让我感动啊！谢谢你，亲爱的王川！

他果真有了进步。以前王川把教育理解为仅仅是做题——就像我说的，现在许多学校没有教育只有"教考"，没有学生只有"考生"，而现在他认为教育是充满人文气息的，是直指灵魂的，而知识和能力是人格的组成部分，但不是人格的全部。于是，作为物理老师的王川，着力培养学生的人文情怀，让班级充满人文的氛围，比如班级小报、"百家讲坛""高峰论坛"……与以前只是催促学生"争分夺秒地做题、做题、做题"相比，王川渐渐感到了教育的乐趣："我才发现我们的教育活动可以如此波澜壮阔。"是的，教育本来就应该这么色彩斑斓、动人心魄！

教育为谁？往远处说，为了中华崛起、民族复兴；往近处说，为了每一个孩子的成长与快乐；往个人说，为了教师本人的职业幸福。只管攀登不问高，心中自有伊甸园。我特别欣赏王川这句豪迈的话——

"我自盛开，管他蝴蝶来不来。"

2019 年 6 月 8 日

◎ 鲁正群

成长，未完待续

回顾近两年在李镇西博士工作站的学习，有四个词最能表达我的心情：

幸运——最美好的遇见；

成长——最幸福的回馈；

感动——最真实的情感；

感谢——最动人的语言。

幸运，最美的遇见

2017年那个夏天，园长在群里发了一条链接，鼓励我们报名参加李镇西博士工作站。对于在幼儿园工作的我来说，李镇西老师是陌生的存在，我通过百度搜索和"镇西茶馆"了解后，还是有些犹豫。我一个幼儿园老师，有必要参加吗？直到报名截止前一天的晚上，我终于提交了报名申请，也没抱多大的希望，毕竟还要面试。

2017年9月5日，面试的早晨，我还特意穿得正式了一些，怀着参加工作面试的心情，忐忑不安地到了成都市武侯区的教科院。可是究竟是怎样的幸运，在这一次面试中准时到场的老师，就被正式录取了。没有正式面试，没有任何要求，在各种缘分与机遇的巧合下，我就这样加入了工作站，在李老师的带领下，在优秀小伙伴们的激励下，开始了一场重拾教育初心、唤醒工作热情的学习之旅。

成长，最好的馈赠

在工作站近两年的时间里，我是小透明般的存在，既没有在教育教学中做出显著的成绩，也没有在集体里出谋划策、引人注目。但我知道，平凡如我，在这里感受到的思想的引领，是一股前所未有的力量，它将成为我持续前行的动力！

两年，有一些小改变已经悄然发生，我慢慢变成自己喜欢的模样，这就是成长的幸福。

（一）成长关键词——自信

2018年5月11日，第一次分享个人故事，我的题目是"平凡人生，微笑幸福"，我鼓起了偌大的勇气发言，但还是很紧张，我能感觉到自己声音里的颤抖。2019年1月4日，第二次分享个人感受，我的题目是"阅读，遇见更好的自己"，我写了很久的稿子，终于能够以半脱稿的方式呈现，声音里多了一分从容。今天，2019年5月11日，又一次站在这里，面对熟悉的大家，我想，我终于不用胆怯与害怕，我可以自信坦然地与大家分享。

勇于尝试，因为每一天都是崭新的一天；敢于面对，每一次都会有小小的进步。

（二）成长关键词——阅读

工作后，很少阅读教育类的书籍，遇到李老师，第一次听说"4+1"，这才开始了阅读。从读李老师的书开始,到苏霍姆林斯基的书、陶行知的书、杜威的书,再后来,书越买越多,有了自己的一个小书柜。而在不断的阅读里,也理解到李老师常说的"让教育回到起点,遵循常识",理解到"两学一做"的精髓。

书里好多质朴的语言,特别打动人,很想与大家分享。

李镇西老师:"素质教育,就是——教育!"

苏霍姆林斯基:"教育——这首先是教师跟孩子精神上的经常交流。"

"只有那些始终不忘记也曾是个孩子的人才能成为真正的教师。"

"教育——这首先是人学,不了解孩子,不了解他的智力发展,他的思维、兴趣、爱好、才能、禀赋、倾向,就谈不上教育。"

"要成为孩子们真正的教育者,就要把自己的心灵奉献给他们。"

"对于孩子来说,游戏是最严肃的事情。"

"我教的孩子,他们首先是活生生的人,是活蹦乱跳的孩子,其次才是学生。"

还有好多,我都觉得说到了人的心灵深处。

陶行知:"我们必得会变小孩子,才配做小孩子的先生。"

"他给你一块糖吃,是有汽车大王捐助一万元的慷慨。他做了一个纸鸢飞不上去,是有齐柏林飞船造不成功一样的踌躇。他失手打破了一个泥娃娃,是有一个寡妇死了独生子那么悲哀。他没有打着他所讨厌的人,便好像是罗斯福讨不着机会带兵去打德国一般的怄气。他受了你盛怒下的鞭挞,连在梦里也觉得有法国革命模样的恐怖。他写字想得双圈没有得着,仿佛是候选总统落了选一样的失意。他想你抱他一会儿而您去抱了别的孩子,好比是一个爱人被别人夺去了一般的伤心。"

"人人都说小孩子,谁知人小心不小。您若小看小孩子,便比小孩还要小。"

"宇宙为学校，自然为吾师，众生皆同学，书呆不在兹。"

这些话语，鞭辟入里，直击我心。可见，阅读，是多么有意义的一件事情。以前常以没有时间为借口，现在无论多忙，我都会抽出一点时间来看书。一点一点，积少成多。2019年，我已完成11本纸质书的读书笔记，并坚持在公众号打卡阅读。

（三）成长关键词——学习

2018年8月，我加入新教育实验网络师范学院（简称新网师），选修民主与教育、教育写作、儿童的人格教育、教育学经典解读四门课，每天按时打卡，完成作业，成了一种习惯。因为李老师，了解新教育，因为新教育，爱上新网师。近一年的时间里，与全国各地的新教育者，一起学习交流，越发感受到榜样的优秀，也激励着自己，永远不要放松了警惕。就像孩子般，感受到学习的乐趣，感受到知识的喜悦。

李老师曾在书里说过这样一句话："学历是给别人的，学力才是自己的。"能够在工作站线下学习，在新网师线上学习，是多么好的学习机会，我不敢辜负，唯有努力向上。我积极的态度也得到了课程组长的肯定，目前两门课的打卡都排在前列。

感动，真情的流露

如果说现在，还有人愿意免费来培养你、引领你，你一定觉得不可思议吧，而李老师就是这样的人，又怎能不让人感动呢？两年，邀请了无数大家名家，奉上一场场精彩的精神盛宴；两年，为工作室忙前跑后，一心想着我们的发展，想为我们搭建更好的平台。

我想，李老师就是我生命中的贵人吧！

感谢，无穷的话语

所有的语言都道不完心里的感谢。2017年9月5日，第一次见到李老师真人，我准备好了面试失败的准备，但却无比幸运地加入其中。李老师说"自己平易近人"的那一刻还历历在目，那种轻松的氛围，让我感觉到很安心。

2019年1月4日，接到李老师消息，早早地到了教科院，又收到了一个无比幸运的消息："我已经向丹麦安徒生国际幼儿师范学院推荐你！"还记得李老师握着我的手，那双大手很暖和，很踏实。

2019年4月30日，我到棕北中学参加新教育叙事活动，李老师早早地坐在了第一排，我过去打招呼，李老师也问我好。就简单的几个字，却让我无比的温暖。

是怎样的幸运才能遇见，又是怎样的巧合才有了相聚。

在一次分享会上，李老师发表了"用一生的时间来发现让自己吃惊的我"的演讲。我想，我也愿用一生的时间来培养自己。两年的学习即将结束，但成长，未完待续，等着自己去书写。

李镇西点评：

正群说她是"小透明般的存在"，但她不知道，当我向她幼儿园园长了解她的情况时，园长对她赞不绝口："她对幼儿教育非常热爱，对教育的理解比一般人更有深度。"可是，这么一个在园长眼中的优秀老师，依然保持着学习和上进的强烈愿望。

应该说，幼儿教师对孩子的爱更没有任何功利色彩，因为今天抱过的亲过的小朋友，离开幼儿园后，很难再回来看看老师们。不是孩子们"忘恩负义",而是因为年纪太小,真的记不住。但千千万万像鲁正群这样的幼儿老师,每天都和孩子们泡在一起,为孩子们的成长操心。而这种操心绝不仅仅是"带着孩子玩儿"那么简单。已经拥有硕士学位的正群,依然如饥似渴地寻求学习机会,比如参加我的工作站。

　　看到正群说自己两年来的进步,我说不出的欣慰。找到自信、主动阅读、网师学习——正群将两年来自己的这些经历,视为成长对自己"最好的馈赠"。据我所知,除了常规的工作,正群在幼儿园还负责全园的科研工作,可她居然还挤出那么多的时间来学习,其他不说,就是坚持新网师学习这件事,就不简单。但她居然坚持下来了,因此赢得"馈赠"是理所当然的。

　　正群对我表示感谢,我也要感谢工作站所有的年轻人,是你们给了我青春的力量,让我也保持着一种不断学习的状态。当然,我的确是义务为这群年轻人提供学习机会,经常为工作站的活动而操心,如果没有工作站,我可以到处玩玩,反正我已经退休了。但我认为,一个人延缓精神衰老的办法,就是和年轻人一起学习!这也是为什么不少人说我"有60岁的年龄,30岁的心脏"的原因。

　　是的,成长,未完待续。正群,我们一起继续努力!

2019年6月8日

◎ 吴懿曈

知不足然后自省

我从来不是一个"追星族",很久很久以前,我实在不理解一个明星的签名有多珍贵,不能理解能和自己喜欢的明星合影有多得意……直到我认识了李镇西老师。

2016年5月,我收到了一个朋友的礼物,李老师的两本书——《做最好的老师》《做最好的班主任》。在此之前,其实我并不知道李镇西到底是谁。但翻开李老师的书,我就被他的教育智慧震撼了,如饥似渴地读起来。巧合的是,刚收到这两本书后没过几天,刘校长告诉我们:"李镇西校长要来我们学校。"我提前准备好这两本书,早早来到学校小会议室。李老师一来,我看准时机,赶紧找他签名。看到李老师在我的书上签上他的大名,我的内心是澎湃的,终于,我体会到"追星"的感觉了。

2017年6月,得知李老师的工作站准备招收第二期学员,我怀着忐忑的心情提交了报名信息。一个暑假都在焦急等待,终于在第二学期开学初接到了面试通知。我深知自己太过年轻,工作第二年,一没经验,二没任何获奖证书,不知道李老师会面试什么。经过第一轮筛选,李老师已经淘汰掉一批报名的人了,剩下的我们都通过了面试。我终于能长舒一口气,回去也好向校长交代了。

回想起这些,仿佛就在昨天,然而两年的学习时间已经结束了。这两年来,我学到了什么?收获了什么?

做个好老师

跟着李老师,我在学习做一个好老师。这个好老师,有爱心,有耐心,还要有教育智慧。老师的爱是一种依恋的心情,是一种奉献精神,是一种认真负责的态度,也是一种巨大的力量。爱心能架起师生关系的桥梁;爱心能春风化雨,浇灌每一颗种子;爱心能熏陶、震撼学生的心灵,激发他们的自信心和求知欲,养成良好的情感品质。

没有爱,就没有一切。

李镇西老师的"爱心教育"常常激励我——"爱能创造出最美的东西,有了爱,才会有用心、耐心、精心。"

经过两年的学习,我能发现班上的所有孩子的闪光点。我们班有好几个调皮的孩子,成绩平平,然而让我感到骄傲的是他们虽然有这样那样的缺点,但都有乐于助人的好品质。曾有一次,午餐后,我问他们谁愿意帮老师跑一趟(具体干什么我忘记了),几个成绩好的孩子说:"我不去,还要做作业呢。"这些调皮的男孩子们争着抢着来帮忙。这难道不是他们的闪光点吗?不愿意去的孩子当然也没错,这就是个人对事情轻重缓急的把握;愿意去帮忙的孩子也许一时半会忘记了作业,但他们愿意帮忙。我们能随意说他们谁好谁不好吗?现行的学习考试制度下,使得我们有时候很着急:他怎么就是学习不好?五个手指头还不一样长呢!

关于培养什么人,我受教于李镇西老师:"我们要培养的是合格的社会公民,就算他不能成为一个非常优秀的人才,但是当他成年后,应该是一个好丈夫、好父亲,抑或是好妻子、好母亲……"也不知道是真是假,有人对美国总统卡特的母亲说："您培养了一个非常优秀的儿子！"母亲却说："我还有一个更优秀的儿子，正在家里种土豆！"

什么样的人都有，什么样的工作都得有人去做。前提条件是这个人是个好人。听于漪老师讲座时，她讲到，曾经有高校大学生质问她："英语老师研究中国文化有什么用？还不如多花点时间靠英语挣钱！"于老师说，她的反应就是：着急啊，我到底为谁辛苦为谁忙？我们怎么就培养了这样的高校人才？为国成才才算是有担当啊。让我不禁想到了周总理说的"为中华崛起而读书"。虽然不可能人人都成为这样的人，但"有担当"应该是孩子们都该具备的品格。于漪老师说，育人，是一个语文老师应该有的坚如磐石的努力方向。这正是李镇西老师说的——培养合格公民。

跟着李老师学习的两年时间里，每听一次讲座，都是精神的洗礼，每接触一个大师，就是向他们学习做一个好老师。

在华应龙老师的数学课上，我们看到一个特别普通，甚至可能是班上比较落后的孩子泪眼蒙眬地从华老师手上接过书，亲自送给校长。看得在场的老师无不流泪，我又一次看到老师应该平等、公正、民主地对待每一个孩子，特别是成绩稍差一些的孩子，更应该被我们关注。

我们班每天都有简评作业，我曾经看到一篇简评，是一个特别优秀的孩子写的。她说："吴老师，我觉得你好偏心，明明××写的字没我好看，你却每次在他书上画那么多星星。"看到她的这句话，我甚至有点开心，说明我的特别关心，孩子们是感受到了的。

三年级时有个其他班的学生因为手臂摔断了来到我们班，他还没到班上，就有老师就跟我说这个孩子是如何调皮捣蛋。我带了他一年，上学期刚放暑假，看到她妈妈发了这样一个朋友圈："我告诉孩子，吴老师就是《窗边的小豆豆》里的校长，孩子似懂非懂……感谢生命中能遇见你。"这一年，孩子的确有一些变化，书写变工整了，作业质量提高了，好几次我都错认为是其他优秀孩子的作业。

还有好几个孩子，都慢慢地变化着。做老师的幸福就在于此，于无形中影响一个孩子，让他朝着光亮的一方前进。

就像黄玉峰校长说的，做教师的人是幸福的，一辈子做教师的人是最幸福的。

读书，到底有什么用

读书到底有什么用？说不清，道不明。但我知道，如果我不读书，可能现在也写不出这些文字；如果我不读书，我应该不会无意识地采用一些适应孩子发展的教育方式；如果我不读书，我肯定不会在李老师的工作站学习；如果我不读书，我绝对不会很享受现在的教育生活……

我真正开始认真读书是大二那年暑假，因为家里路由器被雷击中坏掉了，我带回家的电脑没法上网，又不想用家里的台式电脑，才开始想起看书。我用母亲的购书卡去书店买书，一买就是一两百元，买回家看得也很快。因为我尝到了读书的甜头，发现书里的世界实在太精彩了。

一个人的人生长度是有限的，而宽度可以是无限的。读书，拓展了我生命的宽度。

读书分好几种：休闲式读书、滚雪球式读书、解决问题式读书。于漪老师说："书犹药也，可以医愚。"

刚到李老师的工作站，他就推荐了四十本书。说来惭愧，这四十本书我还没读完。李老师给我们的学习氛围很宽松，虽说氛围宽松，但每一个老师都很自觉，踏实践行着李老师的教导：不停地阅读，不停地思考，不停地写作，不停地实践。

来到李老师的工作站，一年时间我才从"休闲式读书"到"解决问题式读书"。从前，我挺沾沾自喜的，自己读的书还算多，直到去年底听了工作站老师们的分享，我才发现我读的都是些"闲"书，专业书籍读得太少。

读专业书有什么用？读了于永正老师的书，我知道了教语文，应该重点训练朗读和书写。刚开学那几天，我正在读于永正老师的《我怎样教语文》，读得我心潮澎湃，晚上睡不着觉。脑海里一直在想怎样帮助班上那几个孩子——每天朗读，抓好基础知识过关。有两个家长朋友听了我的建议，开学两个月以来一直每天坚持朗读，给我发视频。其中一个孩子，第一次语文单元考试考了 79 分。改到她的试卷，我惊喜不已，那时候在家里，都高兴得跳起来了！读了管建刚老师的书，我才知道写作和阅读同样重要。从此，不仅重视阅读，也开始重视写作教学，鼓励孩子们多写、勤写。每次读到他们写的自己的趣事，班里的趣事，都忍不住想打成电子稿，让更多的人看到。

读书，到底有什么用？至少，我读了教育大家的书，帮我解决了怎样帮助"后进生"的种种问题。

书读得越多，越觉得自己读得太少。问题式读书，我要读的还有太多太多。

读书，不就是站在巨人的肩膀上让自己看得更远吗？

写作，我还是井底之蛙

写作，我一直喜欢，当初要做老师，就是因为喜欢阅读和写作。我一直觉得自己特别特别幸运，参加工作第二年，就获准进入李老师的工作站学习，还认识了好多优秀的老师。回顾自己的写作，这两年来的确发生了量的变化，也出现了质的变化。

写作，从一开始好几天才憋出一篇"千字文"，到现在几小时就可以写一篇上千字的文章。李老师说的"不停地写作"，我自以为做得还可以。可是回顾工作站的学习总结，前几次除了笔记本上的记录，都没有留下学习心得。工作站学习第二年，我才开始真正的"不停地写作"，我才发现写作真的是非常美妙的事情，既可以记录自己的教育生活，记录班上孩子们的生活，更重要的是加强了和家长的沟通联系。不止一次听过新教育榜样教师的叙事：每周给家长一封信。我当初真的不敢想象，怎么可能做得到！每周写一封信，写什么？用什么时间写？直到自己开始尝试，我才发现并不难。

在哪里写，怎样给家长看？随着微信的广泛使用，我从最开始的QQ空间记录转到了微信，学着开通了自己的微信公众号。不仅记录自己的生活，更多的是记录班上孩子们的故事。回顾自己的公众号，从2018年2月弄明白了怎么使用，到现在一共发表了65篇文章，一少半是自己的生活，一多半是读书笔记和班上的故事以及孩子们的习作。家长们看了我写的班级故事，对班上的孩子了解更多。最重要的是，家长们理解了我的工作、理解了我的教育理念后，更加支持我的工作。

可在我沾沾自喜的时候，才发现我写得太少太少了。听了其他老师的收获、总结，我特别想表达自己的反思：我做得实在太少太少了。无论是班级活动，抑或是班级课程，还是写作，我真的都做得太少了。

知不足然后能自反也。谨记李老师说的"不停地写作"，我不能做井底之蛙，我还要继续努力。

认真回顾两年的学习之路，才发现自己真的有太多不足。无论是阅读还是写作，远远没有达到李老师的要求。工作站的学习真的就这样结束了，我本来找出两本书《成长是最好的奖励》《自己培养自己》想请李老师签名做留念，但最终选了《自己培养自己》。因为工作站的学习结束了，少了李老师的谆谆教诲，少了小伙伴们的榜样力量，我真的只能自己培养自己。《自己培养自己》算是对我的警醒。

我真的特别幸运，刚开始走上教师这个工作岗位，就遇上了好多生命中的贵人。刘卫东校长对我职业生涯规划的帮助，亲爱的李镇西老师对我进步的肯定，在工作站又遇到好多优秀的老师，我是何其幸运！

感恩，难忘，不舍。

工作站的学习告一段落，我的终生学习才刚刚开始。

路漫漫其修远兮，吾将上下而求索。

李镇西点评：

总觉得吴懿瞳老师还是一个天真烂漫的孩子。每次一想到她，眼前就浮现出一个温柔文静的女孩子形象。作为刚参加工作的年轻人，她的确没有那么多经验，没有什么荣誉，但这么个普通的老师，却依然默默地爱着孩子，爱着教育，爱着每一堂课。

读了这篇总结，我不禁想，所谓"成长"，其实并非是一个很庄严很正式很有观赏性的过程，而是在一个个平凡琐碎的生活场景中点点滴滴的进步与提升。懿瞳正是如此。她所记录的并不是惊天动地的大事，而是由一个个孩子、一次次阅读、一回回写作……所构成的教育现场和生活情境。而这种教育现场和生活情境，正是我们绝大多数一线老师的常态。这就是成长。

嗯，也不对。生活本身并不能带来我们的成长，更重要的是有思考，特别是反思。所以准确地说，对每一天普通教育生活的反思，才能获得真正意义上的成长。

在本文中，懿瞳对"差生""优生"的反思，认为任何一个学生都有值得称道之处，因此要善待并信任每一个孩子；她对阅读本身的反思，认为阅读好书就是站在巨人的肩膀上看得更远；她对写作的反思，体会到了写作对自己的成长所带来的作用。

对一个教师来说，推动其教育事业发展的应该有两个轮子，一个叫作"情感"，一个叫作"思考"。教育情感使她热爱孩子，忘我地工作，并从中体验到奉献的自豪；教育思考使她明确自己的教育方向，科学而理性地设计、实施自己的教育，同时不断地总结、提炼、升华自己的教育实践。

吴懿瞳老师正是这样的老师，她有着真诚的教育情感，也富于思考，知不足然后自省，于是成长便发生了，并将继续发生。懿瞳还年轻，前面还有许多教育困难甚至挫折等待她，但只要怀揣情感与智慧，超越了困难和挫折，一定会有属于懿瞳的庆典在前面等待着她！

2019 年 6 月 21 日

◎ 周屈舟

做有底线的教师

栀子花谢了又开了，学期过半了，暑假又快来了，才知道在李镇西博士工作站学习的我们快毕业了。回顾两年来工作站的点点滴滴，脑子里浮现出一张张画面，犹如拼图一般，从模糊、残缺，慢慢地变得完整、清晰、丰满。

李镇西老师，那个名字如雷贯耳的教育家，那个著作等身的特级名师，还记得大学的时候，和热血的室友一起读他的《我的班主任日记》，心里暗自揣测着这个李老师到底是怎样的一个大人物。两年里，一次次地走近李老师，终于把他"拼"完整了。他的确是当今教育界一位了不起的人物，也是真正的教育大家，但他也是一个心中有教育、眼里有学生的普通老师，更是一位不可多得的良师益友。

他是我们工作站小伙伴心中最亲爱的李老师，有时还是有求必应的"摄影师"。（写到这里，总是想起他拍照时那爽朗的笑声和各种配合的摆姿势）

两年前报名参加工作站的时候，以为可以经常听李老师讲座，听他讲教育、讲学生。出乎意料，几乎每次他都是请专家老师来给我们讲课，以至于两年来，听到的李老师的发言并不太多，可能李老师开设工作站的初衷也是要让我们博采众长、采食百家花蜜。不过李老师的一言一行，为人为师做教育都永远是我们的榜样，都在潜移默化地影响着我们。

一场场讲座，犹如一顿顿饕餮大餐，上一次华应龙老师专属的"呵呵"的笑声还在耳边回响，那节课是我听过的上得最好的数学课，没有之一。当时人人感叹为什么自己小学没有遇到像华老师这样的数学老师。工作站请来给我们做第一次讲座的姚文忠老先生，都已经快八十岁的高龄，讲起陶行知来，思路清晰、深入浅出，那真是大家风范，让我们受益匪浅……

今天，要毕业了，感慨万千。借这次结业机会，回顾一下自己的职业历程。"80后"的我，走上三尺讲台，成为教师，已经十年有余。深知自己有着各种"懒浮拖"等毛病，穷我一身努力，也达不到李老师一半的高度，但是，也绝不能允许自己浑浑噩噩地混日子。时常叩问自己：几十年后，你能给这个世界上留下点什么？就像站在一个远方的终点回望来时路，总要在这条路上留下些许痕迹吧。

李老师说他并不能改变世界，只能改变身边的一些人。那我也可以说：作为一个一线教师，我不能影响很多人，但我可以影响我的学生。当我年老时，我可能依然是一名普通的小学老师，不是名师，不是专家。但我可以自豪地说：我是一个有追求有底线的教师——这个"追求"就是理想；这个"底线"就是良知。我从没收取过家长的任何贵重物品，从没给任何学生贴过标签，打内心深处尊重每一个孩子。从这个角度讲，自己是一名称职的好老师。

作为教师，我能做到的，已经做到了；我想改变的，正在改变，这不是很幸福的一件事吗？说到工作站两年的收获，我最大的收获是两年来，李老师不时地把各地专家大腕儿请来与我们零距离交流，让我们受益颇多。就说今年年初来给我们做讲座的杨东平教授，语言不温不火，睿智冷静,却直击要害、发人深省。我从这场讲座中知道了什么是健康的教育生态,什么是高层应该做的,什么是基础教育的根本。也是从那天起,我坚定地对自己说:我要从自己做起,在自己可控的范围尽最大努力给孩子减负。与其反复刷题应试,还不如带学生在经典书籍中自由遨游;与其折磨学生死记硬背,还不如给他们插上想象的翅膀,带他们在故事中飞翔。

记得去年四年级调考,自己刚刚接手一个新班级,这个班级由于之前连续换了几个老师,所以班级整体氛围不好,尤其是问题学生有好几个。但是调考,领导是要看成绩的,而这几个特殊孩子就成了影响全班平均分的"重要人物"了,我也着实犯难。这时有人劝我,让那个成绩最差的学生家长去医院开一个"××证明",这样就可以不算成绩了。我当即拒绝了这样的建议。后面调考结果在意料中,那个孩子的成绩确实不合格。但我不后悔。当时我想的就是,孩子天生不一样,这个孩子的家长遇到了,也没有其他选择,只能付出别人几倍的努力,同样的,换位思考,自己如果是家长,也不希望别人给孩子随意贴标签。李老师说过,教师是知识分子,知识分子最起码的要有自由的人格和独立的思考。有的事情不是别人在做,自己就一定也要做。

如果说李老师对我的影响是老师或长辈的引领,那么工作站的小伙伴就是一个个鲜活的榜样。他们来自不同区域、不同学科、不同学校,但是正应了那句话:物以类聚,人以群分。大家能走到一起,都是因了一份对教育的使命感和责任感。表面上看他们跟身边的大部分教师一样,天天扎根在班级,埋头在作业的批改上,迎接各种检查和会议……但是慢慢走近,你会发现不一样,他们与大多数你看到的教师不一样,他们听讲座时眼睛发亮,讲起教育故事来神采飞扬,写作更是不在话下。他们包包里装的不是化妆品，全是好书，随时见缝插针地阅读。这样一群本来就好学上进的人，积极响应李老师的"两学一做"——学习陶行知，学习苏霍姆林斯基，做学生爱戴的老师。大家读书、写作，真是一个比一个厉害。来到这个群体，在这个学习共同体真是幸运，它就像一个世外桃源，屏蔽了一切俗世的嘈杂与喧嚣，也隔绝了种种负面能量。我们每月一次，来到工作站，就像参加一次虔诚的朝拜，也是一次精神的洗礼。用班长沈略的话说，就是一月来打一次"鸡血"，补充一次能量。每当你快开始熬不下去的时候，好，来一次工作站，大脑完成一次更新升级，回去继续追求自己的教育梦想，这样的理想主义情怀，好不浪漫！

离席不散席，我们二期工作站虽然毕业了，但是我们在这里养成的习惯已经刻在心里了。学习的习惯，写作的习惯，思考的习惯，这种力量和情怀会一直伴随我们。

最后，我想说的是，就在我们工作站结业活动那天，我在后面看到有同事轻轻地从后门进来，递给李老师几盒药，好像是李老师因为要参加我们的结业活动没有办法自己去医院开药，于是委托一位同事帮忙。当时我们几位小伙伴看在眼里，心里其实都有点酸酸的。虽然李老师没有什么大碍，估计就是小感冒之类，但是请李老师一定注意休息，多多保重身体。谢谢李老师，我们永远的好老师！

李镇西点评：

周屈舟老师这篇总结，读得我眼眶湿润。

并非是因为周老师文章中赞美了我和感谢了我，而因为她的这篇总结通篇都写着两个大字——良知。

是的，良知。在我们这个时代，有的褒义词往往成了贬义或嘲讽，比如"理想""情怀",还有"良知"。我就听到过有人嘲讽师德高尚的人:"哼哼,人家是有理想的啊!""看看,这家伙又在卖情怀了!"

但是,教育者无论如何必须有良知——这其实是知识分子的良知。这份良知,并非那些伟岸的英雄才有,作为普通教师一样具备,比如周屈舟老师"从没收取过家长的任何贵重物品,从没给任何学生贴过标签,打内心深处尊重每一个孩子"。所以她说:"我可以自豪地说,我是一个有追求有底线的教师……自己是一名称职的好老师。"虽然周老师很普通,但她有资格这样说。

而有这种资格这样说的老师显然不止周屈舟老师一个人,而有千千万万。我认识一位南京的老师,也是不收家长的礼。别人说她高尚,她说:"我之所以不收家长的礼,不过是为了保持一种对家长说'不'的底气!你要我照顾你的孩子当三好生吗?不,大家选着谁就是谁!你要我照顾你的孩子坐前排吗?不,按他的个子该坐哪坐哪!我不欠你什么,我就有这个底气。"在这里,教育者的良知,同时又是知识分子的风骨!

记得多年前我去看望著名特级教师、杂文家吴非先生,说起教师素质,吴非感慨不已:"现在有些教师的素质不高,不但业务素养很低,道德素质也很差,唉!教师的一言一行都被学生看着呐!"虽然叹息,可他很自豪地谈到他所在的语文组:"我们语文组有些老师真不错,庄敬自强,有真正的教师修养,他们有一个共同的特点——不苟且!"

听到这里,我心里一震:"不苟且"这三个字太有分量了,撞击着我的心。不苟且,意味着抵御外在的诱惑,坚守内心的良知,不管社会风气如何,决不放弃应有的理想、情操和气节!

周屈舟老师就是"不苟且"的老师。说起来周屈舟老师也没有什么足以"感动中国"的事迹——连"感动成都""感动武侯"都没有。但她每一天以自己散发着心灵芬芳的言行，书写着教育良知，温暖着每一个孩子的心，感动着他们的家长，也让包括我在内的许多同行肃然起敬。

我向周屈舟老师鞠躬致敬！

2019 年 6 月 24 日

◎ 李雅蕾

用一生去创作我的教育童话

37岁这年，我进入了李镇西博士工作站。

李老师给我们第一次讲课的题目是"要用一生的时间寻找那个让自己吃惊的自己"，这也是他对我们的期待。

欢笑、泪水、照片、记忆、证书、荣誉……李镇西老师在他的课件上，用等身的著作照片，填满他从19岁到59岁的40年成长。近80本著作，有他的教育情感、教育实践、教育故事、教育智慧，还特别记录了他自己的教育失误，这不得不令人肃然起敬！从青涩少年到资深专家，李老师用一生的时间寻找那个让自己吃惊的自己。在他们那个年代，是谁有慧眼栽培了这么一位教育专家？那个时候的他又有多高的平台，有多少外派学习的机会呢？是什么成就了今天的李镇西？是不停地实践、不停地思考、不停地阅读、不停地写作，是与教育的"恋爱"，是自己培养自己！

我想到了自己。我的59岁呢？我拿什么与你相遇？真怕到时候羞于见到59岁的自己啊！读书时，我按部就班地学习；师范毕业时，家人劝我放弃保送四川师范大学政法系，我也没有非要深造的愿望，就那么顺其自然地工作了。刚参加工作那会儿只管上课，闲暇时间那么多，我却没有半点再读书提高自己的想法。如今，记忆力远不如前，事务越来越繁杂，却愈发期待提升、提升再提升。这可能就是站在心理学上"绝望之谷"左侧（知道自己不知道）期间的恐慌吧。

人不突破，怎会知道自己有多大的潜力呢？不试试，又怎么知道自己行不行呢？虽胸无大志，但也希望自己通过更多的阅读、写作、思考、实践，自己培养自己，在教育中收获自己的职业幸福。怀着满满的幸福，是不是也可以微笑着与我的59岁愉快地见面呢？

追随李老师，阅读、写作、参观、支教、名师讲堂，打开了我全新的视野。李老师赠好书、推荐好书，书柜里替换了一部分价值不大的书以后，我随手就能找到当下我最想读或还想再读的书。在工作站，李老师不愿意逼我们，因为我们都知道，学生不上进，老师逼也没用。蒋长玲老师却谦虚地说，她现在的成绩是"被李老师逼出来的"。所以我也希望自己"拿着"李老师来逼逼自己吧！

李老师带着我们参观先锋学习社区、丑小鸭中学、广元范家小学，让我们明白，教育就是给孩子更多的可能。而不管是城市还是农村，不管是优秀少年还是"问题"孩子，教育始终关注的都应该是"人"！

李老师还为我们请来了全国顶级的专家，和我们面对面交流。杨东平教授从减负谈教育公平；程红兵教授以深圳明德学校为例谈教育变革；魏书生老师讲学习与自我教育是一辈子的事，把好的行为养成习惯；陆坊校长从自己成长故事中谈教育关怀、快乐工作、优雅生活；詹大年校长做没有恐惧的教育；陈大伟教授讲理想课堂以及观课议课策略；蒋长玲老师缔造完美教室；郭文红老师对特殊儿童的教育策略；张平原校长小学校做大教育；还有夏昆老师、彭小华老师、张文质老师……他们讲课都高屋建瓴、发人深思。

在工作站学习也两年有余了，有李老师的指引，有专家们的传授，有同学们的分享，学习了老师们先进的教育思想，也学习了李老师培养老师的办法，我感觉自己还是成长了不少，有了很多想法，也迫不及待地想去实践。

于是，在工作的学校，我积极鼓励老师阅读、写作。工作虽忙，但"阅读是一种最好的休闲方式。"今年，在我的申请下，学校特别为老师们打造了一个"教师书吧"，老师们工作之余，都可以去享受自己的阅读时光，每周各部有一次共读活动在那里开展。

我特别想对李老师说：很多次很多次，总是被您不经意间的如沐春风的关怀感动不已！您说过，只有幸福的老师才能教出幸福的学生。但幸福非说教能达，只能意会不能言传。每一次走进教室，您总是神采飞扬；每一次为爱发声，您总是慷慨淋漓。您的博学、坦荡、幽默、爽朗，您的包容、乐观、正气、坚强，潜移默化地感染着您的每一个学生。您将教育书写得那么温暖、浪漫而富有诗意。

在工作站学习的两年多，是我人生中无比珍贵的经历。即将步入不惑之年的我，褪去了浮躁与迷茫，有了正确的追求方向和明确的人生理想，将坚定地跟随您的脚步，用一生去创作我的教育童话！

李镇西点评

"很多次很多次，总是被您不经意间的如沐春风的关怀感动不已！"这话也是我想对你说的。那次教师节在马边，工作站的老师给我"突然袭击"，表达祝福，并一起给我唱歌："感谢你，因为有你……"让我感动至今。雅蕾在工作站很受老师们喜爱，好多次活动都是她组织的。因为有了她，工作站的好些事就不需我操心了。我们都见证了雅蕾出色的组织能力。如果工作站少了雅蕾，我们将失去许多精彩的瞬间和温馨的记忆。当然，不仅仅是组织能力，还有责任感和爱心，这正是一个教育者必备的品质。我相信，有了这种品质，雅蕾必将在其教育生涯里创造更多的精彩与温馨！

2022 年 3 月 10 日

附录

◎ 李镇西

我呼唤年轻的教育理想主义实践者同行

——招收李镇西博士工作站研修员启事

一

上个月中旬的一天，于漪老师为李镇西博士工作站第二期的研修员们做了两个小时的报告。已经90周岁高龄的于老师说起教育依然感情真挚、激情澎湃。大家都被她深深地感染了、感动了。不少老师对我说："能够亲耳聆听于老师的讲座，是我一生的幸运！"

其实，这只是李镇西博士工作站的一次研修活动而已。在几年中，我和我团队的老师们经常现场听这样的讲座。我们先后请了张华、程红兵、杨东平、黄全愈、吴正宪、华应龙、王崧舟、流沙河等国内著名专家学者，来为学员们上示范课、开讲座，或与大家喝茶聊天。

我们还赴北京考察了北京四中、十一学校、育英学校、清华附小、中关村二小、史家小学、上海新纪元双语学校、建平实验中学、建平实验小学、尚德实验学校、复旦附中青浦分校、普陀区洵阳路小学、宛南实验幼儿园……

现在，向大家介绍一下李镇西博士工作站招收研修员的具体要求和程序等。

二

李镇西博士工作站的主要任务：

1. 探索教师专业成长的有效路径；
2. 研究课程建设与课堂改革；
3. 总结提升班主任工作的艺术；
4. 践行新教育实验；
5. 交流并分享全国教育名家的教育思想与智慧；
6. 提炼总结研修团队教师的教育成果，并推广运用。

研修的主要方式：

1. 就教育问题进行专题研究；
2. 开展海量的专业读书活动；
3. 深入课堂进行"田野研究"；
4. 通过教育写作不断进行反思与提升；
5. 与名师面对面交流；
6. 开展教育教学技能交流展示活动；
7. 考察国内名校。

研修成果的呈现和传播方式：

1. 以博客和微信公众号的形式在网络发布；
2. 以论坛、讲座、报告等形式在区市省乃至全国范围内宣讲；

3. 以教育论文或教育案例的形式在全国报刊发表；

4. 出版教育专著。

招收对象：

成都市中小学中教龄三年以上年龄四十岁以下的教师。

研修员的条件：

1. 富有童心，以教育为信仰或爱好，具有教育理想主义情怀，认同新教育理念；

2. 对教育教学有较强的理解能力、研究能力、领悟能力和专业功底；

3. 长期扎根在讲台与班级，发自内心喜欢上课和带班；

4. 喜欢阅读，有一定的教育理论素养和人文视野；

5. 能够耐得住寂寞，不为流俗所动，关注自身的专业发展，追求过一种幸福完整的教育生活；

6. 每月能保证有一天的时间参加集体研修活动（一学期如果请假两次，无论什么原因，都自动退出）；

7. 纯粹的一线教师（学校中层以上干部请勿报名，因为行政干部很难保证研修时间），班主任优先；

8. 学校（特别是一把手校长）支持，同意保证研修时间，并支付外出考察学习的费用。

研修期限：

两年。

招收人数：

不超过 20 名（其中成都市武侯区 10 名，其他区县 10 名）。

研修费用：

1. 免收研修员任何费用，工作站建设的有关经费由武侯区教育局提供；

2. 外出考察学习的交通、住宿及相关费用以及其他有关经费支出，由研修员所在学校承担。

三

特别说明：

第一，没有教育情怀，习惯于抱怨的人，请勿报名。

第二，不能坚持学习，无法坚持阅读和写作的人，请勿报名。（其实，我从不给学员强行规定写作任务，但以往的学员都自觉写下大量的教育文字）

第三，未来两年内要生小孩的老师，不建议报名。因为每月一次的活动以及外出考察造成的体能损耗，是一个孕妇所无法承受的。别误会，没有歧视孕妇的意思，这些老师可以缓两年参加，我照样欢迎。

第四，成都市以外的老师，请谨慎报名。因为每月面对面的学习活动，如果距离太远，不可能保证每一次活动都参加。第一期成员都是成都市内的。第二期有一个学员是四川省乐至县的乡村小学教师，学校距离成都市区有130多公里，她强烈要求参加，并保证不迟到不旷课，我只好答应，两年来，这位老师居然做到了全勤，真的连一次迟到都没有！如果外地的老师能够保证做到全勤，哪怕你在西藏、黑龙江或海南，我都愿意接受。

第五，有老师曾建议搞网络远程直播。这也不现实，我们并非每次都固定在一个教室里搞活动，有时候是在学校，有时候是在公园，有时候是在茶楼，有时候是在野外，有时候是在农家乐，有时候是在外省……想想现场直播的难度吧，请理解。

第六，工作站的研修很辛苦，申报者一定要想清楚：能否保证研修时间？能否自觉大量阅读与写作？（很艰巨的哦）学校是否支持学习、外出考察？等等。在每期研修员中，均有因无法保证研修时间，或感觉压力太大而退出的老师。

第七，李镇西博士工作站是成都市教育局大力支持、武侯区教育局直接指导的民间研修团队，没有文凭，没有结业证，唯一的成果就是日渐增强的职业认同和逐步提升的专业能力。

四

研修员申请程序：

1. 提交申请，写明申请理由（不超过500字）；

2. 递交一份《我的教育档案》（含个人信息，受教育背景，从教经历，阅读视野，主要的教育教学特点、风格、成果，以及教育思考与感悟，对新教育实验的理解，联系电话，等等，不超过3000字）；

3. 提供一篇原创（含发表过的）的教育文章：论文、随笔、案例、故事等均可。

热切期盼着初心犹在理想未泯的教育者与李镇西同行！

李镇西博士工作站

◎ 李镇西

李镇西博士工作站推荐书目

1.《学会生存——教育世界的今天和明天》（联合国教科文组织国际教育发展委员会）

2.《教育——财富蕴藏其中》（联合国教科文组织总部，联合国教科文组织总部中文科）

3.《陶行知教育文集》（陶行知）

4.《给教师的建议》（苏霍姆林斯基）

5.《和青年校长的谈话》（苏霍姆林斯基）

6.《帕甫雷什中学》（苏霍姆林斯基）

7.《要相信孩子》（苏霍姆林斯基）

8.《育人三部曲·把整个心灵献给孩子》（苏霍姆林斯基）

9.《育人三部曲·公民的诞生》（苏霍姆林斯基）

10.《育人三部曲·给儿子的信》（苏霍姆林斯基）

11.《孩子们，你们好！》（阿莫纳什维利）

12.《孩子们，你们生活得怎样》（阿莫纳什维利）

13.《孩子们，祝你们一路平安》（阿莫纳什维利）

14.《新教育实验：为中国教育探路》（朱永新）

15. 《致青年教师》（吴非）

16. 《前方是什么》（吴非）

17. 《不跪着教书》（吴非）

18. 《课堂上究竟发生了什么》（吴非）

19. 《面向个体的教育》（李希贵）

20. 《为了自由呼吸的教育》（李希贵）

21. 《西方近代教育论著选》（任钟印）

22. 《教学机智——教育智慧的意蕴》（马克斯·范梅南）

23. 《教学勇气——漫步教师心灵》（帕克·帕尔默）

24. 《什么是教育》（卡尔·雅思贝尔斯）

25. 《教育的目的》（艾尔弗雷德·诺思·怀特海）

26. 《窗边的小豆豆》（黑柳彻子）

27. 《教师的价值》（钱梦龙）

28. 《中国哲学史·上》（冯友兰）

29. 《中国哲学史·下》（冯友兰）

30. 《哲学的盛宴·中国篇》（胡适）

31. 《唐宋词十七讲》（叶嘉莹）

32. 《南渡北归：南渡》（岳南）

33. 《南渡北归：北归》（岳南）

34. 《南渡北归：离别》（岳南）

35. 《叩响命运的门》（马小平）

36. 《爱心与教育》（李镇西）

37. 《民主与教育》（李镇西）

38. 《幸福比优秀更重要》（李镇西）

39. 《教育为谁》（李镇西）

40.《自己培养自己》(李镇西)

41.《让梦想开花》(李镇西)

42.《教育的100种可能·上》(李镇西)

43.《教育的100种可能·下》(李镇西)

◎ 李镇西

李镇西博士工作站成员名录(排名随机)

第一期:

1. 四川天府新区教育科学研究院　池红梅
2. 成都石室双楠实验学校　王兮
3. 成都市高新区锦晖小学金融城分校　周强
4. 成都市温江区嘉祥外国语学校　陈霖
5. 成都市实验小学　张兰
6. 成都市龙祥路小学　罗莉
7. 成都市科华中路小学　陶雪梅
8. 成都市红牌楼小学　黄雪萍
9. 成都市棕北中学西区小学部　刘静
10. 成都市晋阳小学　马莉
11. 成都市天府中学　何晓宇
12. 成都市泡桐树小学蜀都分校　蒲翩翩
13. 成都市龙江路小学　余怡葶
14. 成都市棕北中学西区实验学校　李青霞
15. 都江堰市塔子坝中学　韩小波

16. 成都市武侯实验中学　唐燕

17. 成都巴德美际学校　曹璐

18. 成都市茶店子小学校　陈宇霞

19. 成都七中万达学校　王雯婷

第二期：

1. 成都市磨子桥小学分校　周屈舟

2. 成都市武侯实验中学附属小学　郑燕

3. 成都市泡桐树小学境界分校　蒋敏怀

4. 四川省成都市西北中学外国语学校　沈略

5. 成都市晋阳小学　范艳丽

6. 成都市武侯实验中学附属小学　杨芳

7. 成都七中嘉祥外国语学校　王川

8. 成都市第十一幼儿园　鲁正群

9. 四川省教育科学研究院附属实验小学　陈秋菊

10. 成都市华兴小学　卢晓燕

11. 成都市武侯实验小学　胡艳

12. 成都市金苹果锦城第一中学附属小学　虞娟

13. 成都市科华中路小学　吴懿曈

14. 成都市桐梓林小学　李星星

15. 四川天府新区籍田小学　蒋佳川

16. 成都市龙江路小学武侯新城分校　陈华

17. 成都市武侯区第二幼儿园　张梦玉

18. 成都市武侯科技园小学　朱利霞

19. 成都市锦西中学校　熊梓岑

20. 四川天府新区南湖小学　李英

21. 成都七中初中学校　李延刚

22. 四川天府新区第五中学　邱兰

23. 成都市太平小学　侯超俊

24. 成都树德中学光华校区　李继

25. 成都市武侯实验中学　胡鉴

第三期：

1. 成都市新津区外国语实验学校　罗艳

2. 西昌市第四小学　陈厚喜

3. 成都市西北中学外国语学校　卢玥

4. 成都市龙江路小学分校　张晓姝

5. 成都市新津区外国语实验学校　刘明全

6. 成都市武侯实验中学附属小学　康丽娟

7. 四川省华蓥市第一中学　赵涵宇

8. 资阳市乐至县佛星镇中心小学　陈罗

9. 四川大学附属实验小学江安河分校　兰静

10. 成都市第二十二幼儿园武兴三路28号办园点　袁媛

11. 成都市武侯区第六幼儿园　郑星

12. 电子科技大学附属实验小学　荀雪梅

13. 成都高新和平学校　邝欣

14. 成都市青白江中学校　赵丽

15. 成都市桐梓林小学　侯慧萍

16. 成都市育仁实验学校　冯书亚

17. 四川大学附属实验小学江安河分校　杨璐

18. 简阳市射洪坝第一小学　袁志雷

19. 成都市武侯区第三幼儿园　陈秋月

20. 北京第二外国语学院成都附属中学　李杰

21. 四川师范大学附属第一实验中学（龙泉校区）　聂宏

22. 眉山映天学校　李雅蕾

23. 眉山市天府新区第一中学　张茂

24. 成都市科华中路小学　袁白薇

25. 成都市棕北中学西区实验学校　马文琴

26. 四川省大邑中学　邓茜媛

27. 成都市第十幼儿园丽都园区　彭麟雅

28. 成都市温江区鹏程小学校　李玉婷

29. 成都市武侯区第二幼儿园　唐嘉瑞

30. 成都市武侯科技园小学　胡欣怡

31. 攀枝花市实验幼儿园　朱志康

32. 博骏公学　秦梦

33. 金堂中学外国语实验学校　江翠

34. 成都市武侯科技园小学　吕学林

第四期：

1. 四川省成都市航天中学校　李旭萍

2. 成都东部新区贾家小学校　杨秀林

3. 成都市龙泉驿区西川汇锦都学校　周俊

4. 成都新津墨尔文学校　王小兰

5. 成都市龙泉驿区洪安中学校　许雯

6. 成都实外新都五龙山学校　吴小国

7. 成都市泡桐树小学（天府校区） 刘璐

8. 成都市科华中路小学 蒲俊男

9. 成都市新都区天元中学校 林大琼

10. 成都市第二十三幼儿园 谭诗语

11. 四川师范大学附属青台山中学 邓冬华

12. 成都市第二十幼儿园（吉福园区） 朱伶俐

13. 成都市第十幼儿园 梁成丽

14. 成都棠湖外国语学校 王慧茹

15. 成都市树德小学 何娟

16. 成都市武侯区第二幼儿园 王莉

17. 成都市武侯科技园小学 李苏

18. 四川师范大学附属实验学校 杨婷婷

19. 成都市红牌楼小学 孙蓉

20. 成都市西北中学外国语学校 罗萁

21. 成都市武侯区第五幼儿园 焦栩婕

22. 成都市新津区外国语实验学校 秦钟文

23. 成都七中实验学校 何柳蓉

24. 成都市第十一幼儿园 黄田

25. 成都市第三十一幼儿园 祝雪琴

26. 成都市第三十二幼儿园 廖萍

27. 成都市科华中路小学 赵雪飞

28. 成都市武侯实验中学附属小学 吴丽

29. 成都巴德美际学校 苏天平

30. 成都天府中学附属小学 蔡娜

31. 成都市第三十八幼儿园 廖丽涛

32. 成都市玉林中学　邹林

33. 成都市第三十八幼儿园　汪小靖

34. 成都市同辉（国际）学校　李云霞

35. 射洪绿然国际学校　雍锐

36. 成都市武侯实验中学附属小学　黎思静

37. 成都市龙江路小学　梁洪琛

38. 成都市武侯区第二十八幼儿园　李洁

◎ 李镇西

警惕名师工作室的行政化和烦琐化

一

应该说,名师工作室对促进年轻教师专业化成长是具有重要意义的。

在我看来,名师工作室的意义首先还不是名师引领,而是同伴互助。一群富有教育理想主义情怀的年轻人,通过名师工作室聚在一起,情怀互相感染、思想互相碰撞、智慧共同享用、灵魂彼此照亮……再加上有一位共同热爱的导师灯塔般的引领,这样的学习共同体显然比一个人的孤军奋战、上下求索更有利于人的成长。

虽然我说过——至今我也坚持这个观点:任何名师都不是别人打造的,而是自己培养自己的。但是这个"自己培养自己"的途径之一,就包括主动追随大师思想,主动学习同行经验,主动吸收各家养料,主动超越自身不足……

回想我的年轻时代,没有名师工作室一说,也没有师徒结对的做法,但我一方面通过书籍阅读大师,通过书信结识名家;另一方面,我利用教工团支部书记的身份,在自己周围聚集了一批志同道合的年轻同行,常常一起切磋碰撞、互相激励,到现在我们还有往来,常一起纵论天下。进入

20世纪90年代，在我30多岁的时候，成都市教育局举办了当时称作"首届"但其实是唯一的一届"青年教师研修班"，我有幸被吸纳其中。正是在这个研修班，我和成都市一批优秀的年轻教师获得了加速度的成长。

所以说，自己培养自己千真万确，但如果在培养自己的过程中，有几位高人指点，有一批同行携手，有一个平台激励，那成长的道路会顺畅得多。而名师工作室正是为这样有志也有智的年轻教师提供的。

而且，教育行政部门以这种方式激励年轻人成长，令人鼓舞；尤其是还为名师工作室提供物质保证，包括经费支持，这更是值得点赞的。无论如何，把钱用于培养年轻老师，是一件大好事。

何况，全国各地通过名师工作室茁壮成长起来的年轻教师也很多，名师工作室的积极作用和成果，无法否认。

二

但我同样认为，名师工作室的成果本来还可以更丰硕、更辉煌——如果我们去掉名师工作室管理上的行政化与烦琐化的话。

我今天就直说了吧，要警惕某些地区名师工作室的行政化与烦琐化！

既然名师工作室的初衷是促进年轻教师尽快成长，鼓励教育人才脱颖而出，那么就应该遵循人才成长的规律，尊重包括名师（导师）在内的名师工作室每一位成员的主体性，而不应该过多地行政化与烦琐化，否则，事与愿违。

所谓"行政化"，就是通过行政手段加以管理，具有行政特征。名师工作室是一个由专家领衔的学术机构，而学术活动的特点之一就是自由。当然，在当今语境下，我不得不做点似乎是多余的说明：这里的"自由"仅就学术研讨和观点切磋而言，不涉及意识形态和政治态度，作为社会主义国家的教师在根本的价值观上是与党和国家的发展方向一致的，这是不言而喻的。但是，政治立场上和党中央保持一致，并不意味着教育行政部门要把名师工作室当作行政单位来管理，当作教育局的一个科室来要求——这就是我说的需要警惕的行政化。

有些地方对名师工作室的行政化管理体现在，以管理条例或考核标准为依托，对名师工作室提出不少强行要求：如每年必须提交工作计划、培养目标、三年或五年发展规划，还必须要有一定级别的科研课题，并有一定的成果显现，有定期验收，包括阶段性考核，学期末或年终都要有规范的总结，还要求在某一时间段里（比如一年、三年，或五年），工作室成员必须发表多少论文、出版多少专著、夺得多少赛课奖项、获得多少荣誉称号……

所谓"烦琐化"，就是以规范管理、痕迹管理、精细化管理为名，对名师工作室的日常运行提出许多细碎的、精确的甚至是形式主义的要求，比如规定工作室每月活动的主题（或是科研课题，或是阅读交流，或是专题研讨）；比如要求工作室必须建立网站或网页或公众号，定期更新内容；比如规定工作室成员必须读多少书、写多少文章、听多少课、上多少公开课（研究课、观摩课、示范课）；比如给每一位工作室成员建立发展档案：计划、总结、教案、听课笔记、读书笔记、公开课教案及PPT……而这一切除了文字档案，还要有图片和视频。每学期和每年度还有繁琐的量化考核：细致的考核项目以及相应的加减分，有的甚至精确到小数点后两位。

这样一来，名师工作室所应有的自主而自由的运行完全得不到保障，反而受到干扰。工作室的重点不得不放在过程性的资料积累，以及各种"有痕迹"的留存保管——很多时候还是"后补"的。为了完成考核表上的各项规定，名师工作室的成员往往忙于写相关文章、填相关表格、补相关材料、拍相关照片、录相关视频……

我对要求名师工作室必须在一定时间内"出成果"尤其反感，也旗帜鲜明地反对。我们对学生都要求尊重个性，善于等待，所谓静候花开，为什么对名师成长就如此急功近利？非要名师工作室在一定期限内研究多少课题、发表多少论文、获得多少荣誉……其实，如果非要完成也不是做不到，但那需要作假，需要炒作，需要包装，甚至需要用钱去运作……而这样"成长"起来的"名师"还叫名师吗？

三

我曾经也领衔过名校长工作室和名师工作室，因为我的个性或者说我的固执，我实在不愿意就范于名师工作室的种种规定，于是我和工作室的老师按我们的想法自由而自在地开展活动。

有一年放假前，我接到通知，让我准备相关总结和材料，迎接市教育局对各名师（名校长）工作室的三年评估。文件上明确写道："根据考评结果评选出优秀、良好、合格、不合格成都市名师名校（园）长工作室。"我一看紧张了，因为最近一年"李镇西名校长工作室"几乎没怎么开展工作。我一看那烦琐的自评表，头皮就发麻：总共100分，然后分解成几大部分，又细分为若干小块。如果真要按这个表格填写，真的要累坏人。尤其是每一项都要有佐证材料，这把我难住了。虽然前两年开展活动时也有些资料，但一时也难以找齐。尤其是我哪里去找那么多的活动记录、图片、视频、证书等佐证材料来证明我的工作室运行正常？当然，如果要临时造假也来得及，毕竟还有两天，我完全可以将"补材料"的任务分配给各位老师，但我不愿意违背我的初心。

到了考核那天，我两手空空地走进了会议室，向专家们口述了工作室运行的情况，最后我特别说了自己对关于名师工作室行政化烦琐化管理的意见。当时我真的是豁出去了，想大不了我就不再领衔什么工作室了。没想到，我运气好，专家组组长是成都大学的周小山教授，我以前不认识他，但我俩有着同样赤诚的教育情怀。他对我的发言表示高度赞赏，对我工作室的运作也做出了高度的评价："李镇西工作室的工作是一种渗透的、引领的工作，是一个高档次的成都教育发展奠基性的工作。他可能没有以规范的评估表的结构来呈现，但是却有重要的教育研究、人才成长、自主更新的示范价值。这就是名师工作室本来的定位。李镇西的名师工作室，应该加高分。"周教授停了停，说，"另外，我还想说，对高级知识分子如何评价，我想，我们应该倡导相互理解。理解什么呢？作为名师工作室的管理者，要进一步理解名师工作的各种特点，尊重他们的个性。"

这个考核结果，让我意外，更让我感动。我想，如果有更多的周小山教授式的专家来评价名师工作室，是不是更有利于名师工作室的发展，最终也更有利于年轻人的成长呢？

三

2015年7月，我卸任成都市武侯实验中学校长职务，退居二线。当时的教育局长潘虹希望我带一批年轻人，这恰好也是我最热衷的事。但是我给潘局长提了一个要求："请给我自由！"我希望教育局不要以名师工作室的管理办法来规范我，而让我想怎么做就怎么做：不要计划、总结、考核、成果……连名字我都不用名师工作室，而叫李镇西博士工作站——这是成都市一位著名特级教师的建议。我的请求得到潘虹局长的同意，而且她还给了我意外的支持：经费和设备。也就是说，教育局只负责给我经费，给我活动场地和设备支持，其他一概不管我。后来潘虹局长的继任者陈兵局长也一如既往地这样支持我。

那李镇西博士工作站做什么呢？我不拘一格招募成都市范围内的有志者（没有职称荣誉要求，也没有教育成果要求），每个月搞一次活动：或请于漪、杨东平、程红兵、吴正宪、流沙河、王崧舟等全国知名学者、专家为工作站成员做讲座，或去北京、上海等地考察北京四中、清华附小、建平中学等名校（也是教育局出钱），或由我给他们讲我的教育故事，或由工作站成员互相分享各自的教育智慧，当然更多的时候工作站就是读书沙龙……

我当然给老师们推荐阅读书目，但从不要求写读书笔记；我当然倡导老师们坚持教育写作，但从不检查他们的文章；我也没有要求他们必须在什么时间内评上高级、特级或获得国家级、省级、市级的荣誉称号，但他们个个都有上进心，读书写作都很自觉，带班上课都很用心——在各自的学校毫无疑问都是很优秀的。几年下来，也有发表文章的，出版著作的，评上先进的，被邀请到全国各地讲学的……但这一切都是自然而然、水到渠成的。

我也轻松，我不再为"痕迹管理"分心，也不专注于保留这个资料那个档案，而是琢磨下一次活动：给老师讲我成长的什么故事？请哪位专家到成都来开讲座？分享哪一本教育名著？参观哪一所教育创新名校？……

五年过去了，搞李镇西博士工作站，我个人除了正常的工资，没有一分钱的额外收入；但已经有70多位老师获得成长，我也向他们学习，从年轻人身上重新获得青春的激情。

四

多年前，我曾在《名师是"打造"出来的吗》一文中写道——

人才是"生长"出来的，而不是"培养"出来的，更别说什么"打造"了。所谓"生长",是生长者自己的事。作为校长、局长,如果一定要说培养,那么这培养的含义应该是尽可能给苗子以自由宽容的人文环境——形象地说,就是尽可能提供生长所需要的土壤、空气、阳光和水,然后就让年轻人自由自在地"生长"吧!既不要吹毛求疵、横加干涉,也不要指手画脚、过度关照,更不要揠苗助长、豪华包装、大肆炒作。只有最朴素宁静的田园,才能长出最肥美的庄稼。

自由,自由,还是自由——让理想自由高扬,让心灵自由绽放,让个性自由舒展,让思想自由飞翔,让每一个教师成为他自己价值和尊严最本色也最灿烂的标志,而不是学校的"形象"和领导的政绩……如是,名师必然生机勃勃且源源不断。

今天,我依然坚持我上述说法。并且,我还要补充几句——

应该说,名师工作室的领衔人都有着强烈的事业心和使命情怀,而名师工作室的年轻人,都有着上进心和自律精神。对这样的教育者,没有理由不信任,没有理由不放飞他们,让他们自由自在地翱翔!

2020 年 7 月 3 日

后记：与青春同行

记得在一次和工作站的老师分享活动中，听着年轻人讲述各自的故事和幸福，我忍不住说："我没有白收你们！"

这话所包含的艰辛与快乐，只有我和他们能够明白。

已经退休，我的忙碌却一如既往。但每个月工作站的活动，我从来没有空缺过。设计内容、邀请专家、联系场地、专题讲座、示范教学……其中的每一件事，都可以用"煞费苦心"或"呕心沥血"来形容。

曾经有人问我："你现在还在忙教育，是单位返聘你吗？应该有额外的待遇吧？"

我说："有什么额外待遇啊？单位没有返聘我，是我自己返聘自己。"

现在，读完李镇西博士工作站老师们的文稿，我再次想和他们说："我没白收你们！"

所有的辛苦，都值了！

我曾经对老师们说过："成长是最好的奖励！"（后来我还把这句话作为我一本书的书名）现在这句话同样适合于我——年轻人的成长，对于我来说，就是最好的奖励。这个"额外的待遇"难道还不高吗？

这一群年轻人真诚地把我视为他们的老师，说他们自己是我的学生。从年龄和教龄上说，我受之无愧。但我一直同样真诚地把他们看作和我平等的志同道合者。所以，我从不愿意也没有称呼他们为"学生"或"徒弟"。我们互为师生，彼此学习，一起成长。

后 记

　　读着老师们写的每一篇文章，我时时都在感动中。他们的每一个字都浸透着我们这个时代已经比较稀缺的人生理想、教育热情与教学智慧。他们每一个人都是默默无闻的一线普通老师，但他们却不愿普通地度过每一天，他们追求自我超越，让自己的生命和所选择的职业融为一体。他们知道加入李镇西博士工作站没有任何功利可图，没有官方认可的证书，没有可以用于晋升职称的加分，所学的所有课程都不能变现，但他们依然选择了我。

　　生命与使命同行，职业与事业同辉。于是他们便普通而不平凡。

　　应该说，他们才真正是千千万万中国一线老师的代表。

　　这些文字是属于他们个人的，但也是属于一切渴望成长、不愿仅仅把教书当作谋生手段的一线老师们的。对他们来说，成长比成功更可贵。我相信，许多远方的素不相识的教育同行，不但可以从这些文章中得到某些教育技巧或智慧，更能从中读到自己同样的情怀，并获取更强劲的力量。

　　这也是我整理出版这本书的原因和意义。

　　特别感谢四川人民出版社蔡林君老师为这本书的出版所付出的努力！

　　只要我的精力和体力允许，李镇西博士工作站将持续运作下去。前方，还会有一批又一批的年轻人等待着我，陪伴着我，在成长的路上继续攀登。

　　我将继续与青春同行。

李镇西
2021年3月31日晚